reinhardt

AF634856

Ulrika Schöllner

Transfrau? Ja, genau!

Auf dem Weg zu meiner Identität

Ernst Reinhardt Verlag München

Ulrika Schöllner, Dießen, wurde 1959 als Junge geboren und vollzog von 2015–2018 den kompletten Übergang in ein glückliches Leben als Frau.

Hinweis: Soweit in diesem Werk eine Dosierung, Applikation oder Behandlungsweise erwähnt wird, darf der Leser zwar darauf vertrauen, dass die Autoren große Sorgfalt darauf verwandt haben, dass diese Angabe dem Wissensstand bei Fertigstellung des Werkes entspricht. Für Angaben über Dosierungsanweisungen und Applikationsformen oder sonstige Behandlungsempfehlungen kann vom Verlag jedoch keine Gewähr übernommen werden. -- Die Wiedergabe von Gebrauchsnamen, Handelsnamen, Warenbezeichnungen usw. in diesem Werk berechtigt auch ohne besondere Kennzeichnungen nicht zu der Annahme, dass solche Namen im Sinne der Warenzeichen- und Markenschutz-Gesetzgebung als frei zu betrachten wären und daher von jedermann benutzt werden dürften.

Bibliografische Information der Deutschen Nationalbibliothek

Die Deutsche Nationalbibliothek verzeichnet diese Publikation in der Deutschen Nationalbibliografie; detaillierte bibliografische Daten sind im Internet über <http://dnb.d-nb.de> abrufbar.
ISBN 978-3-497-02901-3 (Print)
ISBN 978-3-497-61279-6 (PDF-E-Book)
ISBN 978-3-497-61283-3 (EPUB)

© 2019 by Ernst Reinhardt, GmbH & Co KG, Verlag, München

Dieses Werk, einschließlich aller seiner Teile, ist urheberrechtlich geschützt. Jede Verwertung außerhalb der engen Grenzen des Urheberrechtsgesetzes ist ohne schriftliche Zustimmung der Ernst Reinhardt GmbH & Co KG, München, unzulässig und strafbar. Das gilt insbesondere für Vervielfältigungen, Übersetzungen in andere Sprachen, Mikroverfilmungen und für die Einspeicherung und Verarbeitung in elektronischen Systemen.

Printed in EU
Covermotiv: Ulrika Schöllner/Dominik Gierke, Dießen
Satz: FELSBERG Satz & Layout, Göttingen

Ernst Reinhardt Verlag, Kemnatenstr. 46, D-80639 München
Net: www.reinhardt-verlag.de E-Mail: info@reinhardt-verlag.de

Inhalt

Vorwort

Wenn man aktuell die Medien in Deutschland verfolgt, könnte man den Eindruck gewinnen, es sei heute das Normalste der Welt, Transgender zu sein. Offenbar im Kontext des Ehe-für-alle-Hypes überschlagen sich die Medien in der Präsentation immer neuer Transgenderstorys. Kaum noch Shows oder Doku-Sendungen, die keine Transgenderstory präsentieren oder eine Quoten-Transfrau in ihre Show einbauen. Die Qualität und Authentizität dieser Storys ist für mich eher fragwürdig. Auch die Politik glaubt aktiv sein zu müssen – ob das nun sinnvoll und zielführend für Betroffene ist, sei dahingestellt.

Warum komme ich dann auf die Idee, gerade jetzt ebenfalls das Thema zu bedienen? Zweifel hatte ich schon. Warum sollte sich jemand für meine Geschichte interessieren? Würde sich dafür ein Verleger finden? Soll ich alles nicht lieber nur für mich selbst aufschreiben? Andererseits – warum nicht? Alltäglich ist meine Story nicht unbedingt. Eventuell kann ich damit auch anderen ein wenig helfen? Freunde und Bekannte schlugen mir vor, meine Erfahrungen als Buch zu veröffentlichen. Zwei Gründe sind für mich Antriebsfeder: Zum einen natürlich meine persönliche Geschichte. Durch meinen späten Prozess der Erkenntnis, Transfrau zu sein, weiche ich allein schon aufgrund meines Alters von den sonst präsentierten Fällen ab. Zum anderen möchte ich auf diesem Weg meine Erfahrungen an andere Betroffene weitergeben. Das sind Erfahrungen im Umgang mit der eigenen Situation: vom Weg der Erkenntnis – oder auch schon davor, von den Irrwegen bis zur Erkenntnis – bis zum Start und der Realisierung des Weges zum anderen Geschlecht, der sich oft völlig unerwartet aufzeigt. Zu diesem Weg gehört auch der Dschungel deutscher Behördengründlichkeit, der mich oft an den Rand der Verzweiflung führte, sowie die Praxis deutscher Krankenkassen, die in diesen besonderen Fällen ihren so gern gezeigten Leitsatz „zum Wohle des Patienten“ selbst zu oft ad absurdum führen und den Weg der Betroffenen nicht begleiten, sondern nach Kräften erschweren und blockieren.

Nicht alles wird für andere hilfreich sein, manches ist nur meine spezielle Sicht und Erfahrung. Aber für einige wird es doch Parallelen geben, und meine bereits gemachten Erfahrungen können ihnen auf ihrem Weg helfen. Oder diejenigen, die noch ganz am Anfang stehen und sich gerade erst auf den Weg machen, finden Anregungen, wie sie vorgehen können. Vieles, was in den Medien zu sehen ist, ist etwas oberflächlich aufbereitet und zeigt wenig Details von den Wegen der Betroffenen. Denn Details sind nicht schillernd oder dramatisch genug für Medien. Ich bin Transfrau, und sicherlich sind meine Erfahrungen für andere Transfrauen wesentlich interessanter als für Transmänner. Doch die Parallelen sind in vielen Belangen erkennbar, der Weg durch die öffentlichen Instanzen gleicht sich auf jeden Fall. Insofern kann mein Buch für alle Betroffenen von Interesse sein. Das kleine Buch verstehe ich daher als einen Mix aus der Erzählung über meinen Weg und einem bescheidenen Ratgeber für andere transidente Menschen.

Doch nicht nur transidente Menschen sollen sich angesprochen fühlen. Letztlich ist das umfassende Thema der Umgang mit Menschen, die anders sind und nicht in unsere gesellschaftlichen Schubladen passen, der eigene Umgang mit Anderssein und Toleranz. Daher lade ich jeden offenen Menschen ein, mein Buch zu lesen, und hoffentlich etwas Interessantes und Neues für sich herausziehen zu können.

Ich wünsche nun viel Spaß beim Lesen und dem Gewinn neuer Erkenntnisse, egal wer dieses Buch mit welcher Intention liest.

Dießen a. Ammersee, im April 2019 Ulrika Schöllner

Einleitung

Ich bin Transfrau ... – stopp, hier fängt das Dilemma für manche schon an. Bin ich jetzt Transfrau oder Transgenderfrau oder Transsexuelle oder ...? Der Begriffsdschungel bei diesem Thema ist ganz erstaunlich, und viele Betroffene machen dieses Denken in eher fragwürdigen Schubladen und Definitionen fast zur Religion. Da werden TV-Sendungen oder Artikel zu diesem Thema nicht nach Inhalt, Authentizität oder Darbietung beurteilt, sondern danach, ob ein Moderator die fast heiligen Begriffe „richtig" benutzt hat.

Das klassische Polarisationsthema ist die operative Geschlechtsangleichung, egal, ob von Mann zu Frau (MzF) oder von Frau zu Mann (FzM). Die Nutzung des Wortes „Umwandlung" ist dabei die Todsünde schlechthin. Die reflexartige Antwort von Betroffenen lautet: „Ich bin schon immer eine Frau/ein Mann, meine Genitalien werden meinem Geschlecht nur angeglichen." Darüber kann man sich nun trefflich lange und ausführlich streiten: Ist es eine Angleichung oder wird etwas durch die Pubertät Geprägtes, die Herausbildung primärer und sekundärer Geschlechtsmerkmale, gewandelt in das gefühlte Geschlecht?

Ähnlich von Spannungen gekennzeichnet ist die Verwendung der Begriffe „Transgender" und „Transsexualität". Offiziell – schon da wird es schwierig, denn was ist offiziell? – gilt Transsexualität als Unterkategorie von Transgender. Transgender umfasst danach alle Menschen, die sich jenseits der bipolaren Geschlechterrollen sehen. Doch dabei gibt es eben erhebliche Differenzen. Transsexuelle haben zwar eine Phase der Unklarheit, doch letztlich wollen sie keinesfalls irgendwo zwischen den beiden Geschlechtern stehen. Sie wollen Frau oder Mann sein und streben somit auch fast ausnahmslos die medizinische Angleichung an das empfundene und gewünschte Geschlecht an.

Transgender umfasst jedoch neben Intersexuellen – Menschen, die als medizinische Besonderheit von Geburt an sowohl weibliche als auch männliche Geschlechtsmerkmale aufweisen – auch die Menschen, die zwar jenseits der klassischen Geschlechter einzuordnen sind, aber keinesfalls eine eindeutige Zuordnung wünschen. Zu ihnen zählt man heute daher auch Transvestiten und Menschen, die das Wechselspiel zwischen den Geschlechtern eher als Fetisch betrachten, das Leben in einer Geschlechterrolle nach Gutdünken zelebrieren wollen.

Das hat jedoch mit Transsexualität nichts, aber auch nicht das Geringste zu tun, weshalb sich gerade Transsexuelle oft heftig gegen die Zuordnung wehren und vielfach auch wenig mit der heute existierenden Genderbewegung anfangen können. Im Gegenteil, sie fühlen sich von dieser Bewegung sogar oft politisch instrumentalisiert. Ich lehne diese Ideologie allgemein und besonders deren Umgang mit „Transgendern", der das alles eher zum Spaß deklariert und Geschlecht als rein gesellschaftliches Thema betrachtet, aus tiefster Überzeugung und eigenem Erleben ab. Der heutige, offene Umgang mit dem Thema hat für Transsexuelle nichts verbessert, sondern eher das Gegenteil bewirkt. Je mehr das Thema ausgebreitet wird – und das geschieht eben leider vorwiegend durch Menschen, die dieser Genderbewegung nahestehen –, desto mehr sehe ich Abwehrreaktionen in breiten Schichten der Bevölkerung. Die medial und politisch vorpreschenden Personen zeichnen sich eben gerade nicht durch sensiblen Umgang mit dem Thema aus, zeigen anderen gegenüber nicht den Respekt, den sie selbst fordern und treten oft fordernd und provozierend auf. Etwas überspitzt: Je weniger sie selbst schon auf ihrem Weg fortgeschritten sind, desto lauter treten sie auf. Das Bild, das dadurch in der Öffentlichkeit von Transsexuellen entsteht, ist das von schrägen Vögeln. Mit der Realität aller Transfrauen, die ich kenne, hat das nichts zu tun.

Nun könnte man das Problem leicht entschärfen, indem man zwischen Transsexuellen und Transgendern unterscheidet. Doch so einfach geht das leider nicht. Auch Intersexuelle passen nicht in diese Schemata und sehen sich kaum als Transgender. Transsexuell hat zudem die Komponente „sexuell" im Wort. Und die ist etwas schwierig, verbindet sie doch für Außenstehende das Thema zu leicht mit sexuellen Assoziierungen und verschiebt es leider oft etwas in die Schmuddelecke. Transsexuellen geht es jedoch in erster Linie um ihre geschlechtliche Identität, nicht um sexuelle Neigungen – denn die sind, wie bei allen anderen Menschen auch, völlig unterschiedlich.

Ich erlebe immer wieder, wie verwirrt und desinformiert Menschen bei diesen Fragen sind, wenn sie keinen Bezug dazu haben, aber plötzlich damit konfrontiert werden, oder ungefragt ihre Meinung dazu kundtun. Ganz schnell wird dann oft auch deutlich, wie oberflächlich die vermeintliche Toleranz der Gesellschaft ist, wenn sie auf die Realität trifft.

Es ist also gar nicht so einfach, treffende Worte zu finden, die der Komplexität dieses Themenbereiches gerecht werden. Persönlich verwende ich für Transsexuelle eher den Begriff Transidente, der für mein Verständnis am besten die Themen berücksichtigt, um die es Transsexuellen geht. Doch auch das trifft es im Sinn des Wortes nicht richtig. Im Buch werde ich daher die unverfängliche Wortwahl trans* Personen nutzen. Ich persönlich habe diese Kategorisierungen immer sehr entspannt gesehen, denn die damit verbundenen Problematisierungen sind für mich wenig bedeutsam. Einzig wichtig und spannend ist die Tatsache, dass mein Körper durch äußerliche Einwirkung entsprechend meinen Erwartungen und meiner Gefühlswelt angeglichen wird – dass der Körper mir gerecht wird, so gut es irgendwie geht. Derartige Begriffsstreitereien sind mir dagegen eher zuwider. Auch macht es die Überbetonung dieser Aspekte für Außenstehende eher schwierig, sich diesem Thema zu nähern. Sie führt eher zur Abwendung von offenbar zickigen trans* Personen, indem sie negative Vorurteile bestätigt. Doch wo die Verwendung der Begriffe widersprüchlich ist, versuche auch ich aufzuklären – entspannt nicht missionarisch. Ich werde in diesem Buch folgende Terminologie nutzen:

- Transidentität bzw. transident – wenn ich allgemein über das Thema Transsexuelle spreche.
- Transfrau/Transmann – wenn es um geschlechtsspezifische Themen geht.
- Geschlechtsangleichung – wenn es allgemein um die dafür notwendigen operativen Eingriffe geht.
- GaOp – oder englisch: Sex Reassignment Surgery (SRS) – für die geschlechtsangleichende Operation.

- Facial Feminization Surgery (FFS) – für die feminisierende Gesichtsoperation.
- FzM – für Frau zu Mann.
- MzF – für Mann zu Frau.
- Cis-Frauen/-Männer – für alle Menschen, bei denen die Geschlechtsidentität mit dem bei der Geburt zugewiesenen Geschlecht übereinstimmt.

Bleibt noch ein Begriff, der für mich schwierig ist: Schamlippen. Wieso zum Teufel nennen wir sie in einer aufgeklärten Welt noch immer so? Wieso Scham? Es gibt nichts, was eine Frau dort schamvoll zu verbergen hätte, höchstens zu schützen. Ich benenne sie eher lateinisch, also Labien.

Wir leben heute in einer scheinbar offenen und toleranten Welt. Doch das ist, wie die Formulierung schon andeutet, oft nur eine Scheinwelt, eine oberflächliche Wahrnehmung. Etwa 95 Prozent der Deutschen halten sich nach einer ARD-Studie („Medien und Toleranz“ 2014) für tolerant, gestehen aber gleichzeitig diese Toleranz nur etwa 50 Prozent der Bevölkerung zu. Das allein zeigt bereits einen Widerspruch und erklärt, weshalb ganz viele Betroffene oft einsame Menschen sind, die zumindest am Anfang nicht wissen, wohin sie sich mit ihren Gefühlen und Erkenntnissen wenden sollen. Selbst die Familien sind mit derartigem Outing oft völlig überfordert, und die Angst der Betroffenen davor ist überwältigend groß, manchmal auch unbegründet. Warum ist das so in einer ach so toleranten Gesellschaft, in der Toleranz anscheinend zunehmend mit Tollhaus verwechselt wird?

Es ist wohl in erster Linie die uralte Scheu vor dem Abweichenden, vor dem Ungewohnten, vor dem Anderssein. Überall kann das ja sein, nur bitte nicht bei uns – was sollen die Bekannten, Nachbarn etc. denken? Daran hat sich nicht allzu viel geändert. Auch ich habe in den ersten Jahren des Erkennens meines Andersseins solche Gedanken gehabt, sie haben mich blockiert und meinen Weg über viele Jahre verhindert. Doch daran hatten in erster Linie nicht andere Menschen Schuld, sondern vielmehr ich selbst.

In diesem kleinen Buch möchte ich unter anderem dazu beitragen, den Betroffenen den Weg aus diesem Dilemma aufzuzeigen. Ich möchte anhand eigener Erfahrungen den Gefühlsdschungel etwas lichten, möchte anderen helfen, durch eigene Stärke Selbstbewusstsein zu erlangen und diesen beschwerlichen, aber wunderbaren Weg besser zu meistern.

Wer ich bin und wie alles begann

Ich bin Transfrau – ach, das sagte ich ja schon in der Einleitung.

Dieses Buch sollte ursprünglich nicht meinen transidenten Lebensweg nachzeichnen und sollte auch keine Autobiografie werden, sondern war eigentlich zuerst nur als Aufarbeitung für mich selbst gedacht. Erst später kam der Gedanke hinzu, den Weg transidenter Menschen allgemein zu beschreiben, eigene Erfahrungen hinzuzufügen und Tipps aus dem eigenen Erleben zu geben. Herausgekommen ist nun etwas, das alle Ansinnen irgendwie vereint: Es ist mein transidenter Lebenslauf geworden, der sich aber auch als kleiner Ratgeber für andere Transidente versteht.

Die Erzählform wird sich ebenfalls nicht an klassische Strukturen halten. Ich habe begonnen, dieses Buch zu schreiben, als ich schon mitten auf meinem Weg war. Somit wird einiges als Vergangenheit erzählt und anderes als gerade geschehend.

Ein weiterer Aspekt sei vorab auch gleich klargestellt: Wer ein Buch voller sentimentaler und rührender Schicksalsschilderungen einer Transfrau erwartet, eine Leidensgeschichte, die geeignet ist für eine weitere Talkrunde in so emotionalen Quassel-Sendungen wie „Lanz" & Co, den muss ich enttäuschen. Emotionen und tiefgehende Erlebnisse sind sicher Teil meines Weges, aber diesen bin ich von Anfang an aufrecht, zielstrebig und stolz gegangen. Ich wusste ab einem bestimmten Moment genau, was ich wollte, habe Rückschläge angenommen und verarbeitet.

Mein Name ist Ulrika, geboren wurde ich 1959 – ja, Sie lesen richtig, jung und knackig hätte einen anderen Zeitstempel. Mein theoretisches Verfallsdatum ist nicht mehr sooo weit weg. Auch das macht meinen Weg ein klein wenig besonders.

Wenn dieses Buch erscheinen wird, bin ich die Hauptstrecke meines Weges bereits gegangen und habe die wichtigsten Meilensteine der Transition absolviert. Abgeschlossen wird dieser lange Prozess des Zu-sich-selber-Kommens nie sein, aber es wird sich irgendwann hoffentlich halbwegs so anfühlen, angekommen zu sein. Wobei – wann ist man eigentlich angekommen? Erst, wenn die Meilensteine absolviert sind? Oder, wenn die inneren Prozesse soweit vollendet sind, dass man sich eins fühlt mit seinem Ich, den seelischen Veränderungen und seinem Körper, wie er sich dabei verändert hat? Dazu später mehr.

Geboren wurde ich in einem männlichen Körper, der aber von Beginn an sehr weibliche und weiche Züge hatte. Den Erzählungen nach – Fotos gibt es auch – war ich ein blonder Rauschgoldengel, der immerzu für ein Mädchen gehalten wurde. Mein Elternhaus in der ehemaligen DDR war konservativ-bürgerlich, gleichzeitig aber streng kommunistisch – ein scheinbar schreiender Widerspruch! Doch es war gelebte DDR-Realität.

Mein Vater hatte alsbald genug von dem „Mädchen“, das doch ein echter Bursche sein sollte. Erschwerend kam für ihn hinzu, dass bei mir ein Hodenhochstand festgestellt wurde, dem die Ärzte mit einer Steroid-Spritzenkur zu Leibe rückten. Das Äußere wurde kurzerhand gegen den Willen meiner Mutter mit einem fortan zu tragenden „Igel-Haarschnitt“ korrigiert. Um das schlanke und zierliche Kind zum richtigen Burschen zu machen, wurde mir Leistungssport verordnet – dreimal pro Woche Schwimmtraining war das Mittel der Wahl. Meine Versuche, mich davor zu drücken – ich schwänzte oft das Training, befeuchtete zur Tarnung meine Trainingssachen und Handtücher, trieb mich während der Trainingszeiten herum oder fuhr mit der Tram von einer Endstelle zur anderen und zurück – waren nicht sehr erfolgreich. Mein Bewegungstalent war groß genug und die Körpermaße ideal. Das qualifizierte mich für die Sportschule, die Sport-Kaderschmiede der DDR. Von diesem Zeitpunkt an war jeden Tag zwei- bis dreimal Training im Wechsel mit Unterrichtszeiten angesagt, und am Wochenende standen Wettkämpfe an.

Damit war mein Schicksal vorerst besiegelt, ich lernte zu funktionieren. Alles Zarte, Weiche und Weibliche war mir vorerst ausgetrieben worden. Doch die Erfolge waren eher bescheiden. Meine Technik war zwar filigran, aber mit der Kraft und dem nötigen Muskelaufbau wollte es nicht so recht vorangehen – warum wohl …?

Aus der schlanken, etwas schlaksigen Erscheinung war zwar etwas „breitschultrigeres“ geworden, aber doch kein echter Kerl, keiner der Modelathleten, wie sie Schwimmer im Allgemeinen darstellen.

Während viele Jungen meiner Klasse ihre voranschreitende geschlechtliche Reife unter der Dusche oder in der Umkleidekabine beim Training stolz zur Schau stellten, konnte ich damit wenig anfangen – es machte mich unsicher, ja, es widerte mich zum Teil an. Ich konnte nichts anfangen mit deren Freude über die ersten selbst herbeigeführten Samenergüsse, ich empfand nichts bei den ersten Stehversuchen meines Penis. Das versuchte ich mit Witz und dem Verhalten als Klassenkasper zu übertönen, was jedoch auch nicht wirklich prickelnd war. Doch was sollte ich anfangen mit dem, was ich erlebte und fühlte? Ich hatte keine Ahnung. Ich war halt irgendwie anders, hatte dafür aber keine Erklärung. Auf die Idee, darüber mit Eltern, Großeltern, Lehrer oder Trainer zu reden, kam ich damals definitiv nicht. Ich nahm es hin. Warum? Ich kann es bis heute nicht wirklich beantworten.

Nach vier Jahren war der Ausflug Sportschule mangels durchschlagender Erfolge beendet. Was nun folgte, war jedoch noch schlimmer. Ich musste zurück auf eine normale DDR-Schule, eine zehnklassige polytechnische Oberschule (POS), das entspricht in etwa einer Realschule. Hier hinein passte ich wie die sprichwörtliche Faust aufs Auge, die Umstellung war für mich grauenvoll. Jetzt kam zum ersten Mal die Zeit, als ich mich völlig falsch fühlte, nicht nur das raue Umfeld betreffend, nein, auch als Junge, der trotz Schwimmerfigur so gar nicht in die Reihe der anderen Jungs passte. Ich war weicher und weiblicher – das Weibliche sah ich damals nicht, nur das Weiche. Das Gebaren der Jungen, die Präsentation der pubertären Schübe der Jungen, die teilweise Kraftmeierei, die oft zu spürende Suche nach Streit und Kräftemessen waren für mich eine völlig fremde Welt. Damit hatte ich bereits in der Grundschule vor der Sportschule zu kämpfen. Es war mir völlig zuwider, mich mit anderen Jungen zu prügeln, sich Tagesopfer rauszusuchen, die „heute mal fällig“ waren. Weil ich da nicht mitzog, wurde ich logischerweise selbst gelegentlich zum Tagesopfer. Mich mit Fäusten zu wehren, war für mich keine Option. Mit dem Wechsel zur Sportschule waren solche Dinge glücklicherweise kein Thema mehr gewesen.

Ich suchte nun zunehmend den Kontakt zu Mädchen, doch auch die wollten sich nicht so recht mit mir abgeben. Für sie war ich ein verweichlichter Junge, der absolut nicht in ihre pubertäre Welt passte. Es war damals die achte oder neunte Klasse, die Mädchen um die 14 oder 15 Jahre alt und auf der Suche nach ersten sexuellen Erfahrungen mit älteren Jungen. Die Mädchen wollten also nichts mit mir, und ich nichts mit den Jungs zu tun haben – das Dilemma war perfekt. Es gab niemanden, mit dem ich darüber reden und dem ich meine Gefühlslage erklären konnte, weder meine Eltern noch Bekannte. Zwei Versuche bei meinen Eltern endeten mit dem berühmten Klaps auf die „Männerschulter" – stell dich nicht so an, du musst dich durchbeißen, das wird schon. Andere Optionen, z. B. Hilfsgruppen oder ähnliches, waren damals unbekannt – zumindest für mich.

Damit war das Thema abgehakt, doch meine Probleme blieben. Wenn ich in den Spiegel schaute, sah ich einen Jungen, der sehr schlank war, fast schlaksig. Ich sah zwar einen Penis, aber der war unwichtig für mich. Ich sah auch, dass ich um die Hüften und Taille anders war als die Jungs. Mein Verhältnis von Oberschenkeln, Hüfte und Taille hatte eher früh-weibliche Formen, was mir aber erst später bewusst wurde. Das Ergebnis einer solchen Musterung im Spiegel war auf jeden Fall frustrierend. Ich fühlte mich falsch, ohne zu wissen, was eigentlich falsch war.

Wenn meine Eltern im Theater oder Konzert waren, ging ich öfters an den Kleiderschrank meiner Mutter und hielt mir ihre Kleider an, ab und an schlüpfte ich auch in eines der Kleider hinein. Es schien, als würde mir das gut stehen, irgendwie fühlte es sich auch gut an, andererseits aber auch sehr eigenartig. Der richtige Moment eines „Aha-Effektes" stellte sich jedoch nicht ein. Das lag vielleicht auch an der Situation und der Art der Kleider meiner Mutter, es waren vorwiegend Abendkleider. Zudem musste ich aufpassen, dass man mich nicht dabei erwischte.

Ich hielt mich damals für alles Mögliche, aber der Gedanke, meine Situation hätte etwas mit Identitätsproblemen zu tun, damit, dass ich eventuell als Mädchen im Jungenköper steckte und nur funktionieren sollte, der war damals so weit weg wie der Mond von der Erde. Also riss ich mich zusammen und fasste den Entschluss, mich nunmehr den Jungs anzunähern – ein ganzer Kerl zu werden. Das hatte zum Teil sicher groteske Züge. Ich tat Dinge, die mir völlig fremd waren, nur um dazuzugehören. Zumindest erreichte ich eine gewisse Anerkennung und fühlte mich angenommen, was sicher auch so war. Mit der Zeit verschwand die Fremdheit zum eigenen Ich, aber wirklich als Junge, als pubertierender Teenager mit all den Dingen, die so dazugehören, fühlte ich mich nie. Die folgenden Jahre waren langweilig. Ich hatte mich in meine Rolle gefügt, hechelte aber irgendwie immer dem werdenden Mann in mir hinterher, der ich nach meinem Verständnis jedoch nie war.

So vergingen die restlichen Jahre der Schulzeit, die etwas frustrierenden Jahre der Berufsausbildung und die folgende Militärzeit. Die Militärzeit sticht dabei etwas heraus. Hier versuchte ich den fachlichen Erfolg als guter Funker damit zu kompensieren, dass ich besonders cool sein wollte, und meine sich herausgebildete politische Aufmüpfigkeit das unterstreichen sollte. Im Kontext meiner sich formenden politischen Überzeugung, die völlig konträr zum kommunistisch geprägten Elternhaus war – das bezog sich vordergründig auf meinen Vater, meine Mutter war quasi liebende Mitläuferin – führte das jedoch unweigerlich zu heftigen Problemen, die ich teuer zu bezahlen hatte (Arrestzeiten). Doch etwas hatte ich schon damals gelernt: einen starken Willen und ein Rückgrat, beides ließ ich mir nicht brechen.

Mein Anker war meine Mutter, die recht stark unter meinem alles beherrschenden Vater zu leiden hatte und mit der Zeit krank davon wurde. Sie hat mich mit dem Ziel erzogen, ein selbstständiger Mensch zu werden, der sein Leben allein bewältigen kann, und keine typische Machorolle als Mann einnimmt mit einer Frau an seiner Seite, die ihn zu versorgen hat. Viel Hausarbeit war in den Augen meiner Mutter auch für den Lebensweg von Jungen angesagt und hilfreich. Die klischeehaft weiblichen Dinge im Haushalt habe ich selbst als Jugendlicher gern gemacht: Ich habe gern Wäsche aufgehängt, zusammengelegt und gebügelt, habe gern mit meiner Mutter gekocht und gebacken, selbst das Putzen war für mich keine Last. Ebenso war Gartenarbeit in unserem und dem Garten meiner Großeltern für mich Vergnügen. Gibt es doch nichts Schöneres, als die Früchte der Arbeit in Form von frischem Gemüse oder Obst direkt aus dem Garten zu ernten, zu essen oder zu verarbeiten. Diese Bodenhaftung hat sich durch mein ganzes Leben gezogen.

Um hier keinen völlig falschen Eindruck von meinem Vater zu erzeugen. Er war gewiss kein Tyrann, und noch weniger einer der Männer, die nach der Arbeit die Füße hochlegten und sich von der Frau umsorgen ließen. Mein Vater war Hochschullehrer, später Direktor der Sektion Chemie der Karl-Marx-Universität (KMU) Leipzig. Wenn er abends nach Hause kam, dann verzog er sich in sein Arbeitszimmer und arbeitete weiter. Zum gemeinsamen Abendessen kam er wieder heraus, um danach oftmals wieder zurückzukehren an den Schreibtisch. Ab und an setzte er sich zu meiner Mutter auf die Couch zum gemeinsamen Fernsehen. Ausnahmen waren Besuche von Freunden oder Kollegen aus der ganzen Welt. Dann wurde es sehr interessant bei uns zu Hause.

Mit meiner Mutter habe ich viel Zeit verbracht, wir verstanden uns hervorragend. Doch leider war auch sie nicht die so dringend benötigte Ansprechpartnerin für meine Themen. Eher war ich in der Zeit ein Halt für sie. Ob sie mein Dilemma nicht sehen oder es nur verdrängen wollte – warum auch immer –, das weiß ich bis heute leider nicht. Denn schon 1982, kurz vor Ende meines Militärdienstes, verstarb sie viel zu früh mit 48 Jahren. Das war für mich ein großer Schock mit weitreichenden Folgen. Es brach eine Welt für mich zusammen. Der Schock war so groß, dass es Tage dauerte, bis ich wirklich weinen konnte und bis ich wirklich realisierte, was geschehen war, wie groß und heftig der Verlust meiner Mutter für mich war. Bis heute wirken die Erfahrungen und Gefühle dieser Zeit für mich kräftig nach. Meine Mutter war und ist die Person, bei der meine Gedanken in den letzten zwei bis drei Jahren am häufigsten verweilten.

Meine weiblichen Eigenschaften wurden von meinem Vater in der Folgezeit ausgenutzt. Ich hielt den Familienladen am Laufen, erfüllte ein Jahr lang die Rolle meiner Mutter für meinen Vater und meinen jüngeren Bruder, schmiss sozusagen den Männerhaushalt. Ich kaufte ein, kochte, backte, putzte und machte die Wäsche. Schlimmer noch, nicht mein Vater war eine seelische Stütze für mich, sondern er versuchte sich an mich anzulehnen. Er war das

„Opfer“, der von der Frau verlassene Mann, der nun allein durchs Leben gehen sollte. Das endete jäh, als ich mitbekam, dass mein Vater längst eine neue Geliebte hatte, sich aber dennoch von mir umsorgen ließ. Den ersten Kontakt mit ihr hatte ich in unserer Wohnung, als sie mir oberlehrerhaft erklärte, dass es meinem Vater nicht gut ginge, und wir – mein Bruder und ich – aufgrund unseres Lebenswandels daran schuld seien. Das war der Beginn der völligen Entfremdung von meinem Vater, der sich in dieser Rolle gefiel, die zwanzig Jahre lang anhielt.

Am Ende der Militärzeit lernte ich meine spätere Ehefrau kennen. Auch sie lernte mich als sehr weiblichen Mann kennen, wozu sie immer stand. Erst später erzählte sie mir, dass sie darauf öfters angesprochen wurde. Sie hatte sich den weiblichen Mann explizit erwählt. Sie traf mich in meiner elterlichen Wohnung an, wenn ich kochte und den Haushalt führte. Auch bei ihr zu Hause habe ich gern Dinge im Haushalt erledigt, habe gebacken und ihren gerade geborenen Sohn gewickelt, den wir fortan gemeinsam aufzogen. Sie hat also die Frau in mir immer gesehen, wenn auch nicht in der letzten Konsequenz.

Nach drei Jahren – 1986 – heiraten wir. In meinem Job (Techniker für Großrechner-Systeme) war ich ebenfalls sehr schnell erfolgreich, stieß aber schnell wieder an die unvermeidlichen Hürden der DDR-Zeit. Alsbald meldete sich die Stasi bei mir, um mir kundzutun, dass mein weiteres berufliches Fortkommen von ihrem Wohlwollen bzw. einer Entscheidung meinerseits abhing, die mich zum willigen Unterstützer des Systems gemacht hätte.

Das war der Anfang zur ersten großen selbstbestimmten Weichenstellung in meinem Leben. 1987 verließ ich das „gelobte“ Land, und startete in Bayern mein neues Leben in Freiheit. Dabei mussten meine Frau und unser ältester Sohn vorerst zurückbleiben. Es hat etwa ein Jahr gedauert, bis die Pläne gereift waren, meine Familie aus der DDR rauszuholen. Im Sommer 1988 war es dann soweit und wir waren nach dramatischen, aufregenden Tagen wieder vereint.

Dreieinhalb Jahre später wurde unser zweiter Sohn geboren. Auch jetzt übernahm ich wieder gern eher weibliche Aufgaben. Mein emotionales Verhältnis zu unseren Kindern hatte auch viele Züge, die man eher Müttern zuschreibt – ob es das gemeinsame Baden, das

Wickeln, die Körperpflege, das Schmusen im Bett oder andere Aspekte waren. Heute würde ich mich wahrscheinlich am Rande dessen bewegen, wo manche fragwürdigen Zeitgenossen schon die Grenze zu „sexuellen" Übergriffen sehen.

Meine Frau liebte diese weiblichen Züge an mir. Ich habe schon damals zum Ausdruck gebracht, dass ich am liebsten zu Hause wäre und Haushalt und Kinder übernehmen würde. Aber ich hatte den Job, der unsere neue Existenz sicherte. Auch im Bekannten- und Freundeskreis habe ich mich mehr zu den Freundinnen meiner Frau hingezogen gefühlt als zu deren Männern. Ich war sozusagen der „Frauenversteher".

1991 startete ich in die Selbstständigkeit. Es waren Jahre des Aufbruchs, wir starteten neu durch, hatten alles hinter uns gelassen. Ich hatte Spaß an meinem Job rund um IT-Netzwerk- und Systemberatung, genoss die Freiheit in allen Bereichen und die saubere Umwelt – mit allem, was ich hatte, stürzte ich mich in mein zweites Leben. Die weiblichen Aspekte verschwanden zusehends. Die Zweifel an mir selbst, an meiner Geschlechtsrolle waren trotz meiner Vorliebe für vermeintlich weibliche Aspekte im Haushalt vorerst verschwunden. Ich war in diesen Jahren ein offenbar recht glücklicher Mensch, die Widersprüche waren vom Rausch des neuen Lebens und der beruflichen Selbstständigkeit überdeckt.

Es ging natürlich nicht nur bergauf. Die erste Firma, die ich zusammen mit einem Partner gegründet hatte, musste sieben Jahre später Konkurs anmelden. Ich startete ein weiteres Mal durch, diesmal ohne Partner, und das erfolgreich. Jahrelang habe ich nicht bemerkt, in welches Hamsterrad ich mich dabei schrittweise begeben hatte. Der Wille zum beruflichen Erfolg, der Wille eine perfekte kleine Familie und ein perfektes eigenes Heim zu haben, dabei die wenigen negativen Erfahrungen meiner Kindheit mit meinen Eltern natürlich vermeiden und ins Gegenteil kehren zu wollen, und das alles finanziell allein zu stemmen – meine Frau blieb für die Kinder zu Hause – waren so treibend, dass ich mich selbst dabei verlor. Ich funktionierte hervorragend, aber auch gegen mich selbst.

Im Nachhinein denke ich, es war der Wille, 150 Prozent Mann sein zu wollen, um alle Zweifel der Vergangenheit auszuräumen. Die Zweifel am Mann in mir verschwanden jedoch niemals ganz, im Spiegel sah ich noch immer keinen richtigen Mann. Doch ich versuchte das mit noch mehr Arbeit und Erfolg zu kaschieren. Dadurch veränderte ich mich erheblich: Ich wurde bestimmender, sicher zu selbstbewusst – viel davon war jedoch aufgesetzt – und erreichte mit dem Erfolg eine gewisse Arroganz, die ganz sicher nicht besonders förderlich war. Etwa 2006 setzte sich langsam die Erkenntnis durch, dass das eigentliche Leben an mir vorbeizog und ich versucht hatte, alle Probleme – zunehmend auch in der Partnerschaft – mit noch mehr Arbeit zu ertränken. Trotz vieler Bedenken, begann ich die Arbeit zu reduzieren. Entgegen aller Befürchtungen wurde das von meinen Kunden nicht bestraft, sondern verstanden.

Zu diesem Zeitpunkt hatte ich meine ersten Berührungen mit einer Transfrau, einer Kollegin in einem Projekt. Es hat lange gedauert, bis ich überhaupt kapiert hatte, dass sie Transfrau war. Leider hatte sie auf ihrem Weg keinen Erfolg, hatte mit Ablehnung in der Familie und bei Arbeitskollegen zu kämpfen und vereinsamte vollständig. Während unseres Projektes stieg sie völlig unvorbereitet aus und zog sich in eine irreale Spielwelt am Computer zurück. Ich versuchte, sie zu erreichen und mit ihr zu sprechen. Völlig konsterniert stellte sie fest, dass ausgerechnet ich der einzige Mensch war, der Kontakt zu ihr aufnahm und das Gespräch suchte. Damals merkte ich das erste Mal ziemlich vage, dass ein gehöriger weiblicher Anteil in mir steckte. Leider waren meine Bemühungen erfolglos. Sie kam in eine Klinik, und ich habe nie wieder etwas von ihr gehört oder gesehen.

2009 ging unser jüngerer Sohn zur Ausbildung nach Kanada – erst Abitur, dann Studium. Ab jetzt wurde es etwas ruhiger und entspannter, obwohl die Verantwortung und der Druck, genug Geld zu verdienen, um das alles zu ermöglichen, hoch waren. Doch ich hatte plötzlich irgendwie mehr Luft. Ich hatte wieder etwas Zeit, auch über mich nachzudenken, und hatte die Möglichkeit, mehr Zeit für mich selbst abzuknapsen – und ich tat es! Doch das geschah nicht etwa zielstrebig, sondern relativ wirr und chaotisch.

Es dauerte nicht lange, und ich erkannte und fühlte erneut, dass etwas in mir nach Änderung rief. Nicht nur so irgendeine der üblichen nötigen Veränderungen im Leben, die herannahende Midlife-Crisis oder ähnliches – nein, es fühlte sich schon fundmentaler an.

Zunehmend verspürte ich erneut eine starke Anziehungskraft durch das weibliche Geschlecht, jedoch völlig anders, als zu erwarten wäre. Ich betrachtete schöne Frauen zunehmend mit Neid. Ich wurde neidisch auf ihre Figuren, auf ihre Brüste und auf ihr Genital. Ich wünschte mir oft, ich hätte all diese Eigenschaften.

Ich begann, besondere Partys zu besuchen. Partys, auf denen man den Alltag richtig hinter sich lassen konnte, raus konnte aus der Alltags-Uniform, raus konnte aus der zementierten Geschlechterrolle, und hineinschlüpfen konnte in eine – anfangs für mich zum Teil bizarre – neue Welt, die Fetischwelt. Eine Welt aus schrillen Kostümen, mehr oder weniger Bekleidung in Latex oder Leder. Eine Welt, in der ich plötzlich anders sein konnte und das auch war. Meine Partyoutfits wurden immer weiblicher, und ich fühlte mich zunehmend wohler. Meine Frau konnte diese Entwicklung sehen, bemerkte sie auch, und nahm sie stillschweigend zur Kenntnis. Gesprochen haben wir damals kaum darüber, denn Reden war leider schon länger nicht mehr unsere Stärke. Wir hatten unseren Spaß, ich dabei wohl erheblich mehr als sie.

Den Partys folgten Ausflüge in die Sadomasowelt, in der ich nach Erfahrungen und Wegen für mich suchte, aber – nach anfänglich scheinbar passenden Entwicklungen – doch nicht wirklich fand. Der Ausflug war Teil der Suche nach mir selbst, der Hoffnung, das zu finden, was ich an mir als Mann nicht passend fand. Doch auch das zeigte sich als Sackgasse.

Zwischendrin folgte noch ein kurze Phase mit Ausflügen in einige spezielle Männerklubs in München, vielleicht zeigte mein Anderssein ja in diese Richtung? Doch das war es ganz offensichtlich nicht, das wusste ich ganz schnell!

Diese Suche und Unzufriedenheit mit mir selbst steigerte sich weiter in das Bedürfnis nach Piercings an meinem Körper. Ob am Penis, den Brustwarzen, am Hodensack oder am Damm, ich steigerte mich in eine „Schmückungs-Orgie“ mit Titanringen und -stäben an meinem Körper. Irgendwie hatte ich dabei das Gefühl, das an mir

Fehlende auszugleichen, was auch immer es sei. Zugegeben, die Piercing-Geschichte war auch jenseits meines Themas recht reizvoll und hatte eine sexuell stimulierende Komponente. Der eine oder andere bewundernde Kommentar war Balsam auf meine Seele.

Wenn auch heute fast alle Piercings abgerüstet sind, einige durch die Ga-OPs ganz unvermeidlich – nur die Brustwarzen sind weiter mit Ringen geschmückt –, so sind schöne Piercings für mich weiterhin erotisch. Zum Piercing kam noch eine weitere Komponente auf der Suche nach meinem körperlich-seelischen Ich hinzu: Tattoos. Zum einen sind sie ein recht fester Bestandteil der Sadomaso- und Fetischszene, zum anderen wurden auch sie Ausdruck meiner Suche, Ausdruck meiner Unzufriedenheit mit mir selbst. Schritt für Schritt füllte sich meine Haut erst in den Leisten, dann an der Brust, den Oberarmen und last but not least an einem Unterarm mit Tattoos. Ich machte es mir nicht leicht, es musste überall ein Thema sein, musste zu mir, meinem Leben und meinem Fühlen passen, perfekt und schön sollten sie obendrein sein. Für wie viele Euro ich in dieser Zeit Tattoos auf meinen Body stechen ließ, weiß ich heute so genau nicht mehr, über 4.000 Euro waren es definitiv. Heute hat das für mich nur mehr wenig Bedeutung, wenngleich ich nichts bereue. Aber das eine oder andere Tattoo würde ich mir heute nicht mehr stechen lassen.

Auch dieser Ausflug war nur ein weiterer Teil bei der Suche nach dem, was in mir brodelte, aber keine Bestimmung fand und sich nicht fassen ließ.

Bald wurde aus dem Partyspaß jedoch der Drang, mich auch außerhalb der Partys weiblicher zu kleiden. Ich kaufte, anfangs noch heimlich, Frauengarderobe und Frauenschuhe – High Heels – und begann im Androgyn-Style auf die Straße zu gehen. Das war sicher alles recht verkrampft und hatte wohl ab und an auch einen etwas „nuttigen" Einschlag, aber ich fühlte mich Schritt für Schritt immer wohler und sicherer dabei. Mit einer Freundin machte ich in Partyoutfits Fotoshootings mitten in München, und ich genoss die Blicke und wohlwollenden Kommentare der Passanten.

Der nächste Schritt war ein erstes professionelles Frauenstyling durch eine Transfrau. Ich hatte eine Session von vier Stunden mit anschließendem Fotoshooting gebucht. Es gab dort einen reichhaltigen Fundus an Frauengarderobe, auch in großen Größen. Das war ein ungeheures Aha-Erlebnis. Der erste Blick in den Spiegel war eine Offenbarung. Ich verliebte mich schlagartig in die Frau, die mich aus dem Spiegel anschaute. Plötzlich fand das, was ich früher immer im Spiegel sah, diesen Körper, der so gar nicht richtig männlich war, eine passende Ergänzung im Gesicht. Beides passte zusammen. Ich fühlte zum ersten Mal, dass dieses Bild, das ich da im Spiegel sah, etwas ganz Fundamentales mit meinem Innersten zu tun hatte.

Ich war so von meinem Spiegelbild begeistert, dass ich danach noch nach München fuhr, um mich den Menschen als Frau zu zeigen. Ich ging in zwei Geschäfte, in denen ich Bekannte hatte, ich ging in das Tattoostudio, in dem ich seit einiger Zeit Stammgast war, und zuletzt noch in eine Bar. Das Echo war überall hervorragend, mein Auftritt löste überall einen Wow-Effekt aus. So fuhr ich nach diesem erlebnisreichen und aufwühlenden Tag nach Hause und fühlte mich wunderbar. Nach diesem Event besorgte ich mir hochwertige Perücken, eine in rotbraun und eine in blond. Zu sehr hatte mich das Spiegelbild mit den unterschiedlichsten Typen von Perücken begeistert.

Jetzt wurde mir langsam klar, was die ganzen Jahre über mein Thema war. Noch konnte ich das nicht wirklich einordnen, Transidentität kam mir noch nicht in den Sinn. Ich sah es vorerst als eine Art Cross-Dresser, der ab und an in die Frauenrolle schlüpft, um seinen weiblichen Teil in sich zu entdecken und auszuleben. Aber eines hatte ich definitiv erkannt: In mir war ein großer Anteil Frau, und diese Erkenntnis erschreckte mich nicht, sie erfreute mich, ich liebte diese Frau in mir.

In diese Zeit fiel die Trennung von meiner Frau. Wir hatten uns auseinandergelebt und uns nicht mehr viel zu sagen. Meine Frau bekam die Entwicklung in mir mit, hielt sie aber doch eher für einen Fetisch, und konnte im Besonderen meine Outfits nicht ertragen, die zugegebenermaßen teilweise zu schrill waren. Es war für sie peinlich, dass ich so auf die Straße ging. Wirklich erklären, was in mir ablief, konnte ich auch nicht, ich war ja selbst noch im Unklaren mit mir und über mich. Unsere Trennung vollzog sich jedoch vorerst nur teilweise. Wir gingen getrennt unserer Wege und versuchten uns im Haus aus dem Weg zu gehen, was nicht wirklich eine gute Idee war.

Drei Monate später lernte ich meine heutige Partnerin Nicole kennen – sie wird hier eine wichtige Rolle spielen. Sie lernte mich definitiv noch als Mann kennen, der jedoch innerlich schon auf dem Weg zur Frau in sich war, selbst wenn ich es teilweise gar nicht genau wusste. Anfangs erzählte ich ihr noch nichts davon. Nicht, weil ich etwas verbergen wollte, sondern weil ich selbst ja noch gar nicht richtig wusste, was es war. Meine Liebe zu besonderen Schuhen, zu Schuhen mit hohen Absätzen oder maßgefertigten Männer-Overknee-Stiefeln aus Leder, verheimlichte ich nicht. Sie war und ist ein sehr offener Mensch, der selbst schon viele Erfahrungen gesammelt hatte. Die Fetischszene, und auch die Sadomasoszene waren ihr nicht fremd. Das führte auch schnell zu einer besonderen Verbundenheit, weil sie es liebte, in mir jemanden gefunden zu haben, der ihr den Zugang zur Szene wieder ungezwungen ermöglichte. Dennoch war sie anfänglich etwas irritiert über meine Schuhvorlieben. Schritt für Schritt weihte ich sie mehr ein in meine Vorlieben und Gedanken um meine Andersartigkeit.

Von nun an ging es plötzlich recht schnell auf dem Weg der Erkenntnis. Ich wollte immer öfter äußerlich Frau sein. Ich ging ab und an zu einem Visagisten in München, um mich perfekt stylen zu lassen und dann derart gestylt durch die Stadt zu schlendern und anschließend hin und wieder in einen Klub zu gehen. Das war eigentlich ein Swingerklub, in dem aber jeden Mittwoch „Tranny"-Abend angesagt war. Hier trafen sich also viele unterschiedliche Menschen, die in irgendeiner Form etwas mit Travestie oder Transsexualität zu tun hatten. Dabei ging es mir nicht um das, was sonst einen Swingerklub ausmacht. Ich genoss die Abende von Mal zu Mal mehr und wurde in meinem Auftreten immer sicherer. Die Kleidung wurde immer vielfältiger, und ich fand langsam meinen weiblichen Stil. Das war übrigens nicht so einfach. Bei einer Größe von 187 Zentimetern, noch erkennbar breiten Schwimmerschultern, dabei aber schlank, ist es verdammt schwierig, weibliche Kleidung mit Chic zu finden.

Das wäre wahrscheinlich noch länger so gegangen, doch es geschah dabei noch etwas anderes. Ich veränderte mich nicht nur äußerlich, es geschah etwas in und mit mir. Mein Fühlen, mein Denken, meine Wahrnehmungen und Handlungen änderten sich. Sobald ich als Frau unterwegs war, war nicht mehr der Mann in mir, es war etwas fundamental anders. Mehr und mehr fühlte ich, dass ich eigentlich nur noch so leben möchte, dass ich nicht mehr als testosterongesteuerter Macho unterwegs sein möchte, der ich eigentlich gar nicht bin. Jeder Ausflug als Frau war ein kleiner Erkundungstrip in mein Innerstes, in meine weibliche Seele.

Das war der Zeitpunkt, zu dem ich realisiert hatte, dass alles, was sich jetzt zeigte und sich so gut anfühlte, schon all die Jahre in mir steckte. Das war es, was mich immer von den anderen Jungs unterschied, was mich unzufrieden in meiner Rolle machte – ich bin eine Frau in einem männlichen Körper. Nicht einmal das stimmte ja ganz, denn mein Körper war ja nie ganz männlich. Alle meine Ausbrüche und Suchen der letzten Jahre waren ein Ausdruck für die Suche nach meinem Ich. Sie waren Ausdruck dafür, dass ich einfach nicht wusste, wohin ich meine Unklarheiten und meine Unzufriedenheit mit mir selbst stecken sollte, wie ich sie deuten sollte.

Jetzt begann nochmals eine Zeit der Unsicherheit. Was mache ich mit der Erkenntnis? Es ist ja nichts Banales, etwas, was einem so an kleinen Erkenntnissen das ganze Leben widerfährt, wenn man nicht völlig losgelöst vom eigenen Ich dahinlebt. Hey, du bist über fünfzig, was soll das jetzt alles? Spinnst du? Das kann doch eigentlich nicht sein! Wieso erst jetzt? Okay, du siehst um einiges jünger aus, als du bist, warum also nicht? Was sollen deine Söhne von dir denken, was müssen sie sich von den Nachbarn oder Freunden anhören, wenn ich jetzt umsetze, was in mir ruft? Was wird überhaupt aus der Familie, was macht meine Frau? Was macht mein Körper mit mir, wenn ich mit über 50 Jahren anfange, ihn „umzubauen"? Muss das überhaupt sein oder geht das auch ohne Eingriffe? Ist das vielleicht alles nur eine irreale Momentaufnahme, ein gesteigerter Fetisch? Wie werde ich mal ohne Perücke als Frau aussehen? Will ich das wirklich, halte ich das aus? Auch die Erinnerung an die Kollegin und ihr Schicksal kam wieder hoch u.v.a.m. Fragen über Fragen … Das ging etwa zwei Jahre so.

Parallel hatte ich begonnen, viel über das Thema Transidentität zu lesen und mich über die möglichen Wege zu informieren. Es fesselte mich immer mehr, und mir wurde immer klarer, was über all die Jahre mit mir losgewesen ist und was ich wollte. Ich konnte immer weniger glauben, dass ich so lange gebraucht hatte, um zu erkennen, was in mir vorgegangen war.

Nach der Trennung von meiner Frau kam ein neues Thema hinzu: Was wird aus meiner wundervollen Beziehung zu meiner neuen Partnerin? Wir hatten tollen Sex miteinander und viele interessante Gespräche. Wir verstanden uns wunderbar, und ich liebte sie sehr. Doch zunehmend bekam ich Probleme beim Sex mit ihr. Wenn wir zusammen waren, begann ich mich mitten im Akt als Frau zu sehen, ich sah Brüste an mir, sah, wie meine Knospen ihre Brustwarzen berührten. Mein Körper wurde zur Frau, während wir uns liebten. Gleichzeitig setzte mich der Sex unter Druck – ich musste doch funktionieren, obwohl ich schon ganz woanders war!

Einerseits war es wundervoll, wie eine Frau zu fühlen. Andererseits bekam ich Angst um unsere Beziehung, ich wollte sie auf keinen Fall verlieren. Die Gedanken um mein Ich ließen mich aber auch nicht mehr los. Wie sollte ich das in Einklang bringen? Es war eine schwierige Zeit, in der die Gedanken oft von einem Extrem zum anderen rasten. Ich erzählte meiner Partnerin, was ich beim Sex zum Teil sah und fühlte. Sie fiel keinesfalls aus allen Wolken, sie konnte fühlen, was in mir vorging, sie sah mich! Aber sie war natürlich auch verunsichert und verwirrt ob meiner Entwicklung und den Auswirkungen auf unsere Beziehung. Ich denke manchmal, sie konnte früher als ich sehen, wohin meine Reise ging.

Im Herbst 2015 kam noch ein einschneidendes Erlebnis hinzu. Seit März 2013 hatten meine Frau und ich meine Großmutter, die Mutter meiner früh verstorbenen Mutter, mit knapp hundert Jahren zu uns nach Hause in Pflege genommen. Nach zwei Jahren aufopferungsvoller Pflege, besonders durch meine Frau, mussten wir meine Großmutter dann im Mai 2015 in ein Heim in unserem Ort geben. Meine Großmutter war eine extrem bemerkenswerte Frau. Bis zu dem Tag, an dem sie durch einen ärztlichen Behandlungsfehler zum Pflegefall wurde, hat sie ihr Haus und ihren Garten allein bewältigt. Sie war geistig vollkommen auf der Höhe und hat mit ihrer geistigen Vitalität manch Fünfzigjährige alt aussehen lassen. Auch sie hatte Veränderungen an mir bemerkt, auf die sie mich auf ihre unnachahmliche Art hinwies.

Nur wenige Tage vor ihrem Tod Ende September 2015 habe ich ihr dann an ihrem Bett davon berichtet, was in mir vorging, dass ich glaube, im falschen Körper zu leben, und in Wahrheit mehr Frau als Mann bin. Ich hatte es als eine Art Beichte verstanden, um sie nicht im falschen Glauben gehen zu lassen, und hatte mit vielem gerechnet. Doch ihre Reaktion war unglaublich. Sie hat mich einige Sekunden schweigend, mit einem ganz besonderen Blick angeschaut, einem Gemisch aus Prüfen, Zweifeln und schelmisch Schmunzeln. Dann sagte sie: „Wenn das Mutti erleben könnte …"

Das machte mich völlig sprachlos, ich war wie vom Donner gerührt, mir schossen die Tränen in die Augen, ich drückte und küsste sie. Danach wollte ich mehr wissen. Was hatte sie genau damit gemeint? Hatte meine Mutter doch mehr geahnt, als ich glaubte? Hatte sie doch das Mädchen in mir immer gesehen, und sich – wie auch ich mich – nur nicht getraut, etwas zu sagen? Gedanken über Gedanken! Doch sie wehrte ab, wollte nicht mehr dazu sagen und schloss die Augen, aber sie drückte weiter meine Hand. Das war ein ungeheurer Gefühlsschwall!

Ich kann viel in dieses Erlebnis hineininterpretieren, doch was macht das für einen Sinn? Für mich hatte meine Großmutter mir ihren Segen erteilt, so blöd das klingen mag. Ich habe sie an diesem Tag erfreut, zugleich aber auch irritiert und mit vielen Fragen im Kopf verlassen. Bis zu ihrem Tod wenige Tage später haben wir nicht noch einmal über das Thema sprechen können.

In gewissem Sinne war es eine Wiederholung der Situation des Jahres 1982 nach dem frühen Tod meiner Mutter. Damals hat meine Mutter mir mit ihrem Gehen den Weg in meine Freiheit ermöglicht. Wäre sie am Leben geblieben, hätte meine Flucht so nicht stattgefunden. Ich hätte nicht die Kraft gehabt, sie zu verlassen, denn damals wäre es ein Verlassen für immer gewesen, die Wende 1989 hat damals noch niemand für möglich gehalten. Und nun hatte mir meine Großmutter kurz vor ihrem Tod ihren Segen gegeben. Natürlich hinkt der Vergleich, denn ich wäre 2015 meinen Weg auch gegangen, wenn meine Großmutter anders reagiert hätte. Dennoch ist es eine gewisse Duplizität familiärer Schicksalsmomente.

Das klassische Outing vor Eltern, Kindern und Großeltern hatte sich bei mir auf das Outing vor meinen Kindern reduziert. Das Outing vor meiner Großmutter war ja nur ein halbes. Was alles folgen würde, der ganze Weg vom Mann zur Frau, das habe ich ihr nicht ausgebreitet, das war für sie in ihrer Situation auch völlig uninteressant. Auf das Outing komme ich später nochmals zu sprechen.

Ende 2015 war es dann soweit. Ich hatte alle Zweifel und Fragen für mich geklärt und wusste nun: Ich will ab jetzt mein altes Leben hinter mir lassen, will mich auf den Weg zu meinem eigentlichen Sein begeben, will ab jetzt als Frau leben. Es dauerte noch wenige Monate, bis aus der Erkenntnis und dem Willen tatsächlich auch Handlung wurde.

Im April 2016 steckte ich den Schlüssel zur Transition nach so langem Zögern dann endlich ins Schloss und drehte ihn mit der ersten Dosis Gynokadin Gel – einem Östrogenpräparat – um. Die erste Flasche hatte mir noch meine Frau überlassen. Es war der Startschuss zu einem heftigen Weg, der nicht einfach werden würde. Ich hatte die Flasche einige Wochen lang täglich angeschaut, in die Hand genommen, überlegt, ob ich sie öffnen soll, und am Ende immer wieder weggestellt. Ich wusste: Das ist kein Kinderspiel, das sind keine bunten Smarties, das greift gewaltig in meinen Körper ein. Zusätzlich hatte ich mir in den USA eine Hormoncreme besorgt, die etwas Estradiol enthielt, und das Brustwachstum fördern sollte.

Wir waren auf einem Segeltörn in der Adria unterwegs, und ich hatte beides dabei – die Creme und das Gel. Die Creme hatte ich schon zu Hause einige Male aufgetragen und tat es auch hier auf dem Schiff, ohne meiner Freundin etwas davon zu sagen. Doch ich hatte die Rechnung ohne ihre Sensibilität gemacht. Sie roch etwas Blumiges an mir, was ungewöhnlich war. Ich beichtete ihr die Nutzung dieser Creme, und sie war etwas irritiert. Einerseits, weil ich nicht sofort offen zu ihr war, andererseits, weil sie dabei noch etwas anderes feststellte. Sie roch nicht mehr den Mann, den sie animalisch begehrte. Der testosteronbasierte, typisch männliche Geruch ging durch die Creme an mir wohl recht schnell verloren. Das löste in mir wieder völlig konträre Reaktionen aus. Einerseits verspürte ich eine eigenartige Freude über die Feststellung, andererseits Verlustangst – ich fürchtete, Nicole auf diesem Weg zu verlieren.

Dennoch setzte ich am Ende unseres Törns dem ganzen noch die Krone auf – ich drückte auf den Spender und verteilte das erste Mal Gynokadin Gel – aufgeregt, aber genüsslich – auf meinen Oberarm. Es war getan! Instinktiv wurde mir klar, das war nicht irgendein Probieren, das war eine Initialzündung, ein Start in eine neue, weitgehend unbekannte Welt.

Kurz darauf ging ich zur Hausärztin und eröffnete ihr meine Pläne. Meiner Bitte nach Verschreibung der weiblichen Hormone in Form von Gynokadin Gel kam sie überraschenderweise ohne Bedenken nach. Ich glaube, ich habe sie damals etwas überfordert und einfach überrannt. Ich startete mit je einem Hub morgens und abends. Zeitgleich begann ich mit der Barthaarepilation, um weiblichere Gesichtszüge zu bekommen. Einmal pro Woche unterzog ich mich drei Stunden einer Nadelepilation. Doch zu diesem Thema später mehr.

Ich suchte nach einem geeigneten, mit dem Thema vertrauten Psychiater, und fand diesen in München. Es war ein Psychiater, der sich auf den Bereich Transsexualität spezialisiert hatte. Eine psychiatrische Begleitung ist für diesen Weg in Deutschland zwingend vorgeschrieben.

Jetzt war es also geschehen, der Weg in mein neues Leben war eröffnet. Ab jetzt begann die eigentliche Transition, der Weg von der gefühlten Frau im männlichen Körper zur Frau in mir, die darauf schon so lange wartete. Es ist kaum zu beschreiben, wie sich das anfühlte. Eine irre Mischung aus Neugier, Hoffnung, ja, fast kindlicher Begeisterung und Ungeduld. Mein Innerstes jubelte, ich war glücklich wie noch nie!

Doch da war noch etwas. Mein geliebter Schatz. Viel mehr als ich ahnte, hat auch sie sich mit dem Thema beschäftigt. Sie hatte längst gespürt, wohin mein Weg gehen würde. Einerseits sah sie meinen Weg wohlwollend, weil es für sie wichtig war, dass ich zu mir fand, dass ich mein Leben leben wollte und dabei glücklich werden sollte. Andererseits wusste sie noch nicht, wie sie damit umgehen sollte und was aus unserer Beziehung werden würde. Sie wusste nicht, ob sie die Kraft aufbringen würde, die Liebe, die sie zu mir als Wesen jenseits der geschlechtlichen Zuordnung empfand, auch weiterhin zu empfinden und den Weg letztlich mit mir gemeinsam zu gehen, komme, was da wolle. Und ich wusste zwar, dass ich sie über alles liebte, hatte aber auch noch keine Vorstellung, wie das zukünftig real aussehen könnte.

Das Outing

Outing – oder wie sage ich es meinen Kindern? Das Outing ist wohl eines der spannendsten Themen, für viele aber auch mit viel Angst besetzt. Das fängt beim Lebenspartner an, geht über eventuell vorhandene Kinder, die Eltern, Geschwister und, wenn noch vorhanden, die Großeltern und weitere Verwandte. Darüber hinaus der Freundes- und Bekanntenkreis sowie das Arbeitsumfeld. Diese Offenbarung des Andersseins ist für viele trans* Personen eines der problematischsten Kapitel, viele schieben es jahrelang vor sich her, manche zerbrechen daran oder geben vor lauter Angst ihren Weg gar auf, wenn auch oft nur vorübergehend, weil das innere Geschlecht weiter ruft. Ich hatte bei diesem Punkt eher Glück im Unglück. Meine Familie war zu dem Zeitpunkt bereits so stark geschrumpft, dass es da wenige Herausforderungen gab.

Wie es meine Großmutter erfuhr, und wie sie darauf reagierte, habe ich schon geschildert. Dass meine Frau schon lange Zeit wusste, was in mir schlummert, habe ich auch schon ausgeführt. Blieb mein jüngerer Sohn, nachdem der Kontakt zu meinem älteren Sohn schon etwas früher aus anderen Gründe leider abgebrochen war. Die Gelehrten und Betroffenen streiten darüber, wer es leichter hat – trans* Personen mit kleinen oder großen Kindern. Ich bin überzeugt davon, dass es bei großen Kindern schwieriger ist.

Kleine Kinder, da rede ich von einem Alter bis zu etwa zehn Jahren, sind noch nicht so eingefahren in ihren Strukturen, die bedingungslose Liebe zu den Eltern ist noch vorhanden. In der Schule gibt es vielleicht hier und da ein paar Neckereien, die Pubertät fängt ja auch immer früher an, und der Staat glaubt zunehmend, mehr in die Geschicke der Erziehung der Kinder durch ihre Eltern eingreifen zu müssen, glaubt sogar, mit eher absurder frühkindlicher Sexualaufklärung, dieses Thema besser bedienen zu können als die Eltern, die doch viel besser um den Entwicklungszustand und die seelische

Verfassung ihrer Kinder Bescheid wissen. Größere Kinder haben da schon so manche Entwicklung hinter sich, die das Verstehen und Akzeptieren einer plötzlich so dramatischen Transition eines der Elternteile schon erschweren können. Sie haben einen Freundeskreis, dem sie auch irgendwie vermitteln müssen, was da mit ihrem Elternteil gerade passiert.

Ich habe mir bei meinem jüngeren Sohn auch recht schwergetan, wobei ich auch heute nicht genau sagen kann, was der entscheidende Aspekt dabei war. Wollte ich ihn beschützen, oder hatte ich selbst Befürchtungen ob seiner eventuellen Reaktionen? Es wird wohl eine Mischung beider Aspekte gewesen sein.

Die ersten Schritte als Frau in der Öffentlichkeit gingen an ihm aufgrund seiner Zeit in Kanada – er hat dort sein Abitur gemacht und auch anschließend dort studiert – eher spurlos vorüber. Es war irgendwann im Frühjahr 2016. Ich kam von einem Ausflug nach München nach Hause und wusste, mein Sohn ist zu Hause. Verstecken war keine Option mehr, ich wollte mich der Situation stellen und betrat das Haus. Ich öffnete die Haustür und im gleichen Augenblick stand ich meinem Sohn gegenüber, der gerade in die Küche wollte. Er schaute für einen Augenblick etwas verdutzt, dann machte sich ein kurzes Grinsen in seinem Gesicht breit. Ich war nur auf einen Sprung vorbeigekommen und hatte daher wenig Zeit, über das Thema hier und jetzt zu sprechen. Sinngemäß sagte ich: „Tja, so hast du deinen Papa noch nicht gesehen, aber das ist auch ein Teil von mir." Er schaute mich nochmals an und meinte: „Ist doch okay." Dass viel mehr von ihm im Moment nicht kommen würde, war mir klar, denn ein Freund großer Worte ist mein Sohn noch nie gewesen. Ich erledigte schnell die Dinge, die zu tun waren, und verschwand wieder. Beide standen wir jetzt sozusagen etwas verwirrt vor der entstandenen Situation. Das Geheimnis war raus, aber mehr auch nicht. Raum für Erklärungen und ein Gespräch war nicht. Ich nahm mir vor, bei der nächsten Gelegenheit den Versuch zu machen, etwas ausführlicher mit ihm darüber zu reden. Doch das sollte eine Weile dauern. Ich bin beruflich viel unterwegs, und auch mein Sohn ist mit seinem Job und seinen vor allem sportlichen Freizeitaktivitäten zeitlich völlig ausgelastet. Somit ergeben sich die Gelegenheiten zu Gesprächen nicht am Fließband.

Es war Sommer 2016, bis sich die gewünschte Gelegenheit ergab. Wir saßen zusammen, hatten uns zum Essen in einem guten Steaklokal verabredet. Ich ergriff das Wort und kam auf die zuvor geschilderte Begegnung zurück. Erstaunlicherweise hatte ich dabei noch immer ein Engegefühl im Hals. Langsam tastete ich mich ans Thema heran und begann damit, dass dies nicht nur eine Ausnahme gewesen sei, quasi eine kleine Einlage und Maskerade. Er schaute mich gespannt an, und ich fuhr fort, indem ich ihm erklärte, dass dies eine Sache sei, die schon lange in mir stecken würde. Ich sprach darüber, was mir als Kind geschehen war – die Hormontherapie zur Behandlung des Hodenhochstandes –, dass ich schon als kleines Kind sehr weiblich war und so weiter. Die Sache mit der Hormonbehandlung erwähnte ich nicht etwa deshalb, weil das ursächlich etwas mit der Transidentität zu tun hat, sondern weil es ein gut zu vermittelnder Hinweis darauf war, dass es eben nichts Neues, sondern eine schon lange in mir weilende Sache war. Es fühlte sich in dem Moment einfach gut an. In der Folge des Gespräches erklärte ich ihm, dass ich das stärker ausleben wolle, dass die Frau in mir die Oberhand gewinnen und ich mich als sein Vater stark verändern würde. Er nahm das alles ziemlich cool auf, viel Emotion konnte ich in seinem Gesicht nicht entdecken – das wiederum ist für ihn nicht untypisch. Zum Schluss bat ich ihn, immer an mich heranzutreten, wenn ihn etwas beschäftigen würde oder er Fragen dazu hätte.

Die Wochen vergingen, aber das Thema kam nicht wieder auf den Tisch. Es schien mir, als würde er sich nicht so richtig damit auseinandersetzen wollen. Er hatte es zwar zur Kenntnis genommen, aber ich hatte das Gefühl, so richtig war das alles in seiner Tragweite doch nicht zu ihm durchgedrungen. Oder er wollte es nicht ganz wahrhaben und verdrängte es etwas. Für mich nicht verwunderlich, denn auch ich hatte das Thema als Jugendlicher ja verdrängt. Wie konnte ich ihn dazu bringen, sich etwas mehr mit dem Thema zu beschäftigen, es wirklich ernst zu nehmen und sich darauf einzulassen?

Da kam mir eine Idee. Es gibt einen wunderbaren Film, der über dieses Thema einen Überblick verschafft – „The Danish Girl“. Es ist ein Film über die Geschichte einer Transfrau, einer dänischen Künstlerin, die plötzlich die Frau in sich entdeckt und ihren Weg in einer Zeit geht, in der es noch sehr schwierig war, das zu leben.

Und es geht um die der ersten geschlechtsanpassenden Operationen an einer Transfrau in den 1920er bis 1930er Jahren. Gemeinsam bei einem Glas Wein den Film anschauen und sich dann darüber unterhalten – das könnte eine gute Idee sein … Gesagt, getan. An einem Herbstabend 2016 schürte ich den Kamin an, installierte das Notebook am Fernseher und stellte eine Flasche Wein bereit. Natürlich hatte ich mein Vorhaben zuvor angekündigt und meinen Sohn gefragt, ob er sich das vorstellen könne. Zu meiner Freude bejahte er auch sofort.

Es war ein schöner Abend. Wir haben den Film angesehen, an prägnanten Punkten habe ich die Nähe zu meinem Weg kurz angesprochen, und wir haben danach noch etwas darüber gesprochen. Jetzt war ihm wohl klar geworden, dass es nicht um eine gelegentliche Verkleidung als Frau ging, sondern um den Weg zur Frau in mir mit allen Konsequenzen. Jetzt wurde ihm auch bewusst, dass ich auch medizinische Schritte zur Angleichung an die Frau unternehmen würde. Mir fiel ein Stein vom Herzen, denn nichts war mir wichtiger, als dass mein Sohn genau darüber im Bilde ist, was mich umtreibt und mit mir gerade geschieht. Ich gab ihm noch den Tipp mit auf den Weg, sich auch Gedanken darüber zu machen, wie er mit diesem Thema in seinem Freundeskreis umgehen wolle. Das ist ein wichtiger Aspekt, denn wenn da Scham bliebe, wenn er Angst davor hätte, dass seine Freunde darauf blöd reagieren, wäre es auch für unser Verhältnis schwierig. Mir war auch klar, dass das etwas Zeit brauchen würde, das geht nicht mal so eben beim nächsten Treff, und diese Zeit wollte ich ihm für alle seine Prozesse auch unbedingt geben. Ab jetzt wurde es wieder lockerer zwischen uns, ab und an gab es auch Kommentare, sogar mal ein Witzeln, oder er stellte Fragen seinerseits zum Thema. Er war für sich ein Stück weit angekommen in dieser neuen und sicher ungewöhnlichen Situation.

An dieser Stelle möchte ich gern etwas über mein Verhältnis zu meinem Sohn einfügen. Wir haben ein sehr enges Verhältnis, das sich seit den frühesten Kindheitstagen aufgebaut hat. Ich habe mir trotz meiner Selbstständigkeit bewusst viel Zeit genommen, um diese aktiv mit ihm verbringen zu können, habe zum Beispiel mein Arbeitszimmer ins Erdgeschoss verlagert und das Wohnzimmer dafür ins Studio unters Dach. So konnte ich sein Spielen – ob allein oder mit vielen Freunden im Garten – beobachten und konnte mich auch, abhängig von der Situation, viel leichter entscheiden, spontan eine Pause für eine Spielzeit mit ihm einzulegen. Ich habe mir sehr viel Zeit genommen für seine sportlichen Aktivitäten, die für ihn sehr wichtig waren, weil er als Kleinkind sehr introvertiert war und wenig Kontakte suchte.

Dennoch habe ich immer versucht, ihn seinen Weg gehen zu lassen, wenngleich jeder Vater wohl die Versuchung kennt, so viel wie möglich von sich an das Kind weiterzugeben. Dieser Versuchung konnte ich relativ erfolgreich widerstehen. Wichtig war mir allerdings stets, dem Kind gewisse Werte zu vermitteln und Erfahrungen aus meiner eigenen Kindheit – positive wie negative – in meine Erziehung einfließen zu lassen Daraus hat sich ein sehr inniges Verhältnis zwischen uns entwickelt, über das sich sehr glücklich bin.

Wie schon gesagt, mit anderen Familienmitgliedern gab es das Thema für mich nicht, doch eines ist für mich ganz offensichtlich. Es macht keinen Sinn, das sogenannte Outing vor sich herzuschieben und darauf zu warten, dass es sich irgendwie ergeben und sich dann schon alles irgendwie regeln wird. Nein – von allein regelt sich nichts! Es muss offensiv angegangen werden, die beste Situation gefunden oder eine sich plötzlich unerwartet ergebende Situation einfach genutzt werden. Manchmal muss ein Outing aber auch ganz anders stattfinden …

Vor meiner Mutter konnte ich mich aufgrund ihres frühen Todes leider nicht outen. Ob dieses Outing eine positive oder negative Erfahrung geworden wäre, kann ich nicht mit Sicherheit sagen, aber ich kann sagen, was mein Innerstes dazu zu sagen hatte. Ich kann mich an zwei Träume erinnern, die sich um meine Transition und meine Mutter drehten, wenngleich es nur kurze Sequenzen sind, die geblieben sind. Ein Traum führte mich in meine Kindheit zurück, ganz an den Anfang. Es ging um einen Arzt und eine nötige Behandlung, wahrscheinlich im Kontext der Hormonkuren, die ich als Kleinkind erfahren habe. Die entscheidende Sequenz darin war: Ich lag im Arm meiner Mutter, und sie beschützte mich vor dem Arzt, der mich behandeln wollte, sinngemäß mit den Worten „Das ist mein Mädchen, da wird nichts gemacht“. In den Traum flossen wohl zwei Aspekte ein – einmal die ungeklärten Punkte um die damalige Hormonbehandlung und zum anderen die Ungewissheit in mir, wie meine Mutter auf mein Outing reagiert hätte. Es wäre eigentlich kein Thema, denn dazu kam es bekanntlich nicht. Doch diese Frage ist für mich, für meinen Seelenfrieden offenbar sehr bedeutsam, sie hat mich viel beschäftigt und macht es noch immer.

So ist es wohl einerseits die stille Sehnsucht oder Hoffnung, dass sie mich verstanden es vielleicht sogar gutgeheißen hätte, und andererseits die bange Frage, ob es wirklich so gewesen wäre. Was wäre zum Beispiel gewesen, wenn sie sich meinem Vater mehr widersetzt hätte? Auch die Fragen um mein eigenes Verhalten als Jugendlicher, der ich auch keinen Weg und Mut fand, meine Mutter auf meine Gefühle anzusprechen. Daran knüpfen sich dann immer wieder die gleichen Gedanken und Fragen: Wie wäre mein Leben wohl verlaufen, wenn meine Mutter anders gehandelt hätte? Was wäre gewesen, wenn sie nicht so früh gestorben wäre?

Manchmal sehe ich uns im Traum – Mutter und Tochter – beim Bummeln und Shoppen, die Altersdifferenz hebt sich dabei zum Teil auf, meine Mutter ist seither nicht gealtert.

Aufgrund der Träume und der Reaktion meiner Großmutter auf mein Outing habe ich für mich entschieden, dass meine Mutter Verständnis für meinen Weg aufgebracht hätte. Diese Entscheidung hat mir dabei geholfen, mit der Ungewissheit leben zu können, wie meine Mutter auf das Outing reagiert hätte.

Ich unterstelle hier einmal, dass es nur wenige Fälle geben wird, in denen Eltern, Großeltern oder Kinder mit heftiger Ablehnung reagieren oder sich abwenden werden. Sicher kann es Unsicherheit, kurzzeitige Irritierungen und zeitweise Zurückgezogenheit geben, aber das wird sich über kurz oder lang in den meisten Fällen auflösen. Also nur Mut: Familienangehörige beißen nur in seltenen Fällen!

In Fällen, in denen Eltern es nicht schaffen, sich mit der Entwicklung ihres Kindes anzufreunden, die Entwicklung des Kindes sogar ignorieren, wird es sehr schwierig für die Betroffenen. Ich kann Eltern nur den Rat geben, sich auf ihre bedingungslose Liebe zu besinnen, auf die Bedürfnisse ihres Kindes zu achten und sich nicht von irgendeinem „Umfeld“ beeinflussen zu lassen oder sich vor dessen Reaktionen zu fürchten. Es ist und bleibt ihr Kind, das sie doch lieben.

Ähnliches gilt auch für den Bekannten- und Freundeskreis. Offensiv mit dem Thema umgehen, bedeutet aber nicht, Freunde und Bekannte damit zu überfallen und ihr Verständnis quasi herauszufordern. Abhängig von der Art und Tiefe der Beziehung gilt es hier, die Freunde und Bekannten einzuweihen und sie sozusagen auf seinen Weg mitzunehmen. Es macht wenig Sinn, den Übergang, z. B. auch in der Kleidung, abrupt – sozusagen heute noch als Mann, morgen als Frau – anzugehen. Das sollte nach meiner Meinung und meinen Erfahrungen vielmehr schrittweise erfolgen. Eine Phase des sanften Überganges mit schrittweiser Anpassung des Kleidungsstils an das Weibliche ist für das Umfeld sicher von Vorteil. Die Transformation ist nicht nur für uns trans* Personen selbst eine Summe an heftigen Prozessen, nein, auch für unsere Umwelt ist es ein Prozess. Auch sie müssen sich an das meistens völlig neue Thema herantasten, müssen erkennen, was mit uns geschieht und was wichtig für uns ist. Nur so kann es gelingen, Freunde und Bekannte zu erhalten, sie mitzunehmen auf den Weg und in die Zukunft. Andernfalls lassen wir sie mit einer gewissen Ratlosigkeit zurück oder überfordern sie, was oft in Abkehr von der Freundschaft endet.

Ganz wichtig ist es dabei, ihnen nachzusehen, wenn sie typische Begriffe zum Thema „falsch“ nutzen, uns ab und an wieder mit dem alten Namen anreden, oder es ihnen überhaupt schwerfällt, den neuen Namen auszusprechen. Auch hier gilt ganz dringend – Prozesse brauchen Zeit und Geduld! Toleranz gegenüber vermeintlichen Fehlern ist oberstes Gebot. Toleranz zu fordern oder zu erwarten, ist immer eine leichte Übung, sie umgekehrt auch zu leben, ist die gebotene Herausforderung.

Mir ist das in meinem Bekanntenkreis, so denke ich, ganz gut gelungen. Natürlich habe ich dabei auch Bekannte verloren, zumal zeitgleich die Trennung von meiner Frau stattfand – und das führt fast immer zu Zerfallserscheinungen im Freundes- und Bekanntenkreis. Ich habe auch von teils schrägen Kommentaren und Meinungen zu meinem Weg gehört, nie direkt, aber über die allseits bekannte „hintenrum-Tour". Oft gingen die Kommentare etwa in Richtung: „Wie kann er das nur tun, er soll doch mal an seine Frau und die Kinder denken ..." Das fand ich schon richtig abgefahren. Ich war damals um die 56 oder 57 Jahre alt, meine Kinder waren 25 und 33 Jahre.

Wann sollte ich denn nach Meinung der Tuschler das Recht haben auf mein eigenes Leben, wann endet die totale Rücksicht auf die Kinder? Ich habe mich daran auch nicht lange aufgehalten. Bei einigen Kommentaren weiß ich bis heute nicht, von wem sie konkret stammten, das wurde aus Rücksicht auf die eigenen Bekanntschaftsverhältnisse zurückgehalten. Am Ende ist es auch unwichtig. Wer nicht in der Lage ist, offen zu reden, wer lieber tuschelt und spekuliert – trotz meiner eigenen klar gelebten Offenheit –, der passt einfach nicht zu mir, und um dessen Verlust ist es am Ende sicher auch nicht schade.

Natürlich war es mir gerade in so einem kleinen Umfeld, in dem ich lebe – der Ort hat etwa 1.500 Einwohner – schon ein Anliegen, dass meine Transition komplikationslos angenommen wird. Nicht alle müssen es verstehen, noch weniger gut finden. Aber alle sollten sehen, dass ich offen damit umgehe, mich nicht verstecke und ansonsten weiterhin der Mensch bin, den sie bis dato kannten.

So habe ich auch den Christkindlmarkt 2016 im Ort schon bewusst aufgesucht, wissend, dass es gerade hier viele Einheimische gibt, die sich dort aktiv beteiligen und mich kaum übersehen können. Eine kleine Portion Exhibitionismus schlummert schließlich auch in mir. Leider waren wir etwas spät dran, einige waren schon wieder auf dem Heimweg. Aber es waren dennoch viele Gesichter zu sehen, die ich kannte und umgekehrt. Wir machten also zuerst eine Runde entlang der vielen kleinen Stände, egal, ob Kunst, Brauchtum oder den Köstlichkeiten für die Sinne und den Magen. Dabei versuchte ich immer den ersten Blick auf mich einzufangen und danach die Art der Begrüßung, mein innerer Fotoapparat war sozusagen permanent im Auslösemodus. Die Mehrheit derer, die ich eher nur oberflächlich kannte, verhielt sich völlig normal. Wir begrüßten uns, eventuell wurden ein paar Worte ausgetauscht, und weiter ging es. Es gab nur ein bis zwei Ausnahmen, die eher versuchten, den direkten Blickkontakt zu meiden. Ich konnte zwar im

Augenwinkel sehen, dass sie mich ansahen, aber in dem Moment, in dem ich den Blick erwidern wollte, sahen sie schnell weg. Dann beließ ich es auch dabei und ging weiter. All diejenigen, zu denen der Kontakt enger ist, hatten sowieso kein Problem damit. Sie gingen offen auf mich oder ich ebenso auf sie zu. Somit war auch dieser „Society-Check“ in unserer kleinen beschaulichen Gemeinde durchaus erfolgreich.

Für viele trans* Personen sind die Themen Toiletten, Schwimmbad, Sauna etc. ein Fall fürs Outing. In welcher Situation, ab wann und wo wechsele ich das erste Mal die Seite? Für mich war das ziemlich klar und entspannt. Auch hier sollte das harmonisch und fließend geschehen. Natürlich hätte ich auf meine „Rechte“ bestehen und mit dem Kopf durch die Wand die gewünschte Seite frühzeitig aufsuchen können. Doch wozu? Damentoiletten suchte ich recht frühzeitig auf, als mein Äußeres doch schon ziemlich klar weiblich war, das war soweit auch völlig unproblematisch für andere.

Im Bereich Fitnesscenter und Sauna hingegen war in der Umkleide etwas Einfühlungsvermögen angesagt, denn ich wollte keine Frau mit meinem Auftritt vor den Kopf stoßen. Erst nach der GaOp ging ich diesen Schritt. So lange mutete ich den Männern die zunehmend weiblichere Person, die längst Ulrika hieß, noch zu. Das wurde aber völlig entspannt aufgenommen. Selbst nach der GaOp fühlten sich einige Frauen, die mich ja alle zuvor als Mann gesehen hatten, noch spürbar unwohl. Ich wollte dezent sein, doch gerade das erregte ihr Unwohlsein. Erst als sie sehen konnten, dass sich auch mein Genital geändert hatte, waren sie entspannt. Manchmal kann man es einfach nicht „richtig“ machen. Wie auch immer – ich denke, auch hier waren Respekt und Achtsamkeit den Befindlichkeiten der anderen gegenüber genau der richtige Weg.

Übrigens, die ominöse dritte Toilette habe ich – wie viele andere Betroffene auch – dabei nicht benötigt, und sehe die Diskussion darüber eher als politischen Aktionismus. Wer möchte sich in der Übergangsphase – und das ganz besonders, wenn es sich um Kinder/Jugendliche handelt – durch den Besuch dieser Toilette outen? Selbst Intersexuelle werden sie wohl eher meiden. Es hätte für angemessene Behandlung dutzende ebenso wichtige Themen gegegeben im gesetzgeberischen Bereich der Krankenkassen, die Betroffenen mehr hätten helfen können.

Schwierig kann das Thema Outing im Arbeitsumfeld sein. Das ist wohl das oft problematischste Umfeld, wenn ich mich so umhöre. Da hat das Unverständnis von Chefs oder Mitarbeitern schon zu bösen Konsequenzen geführt, wurden trans* Personen in Depressionen und Elend gestürzt, Existenzen ruiniert. Es gibt viele trans* Personen, die im Hartz-IV-Umfeld leben, auch wenn sicher nicht immer ihr Anderssein der Auslöser dafür war. Was ist der beste Weg, in diesem oftmals sehr männlich geprägten Arbeitsumfeld den Königsweg zu finden? Klar, „den" Weg gibt es nicht, jede(r) muss das für sich herausfinden. Ich habe meinen Weg gefunden.

Zuerst habe ich im Sommer 2016 meinen Chef zu einem Gespräch an die Bar eingeladen. Wir waren in Hamburg bei einem Projekt und wohnten im gleichen Hotel. Als Paradiesvogel war ich in der Firma bereits bekannt. Ein „Mann" mit lackierten Fingernägeln, Schuhen auch mal mit Absatz, dazu Tattoos und Piercings – viel bunter ging es für manche nicht.

Also startete ich frank und frei etwa so: „Dass ich ein bissl anders bin als die Masse, das weißt du ja …, das wird sich noch weiter verstärken – ich bin transsexuell bzw. transident und auf dem Weg zur Frau in mir." Ende der Ansage. Den anschließenden Blick werde ich nie vergessen, er war überrascht, perplex und zweifelnd – richtig gehört? Nach nur wenigen Worten kam die für mich tollste Antwort, die denkbar war: „Okay, wenn das so ist – den Weg gehe ich mit dir zusammen." Natürlich wusste ich instinktiv, dass diese Antwort sicher ehrlich, aber zugleich auch etwas vorschnell geäußert war, denn was das auch für die Firma und die Zusammenarbeit, auch den Kundenkontakt bedeuten würde, das war ihm in diesem Moment definitiv nicht umfänglich klar.

Anschließend haben wir noch etwas allgemein darüber und dann über den „Fahrplan" für die Firma und meinen Wechsel in die Frauenrolle im Job gesprochen. Es stand völlig außer Zweifel, dass auch die oberste Chefetage positiv damit umgehen würde, doch in meinem Job konnte ich nicht einfach mal so eben das Outfit ändern und sonst weitermachen wie bisher. Ich bin als IT-Consultant in großen Konzernen, wie Banken, Versicherungen, Automobilfirmen und Krankenhäusern unterwegs. Das sind jeweils längere Projekte, für die ich auch vom Kunden Identitätsausweise erhalte, eine offizielle Mailadresse usw. Es musste also ein Weg sein, der die Interessen der Firma inklusive der Kunden und meine Interessen geschmeidig unter einen Hut bringen konnte. Im Vorfeld solcher Projekte wird dem Kunden auf Anfrage nur der Lebenslauf der in Frage kommenden Consultants zugesendet, und dann macht es sich nicht gut, wenn das offizielle und das reale Erscheinungsbild nicht zusammenpassen.

Da ich sowieso noch unter meinem Hauptproblem litt, dem starken Bartwuchs, einigten wir uns darauf, mit dem Wechsel so lange zu warten, bis ich auch für mich unbelastet als Frau auftreten könnte, und es auch in der Außenwirkung zum Kunden nicht mehr auf den ersten Blick erkenntlich sein würde, dass da noch ein männlicher Körper dahintersteckt. Im optimalen Fall sollte dies mit der offiziellen Namensänderung einhergehen. Für den Moment war ich happy. So hatte ich es mir für den Moment erhofft, nein, es war wohl sogar noch positiver gelaufen. Im laufenden Projekt weihte ich meine Kollegen ein, der Rest der Firma war noch unwissend.

Etwa drei Monate später auf einem Firmenseminar setzte sich der Geschäftsführer der Firma zum Frühstück an meinen Tisch und fragte mich, wie es mir denn gehe. Ich stutzte einen Moment – hatte mein Chef doch schon geplaudert? „Gut soweit“, erwiderte ich und schob die Frage nach, was er denn speziell meine? „Naja, deinen Weg, deine Situation“, antwortete er. Aha, also hatte mein Chef doch schon berichtet. Einen Moment war ich darüber sauer, wir hatten schließlich Geheimhaltung vereinbart. Klar, als Geschäftsführer einer relativ kleinen Firma mit 60 Leuten muss man schon im Bilde sein, was so los ist mit seinen Schäfchen. Aber dann hätte mein Chef auch offen sagen können, dass er zumindest den CEO einweihen will. Wie auch immer, die kleine Enttäuschung war schnell weggesteckt. Wir haben dann kurz darüber gesprochen, auch über das Handling, wie mit meinem Chef besprochen, und gut war es.

Nach einigen Monaten wollte ich auch in der gesamten Firma kundtun, auf welchem Weg ich war, wollte Gerüchten und Tuscheln vorbeugen. Wie in jedem Jahr, fand im Januar das Jahresessen statt, eine Art nachgelagerte Weihnachtsfeier. Das schien mir der richtige

Moment zu sein. Mein Chef jedoch war etwas skeptisch, er fürchtete, es könnte zu früh dafür sein und mir nicht guttun. Ich überzeugte ihn, dass es für mich und alle Beteiligten der richtige Zeitpunkt sei, schließlich würde das nächste Treffen aller Mitarbeiter erst ein Jahr später erfolgen – und da wäre es definitiv zu spät.

Ich denke, er hatte Befürchtungen aufgrund bestimmter Vorstellungen und Klischees über trans* Personen, eventuell gar in Richtung Transvestiten und deren Auftreten. Meine Verweiblichung war damals noch nicht so weit fortgeschritten, und er kannte mich bisher nur im Männeroutfit. Ich baute ihm eine Brücke, indem ich ein paar Fotos von meinen öffentlichen Ausflügen als Frau zeigte. Das nahm ihm wohl die Befürchtungen und überzeugte ihn davon, dass da nichts Peinliches zu erwarten sei.

Dieser Event bestand immer aus zwei Teilen. Der erste Teil bis zum Nachmittag war ein offizieller Teil der Firma, während dem Interna mitgeteilt und durch kurze Fachvorträge ergänzt werden. Wir hatten vereinbart, dass ich am Schluss des offiziellen Teils das Wort ergreifen und sagen würde, was ich zu sagen hätte. Schon Tage zuvor hatte ich mir meine kurze Rede zurechtgelegt und sie immer wieder für mich aufgesagt. Ich war guter Dinge, dass ich das entspannt über die Bühne bringen würde. Während der Veranstaltung bemerkte ich jedoch so etwa eine Stunde bevor es losgehen sollte, wie sich Nervosität in mir breitmachte. Je näher der Moment rückte, umso mehr verstärkte sie sich. Ich versuchte dem mit entspannenden Atmungsübungen zu begegnen, doch der Erfolg war nur mäßig.

Dann war es soweit, mein Vorredner verkündete, dass ich noch etwas zu sagen hätte. Ich stand auf, ging vor, bekam das Mikro in die Hand gedrückt, und ... Auwei, ich habe keine Ahnung, wann ich das letzte Mal in meinem Leben einen so dicken Kloß im Hals hatte! Ich sah in die Runde, da waren vertraute, aber auch viele neue Gesichter. Sechzig Leute schauten mich gespannt an. Also legte ich mit ein paar Allgemeinsätzen los und kam dann gleich auf den Punkt. Ich erzählte, dass ich nicht nur etwas anders sei, wie mein Äußeres es vermuten ließe, dass dies jedoch nichts mit einem Fetisch oder Ähnlichem zu tun hätte, sondern ich transident und seit neun Monaten offiziell auf dem Weg zur Frau in mir sei. Ich sprach ein klein wenig über die Hintergründe, antwortete kurz auf die nicht gestellte, aber sonst am häufigsten im Raum stehende Frage, warum das erst so spät geschehe, und war dann ziemlich schnell fertig.

Noch während ich realisierte, dass meine Rede erheblich kürzer als geplant war und ich einige Stücke in der Aufregung glatt unterschlagen hatte, nahm ich den recht starken Applaus wahr, vernahm einige Wow-Rufe und ging dabei noch immer recht emotional aufgewühlt zu meinem Platz zurück. Es war raus! Ich hatte es allen Mitarbeitern direkt und unverblümt via Mikro zugerufen!

Jetzt war ich entspannt und gespannt zugleich. Kurz darauf war Schluss, alle erhoben sich und verließen den Saal, um nebenan eine Brotzeit einzunehmen. Alle Kolleginnen und viele Kollegen kamen unmittelbar zu mir, um mir zu dem Schritt zu gratulieren. Sie waren von meinem Mut, das derart anzugehen, beeindruckt, manche klopften mir einfach nur anerkennend auf die Schulter. Der gemeinsame Nenner vieler Kommentare war, dass meine Offenheit es ihnen leicht mache, damit umzugehen. Ich muss sagen, ich war überwältigt. Ganz besonders davon, dass einige Kollegen, von denen ich es am wenigsten erwartet hatte, so positiv und offen damit umgingen.

Teil eins meines Firmenoutings war damit erfolgreich absolviert, nun stand der inoffizielle Teil bevor. Am Abend findet das große Jahresessen aller Mitarbeiter mit ihren Partnerinnen/Partnern statt.

Diesmal sollte es in einem altehrwürdigen Privatklub in Winterthur (Schweiz) stattfinden. Im Gegensatz zum offiziellen Teil, wo ich noch im Männeroutfit erschien – es sollte ja nicht während der ganzen Veranstaltung Getuschel geben – war für den Abend Ulrikas erster weiblicher Firmenauftritt geplant. Sorgfältig hatte ich mein Outfit ausgewählt. Es sollte sehr gediegen und seriös, also damenhaft sein, aber auch nicht altbacken, und ein klein wenig sexy durfte es auch sein. Das war schon eine Herausforderung. Ich war allgemein noch nicht so zielsicher bei der Wahl der geeigneten Outfits, und mein Fundus war auch noch nicht so umfangreich. Ein Privatklub ließ Spielraum für Interpretationen. Die Perückenzeit lag schon hinter mir, also waren auch die Haare ein Thema. So sehr gewachsen waren sie noch nicht, aber mit ein wenig Mühe war schon etwas draus zu machen. Ich war ja in Begleitung meiner Partnerin – was für eine tolle Frau!

Wir machten uns im Hotel zurecht, sehr viel Zeit war nicht. Dummerweise hatten wir zwar mein Outfit in verschiedenen Variationen eingepackt, aber die Sachen meiner Freundin hatten wir zu Hause hängen lassen. So mussten wir improvisieren. Zum Glück passten ihr einige meiner Sachen, wenngleich sie in der Zusammenstellung scheinbar nicht ganz zum zu erwartenden Umfeld im Klub zu passen schienen.

Das Schminken und Frisieren an mir übernahm Nicole. Endlich fertig, hetzten wir los. Das ist so gar nichts für mich. Bei etwas Aufregung bekomme ich recht schnell Schweißausbrüche und damit das große Unwohlsein. Und es kam, was kommen musste. Wir suchten den Klub mitten in der Altstadt von Winterthur – und fanden ihn nicht. Einige Weg-Irrungen im Viertel später standen wir endlich vor der Tür.

Wir traten ein und waren so ziemlich als die Letzten eingetroffen, der Verwaltungsrat war bereits bei der Eröffnungsrede im Eingangsbereich. Wie erwartet, blieben natürlich etliche Blicke an mir hängen, das war nun schließlich das erste Outing im weiblichen Style. Langsam begann ich, mich zu akklimatisieren, nervös war ich kaum. Der Klub verteilte sich über vier Etagen – Treppensteigen, und das bitte stilsicher in Schuhen mit Absatz, war also für den Abend des Öfteren angesagt. Mein Outfit bestand aus einer schwarzen Marlene-Hose, einem dezenten schwarzen Oberteil ohne Ausschnitt – Busen war ja noch nicht vorhanden – und einem weißen Blazer mit schwarzen Leder-Revers. Dazu trug ich schwarze Ankle Boots mit etwa acht Zentimeter Absatz.

Die ersten Reaktionen der versammelten Meute machten mir Mut, die Aufregung schwand, ich wurde sicherer und kühlte wieder ab. Jetzt konnte der Abend beginnen. Der Abend verlief völlig entspannt und unaufgeregt, ich fühlte mich auch nicht als Exotin, die Blicke waren nicht übermäßig auf mich gerichtet. Ein schönes Gefühl gaben Kommentare, die mir ein gelungenes Outfit und eine tolle Ausstrahlung bescheinigten. Ich behaupte, die Masse der Anwesenden war positiv demgegenüber gestimmt, was sie an diesem Abend zu sehen bekamen. Es gab allerdings auch Kollegen, die damit offenbar nichts anfangen konnten, die nicht wussten, wie sie sich mir gegenüber verhalten sollten und die es vermieden, mich direkt anzuschauen. Das ist sicher nicht ungewöhnlich und wird es bei anderen Gelegenheiten auch geben, für mich war es auf keinen Fall ein Problem. Toleranz ist immer beidseitig angesagt, und ich tolerierte ihre Befangenheit.

In den Tagen danach bekam ich noch etliche E-Mails von Kollegen, die mir ihren Respekt ausdrückten, mich beglückwünschten und mir Mut auf dem Weg zusprachen. Alles in allem war dieser Event ein großer Moment für mich, ich fühlte mich danach wunderbar und war glücklich über den Verlauf.

Ich hatte allen freigestellt, wie sie mich zukünftig anreden wollten, solange die offizielle Namensänderung noch nicht vollzogen war. Alle Frauen – bis auf eine Ausnahme – haben sofort danach auf Ulrika umgestellt, zwei Männer schafften es auch auf Anhieb. Alle anderen blieben vorerst bei meinem männlichen Vornamen, was völlig in Ordnung für mich war. Das Outing war nun Geschichte – das Leben kann so wundervoll sein!

Wie erwähnt, hatten wir uns auf Einschränkungen geeinigt, solange mein Name noch der Alte war und mein Bartwuchs mich als Mann verriet. Ich war bereits seit Mitte 2016 in einem Projekt in einem Krankenhaus in Hamburg. Die Mitarbeiter dort verhielten sich mir gegenüber völlig unaufgeregt und aufgeschlossen, obwohl ich, wie schon erwähnt, deutlich sichtbar von der männlichen Norm abwich. Ich hatte beschlossen, die offene Situation dort in Absprache mit der Firma für meinen Übergang zum weiblichen Auftritt zu nutzen. Bei einer geeigneten Gelegenheit nahm ich die Chefin der Abteilung, der das Projekt zugeteilt war, zur Seite, und sprach sie darauf an. Ich sagte ihr, welchen Weg ich gehen würde, damit sie Bescheid wisse und im Falle von Gerede Klarheit schaffen könne. Auch meine Entscheidung, den Übergang hier zu vollziehen, teilte ich ihr mit. Ihre Reaktion – „okay, wunderbar, ich wünsche Ihnen alles Gute auf dem Weg“, gefolgt von der Frage an mich, ob ich den Eindruck hätte, dass es nötig sei, das extra zu erwähnen. Da war ich etwas perplex. So viel Offenheit hatte ich dann doch nicht erwartet. Natürlich war ich hoch erfreut, es war alles so normal und wunderbar.

Es zieht sich wie ein roter Faden durch meinen Weg. Mit Klarheit, Offenheit und direkten Ansagen, ohne dabei mit der Tür ins Haus zu fallen, ist der Weg am einfachsten zu meistern. Sicher gibt es hier und da Vorurteile, doch ich bin zu der Erkenntnis gekommen, dass die meisten Vorurteile in den Köpfen der Betroffenen selbst verhaftet sind. Es ist der fest verwurzelte Glaube, man wäre etwas Außergewöhnliches und die Menschen würden einen schräg anschauen. Es ist oft sogar die eigene Überhöhung, die zu dieser grotesken Situation führt. Die Mehrheit der Gesellschaft ist nach meiner Erfahrung bei direkter Konfrontation offen und aufgeschlossen. Es gibt in einschlägigen Internetforen jedoch einige Transfrauen, die mit erschreckenden Berichten aufwarten:

- Transfrauen landen letztlich in Hartz IV.
- Transfrauen werden schikaniert und diskriminiert und müssen weniger Gehalt akzeptieren.
- Transfrauen, die ein „Männergehalt" haben, sind nicht wirklich Transfrauen, sondern Männer in Frauenkleidern.

Wenn ich bei solchen Storys nachgefragt habe, kamen fast immer Antworten und Muster zum Vorschein, die mir meine Annahme zu bestätigen schienen, dass hier zusätzliche psychische Themen existierten, die nur wenig mit Transsexualität in Zusammenhang standen.

Es ist wohl auch immer ein Phänomen, wenn sich Menschen als etwas Besonderes begreifen, Besonderes im Sinne von etwas zu Schützendem, einer Szene oder Community. Sicher war es kein Zufall, dass ich damit wenig anfangen konnte, als ich damit in Berührung kam. Es hat immer etwas Beengendes, etwas Krampfhaftes für mich, und viele gefallen sich dort in einer Opferrolle, mit der ich nichts anfangen konnte und wollte.

Alle Transfrauen, die ich persönlich kenne – bis auf eine Ausnahme – sind auch während und nach ihrer Transition erfolgreich im Beruf, stehen ihre Frau, egal, ob als Angestellte, Selbstständige oder Beamtin. Ich kenne persönlich keinen Fall, in dem Diskriminierung vorkam, in dem die Transition ausgenutzt wurde von Arbeitgebern zu Zugeständnissen finanzieller Art oder Ähnliches. Welchen Sinn sollte das für Arbeitgeber auch ergeben?

Es liegt in den meisten Fällen an den Betroffenen selbst, wie der Weg verläuft. Es gibt fast immer die Optionen, diesen Weg zu einem Weg der Freude zu machen.

Die psychologisch-psychiatrische Begleitung

Bei dem Thema bekommen manche sicher ein kurzes unwohles Zucken. Der Beruf des Psychologen und noch mehr des Psychiaters ist in unserer Gesellschaft fast immer negativ belegt, man verbindet sie mit etwas Unnormalem, Skepsis macht sich breit. Das sah ich bis vor einiger Zeit sehr ähnlich. Mit Vorfreude bin ich also nicht zum ersten Termin bei meinem künftigen wichtigen Begleiter der Transition aufgeschlagen.

Die psychologisch-psychiatrische Begleitung ist in Deutschland für trans*Personen vorgeschrieben. Die von den Psychologen/Psychiatern zu erstellenden Gutachten sind Grundlage für die spätere Vornamens- und Personenstandsänderung sowie für die GaOp.

Mai 2016 – Ulrika hatte sich also fein heraus geputzt für die erste Begegnung. Ich war mir damals unsicher, ob ich schon in Frauengarderobe oder doch lieber als Mann auftreten sollte. Hintergrund war, dass ich zu der Zeit die erste intensive Barthaarepilation betrieb. Zufällig war mein Termin beim Psychiater am gleichen Tag wie mein Termin zur Epilation, zu dem ich unrasiert erscheinen musste. Ich entschied mich für das Weib. Der Psychiater öffnete die Tür, und seine Blicke zeigten mir sofort – yep, du bist gut angekommen, der erste Eindruck saß.

Nun saßen wir uns gegenüber. Er, ein eher untersetzter Typ, und ich, eine hochgewachsene schlanke Person. Er reichte mir gerade bis zur Brust … Er fragte, was ich von ihm wolle, obwohl er es natürlich bereits wusste. Meine Antwort war kurz und bündig, wie es prinzipiell meine Art ist: „Ich bin transident, möchte den Weg zur Frau in mir gehen, und dazu brauche ich Sie." Dem folgte die Frage, welche Probleme ich ihm mitgebracht hätte und wie er mir helfen könne. Probleme? Die hatte ich eigentlich vordergründig nicht. Genau das sagte ich ihm dann auch geradeheraus. Darauf folgte ein kurzes Zucken in seinen Mund- und Augenwinkeln. Seine folgende Antwort war in diesem Moment etwas irritierend für mich. Er sei nicht der Souffleur, der mir hier irgendetwas vorredet, sondern ich müsse ihm schon meine Themen vorgeben.

Puuh, jetzt saß ich etwas irritiert da. Ich hatte tatsächlich noch keine Probleme auf meinem Weg, ich stand ja erst am Anfang und wusste genau, was ich wollte – was wohl nicht immer so zu sein scheint. Weder hatte ich psychologischen Wirrwarr im Kopf noch Stress mit dem Outing, noch berufliche Probleme. Was also sollte ich jetzt erwidern?

Ich fragte also, was wir denn nun machen würden, wenn ich keine Probleme hätte und er nicht der Vorredner sei. Es wurde noch schwieriger – ja, es drohte der Abbruch der Sitzung. Ich müsse nicht zu ihm kommen, es reiche prinzipiell auch ein Psychologe, zu dem ich pflichtgemäß in regelmäßigen Abständen zu gehen habe, was aber wiederum zu Problemen bei den Gutachten führen würde. Hmm – einmal im Kreis gedreht? Jetzt war ich für kurze Zeit etwas sprachlos, das hatte ich mir doch anders vorgestellt. Wenn eine psychiatrische Begleitung in dem Prozess vorgeschrieben ist, kann es doch nicht mein Job sein, mir nicht existente Probleme auszudenken. In meinem Verständnis hatte er herauszufinden, ob ich wirklich transident bin oder eher eine vorrübergehende Neigung, gar eine Form von Fetisch, vorliegt. Das endet in einem Gutachten, in dem genau das zu belegen ist. Es kann doch nicht sein, dass man zwingend Probleme haben muss, um dem Psychiater oder dem vorgegebenen Prozess gerecht zu werden?

Fakt war jedoch, ich wollte etwas von ihm, nämlich am Ende des Prozesses ein Gutachten für die Personenstands- und Vornamensänderung sowie die spätere GaOp. In aller Regel kann dafür ein- und dasselbe Gutachten genutzt werden. Also überlegte ich kurz, und dachte mir zwei Themenfelder aus, über die man reden könnte. Ich weiß heute nicht mehr genau, was das zweite Thema war. Ein Thema waren jedoch die Fragen rund um das Outing als Frau in der Firma. So hatten wir zusammen gerade noch die Kurve bekommen, und eine Basis für die kommenden Sitzungen gefunden. Als ich bei ihm raus war, war ich echt erleichtert – das war doch recht eigenartig gelaufen.

Die folgenden Sitzungen wurden dann zunehmend relaxter. Wir hatten einen Draht zueinander gefunden, und er erkannte, dass meine „fehlenden“ Probleme tatsächlich auf meiner mentalen Stärke und Geradlinigkeit beruhten, und dass das nicht aufgesetzt war. Die zweite und dritte Sitzung bestanden dann vordergründig aus Fragen seinerseits zu meinem Lebensweg, besonders viel fragte er zur Kindheit, und Erzählungen meinerseits, wie ich mein bisheriges Leben sehen würde.

Bereits in der vierten Sitzung im August 2016 avisierte er mir dann, dass er bereit sei, mir die Indikation für die künftige Hormonersatztherapie (HRT) auszustellen. Das zauberte mir fette Freude ins Gesicht. Bei der nächsten Sitzung am 12.09.2016 – dreieinhalb Monate nach der ersten Sitzung – hielt ich sie dann tatsächlich in den Händen. Vorsorglich hatte ich für den gleichen Tag bereits den ersten Termin bei der Endokrinologin fixiert – ja nichts anbrennen lassen! Ich hatte meinen Psychiater offenbar ziemlich schnell davon überzeugt, dass alles in und um meine Person eindeutig auf die Diagnose Transsexualität F64.0 nach dem ICD-10 der WHO hinwies, der Internationalen Klassifizierung von Krankheiten der WHO.

Ich muss im Nachhinein gestehen, dass ich an dem einen oder anderen Punkt schon etwas geschummelt hatte. Ich habe nicht gelogen, nichts erfunden oder gefälscht, aber hier und da habe ich übertrieben, ein paar Akzente anders gesetzt und speziell beim Thema Alltagstest, also dem Zeitpunkt, ab dem ich als Frau in die Öffentlichkeit gegangen bin, etwas an der Uhr gedreht, denn ich wollte die Indikation und ich wollte sie schnell. Da stellt sich die Frage, inwieweit ich mit meinem Intellekt in der Lage gewesen wäre, den Psychiater zu manipulieren, ihm letztlich etwas vorzugaukeln, was nicht wirklich der Realität entsprach, nur um mein Ziel zu erreichen. Ich ahne, dass es möglich gewesen wäre. Das wiederum würde all denen Recht geben, die das ganze Prozedere als unnötig betrachten. Wie auch immer, ich halte es für sinnvoll, und war vorerst am Ziel meiner Wünsche angelangt.

Mittlerweile hatte ich auch Probleme, die es zu besprechen gab: die erste Runde der Barthaarepilation und das Handling durch die Krankenkasse, die nicht zahlen wollte, mir sogar die Transsexualität absprechen wollte. Er gab mir klar zu verstehen, dass ich mir hier durch meinen zu frühen Antrag selbst ein Problem bereitet hatte, dessen Ausmaße mir noch nicht klar waren. Bei der Argumentation gegenüber der Krankenkasse im Zuge des ersten Antrages hatte ich auch angeführt, dass es in meinem Job unvereinbar sei, mit deutlich sichtbarem Bartwuchs aufzutreten, und dass es mit der Firma ein Agreement gibt, den Wechsel zur Frau im Job erst dann zu vollziehen, wenn das Problem gelöst ist. Das jedoch steht im krassen Widerspruch zu den Bedingungen des Medizinischen Dienst der Krankenversicherung (MDK) für Kostenerstattung der Barthaarepilation (siehe Kapitel „Der Bart“ und (1)). Dort ist der sogenannte Alltagstest auch im Beruf vorgeschrieben, was ich beim ersten Antrag noch nicht wusste. Ich hatte mir also klassisch ins eigene Knie geschossen!

Die Termine folgten anfänglich im Rhythmus von etwa vier Wochen, später verlängerten sich die Zeitabstände auf sechs Wochen. Es waren immer sehr lockere und angenehme Sitzungen. Echte Probleme hatten sich für mich auch in der Folgezeit nicht ergeben, was er völlig akzeptierte. Irgendwann Ende 2016 hatten wir mal über den richtigen Zeitpunkt zum Antrag für die Personenstands- und Vornamensänderung gesprochen und uns geeinigt, dass das sinnvollerweise Ende 2017 sein sollte, beantragt im Sommer 2017. Sein Hauptargument war folgendes:

Wenn ich in meinem jetzigen, noch eher androgynen Status mal als Frau, mal als Mann angesprochen würde, sei das psychisch unproblematisch, doch wenn nach der Namensänderung im Frauenoutfit die Ansprache als Mann erfolgte, sei das in vielen Fällen psychisch verheerend für die Betroffenen. Das leuchtete mir ein.

Als ich ihn jedoch im Februar 2017 darauf ansprach, doch jetzt schon die Personenstands- und Vornamensänderung beantragen zu wollen, damit sie im Sommer 2017 erfolgen könne, weil sich dies wunderbar in mein aktuelles Projekt im Job einbinden ließe und ich dort den Übergang vollziehen wollte, war er sofort dabei und hatte keinerlei Vorbehalte mehr. Ich sei stark genug, und die Feminisierung schreite erkennbar gut voran. Das war zu dem Zeitpunkt offenbar wirklich so, doch sollte ich alsbald an seine früheren warnenden Worte zu dem Thema unliebsam erinnert werden.

Also beantragte ich am 24.3.2017 beim Amtsgericht München die Änderung von Vornamen und Personenstand. Die erste Antwort kam zügig, begleitet von einer vorab zu zahlenden Kostenrechnung in Höhe von 1.600 Euro. Das Gericht nahm auch die beiden von mir vorgeschlagenen Psychologen als Gutachter an und bestand nicht auf eigenen Gutachtern. Das soll in manchen Bundesländern durchaus ein Problem sein. In München ist das zum Glück relativ unkompliziert, die Richter waren in dem Fall wohlwollend.

Nachtragend sei hier ergänzt, dass ich mir bereits im November 2016 die zweite Gutachterin auf Empfehlung ausgesucht hatte und einen ersten und bis zum Gutachten auch einzigen Termin hatte. Wir haben alles im Groben besprochen, und sie meinte, ich solle mich melden, wenn es mit der Personenstandsänderung soweit sei. Leider war diese ältere Dame wohl nicht die beste Wahl für mich und meine zeitlichen Anforderungen. Als ich sie brauchte, wurde es schwierig für sie. Der Hauptgutachter war bereits fertig mit seinem Gutachten, da hatte ich erst den nötigen Termin bei der Zweitgutachterin, der etwas irritierend verlief. Mir blieb schleierhaft, wie sie mit den Interviewergebnissen ein zielführendes Gutachten erstellen wollte. Zur Sicherheit überließ ich ihr das Gutachten des Hauptgutachters – ich hatte einfach ein schlechtes Gefühl bei ihr. So trudelte das Gutachten, anders als besprochen, dann doch erst eine Woche nach ihrem Urlaub bei Gericht ein. Somit fiel es mitten in die sommerliche Urlaubszeit, und der Termin bei Gericht sollte nun statt Juli/August 2017 erst Ende September 2017 sein. Soviel Unzuverlässigkeit löst bei mir immer etwas Fassungslosigkeit aus. Eine Lehre daraus ist: immer dem Gefühl folgen! Ich hätte meinem Gefühl vertrauen und nach einer Alternative Ausschau halten sollen, was ich leider aus Bequemlichkeit nicht tat.

Ich hielt nun die nötigen Gutachten für die Personenstands- und Vornamensänderung in den Händen, die gleichzeitig auch Basis der Gutachten für die GaOp sein würden. Ein wichtiger und großer Schritt war getan.

Hormonersatztherapie (HRT)

Hormone sind die unsichtbaren und zum Teil unheimlichen Steuerungselemente unseres Körpers. Sie haben gemäß der DNA-Information unseres Körpers darüber entschieden, ob wir während der Pubertät eine männliche oder weibliche Entwicklung genommen haben. Und mit ihrer Hilfe greifen wir trans* Personen nun in den Bauplan unseres heiligen Körpers ein, um den vermeintlichen Geburtsfehler, der uns real und gefühlt im falschen Körper aufwachsen ließ, so weit wie möglich zu korrigieren. *Hormone sind dabei viel mehr als nur eine Medizin. Dessen sollten sich trans* Personen– egal, ob Transfrau oder Transmann – auf ihrem Weg immer bewusst sein!* Es gilt dabei eine Faustregel. Je jünger trans* Personen den Weg einer HRT einschlagen, umso besser sind die Aussichten auf Erfolg. Erfolg meint hier die Wahrscheinlichkeit, den Köper so weit zu korrigieren, dass die vorherigen Geschlechtsausprägungen so wenig wie möglich erkennbar sein werden.

Die Hormone können den Körper an verschiedenen äußeren Merkmalen verweiblichen oder vermännlichen, nämlich

- an Gesicht und Haut,
- an der Muskulatur – sie wird reduziert bei Transfrauen und baut sich leichter auf bei Transmännern,
- an der Fettverteilung (sofern man etwas zum verteilen hat), die durch den veränderten Stoffwechsel gesteuert wird,
- am Haarwuchs,
- an der Brust (nur bei Transfrauen) und
- an der Stimme (nur bei Transmännern).

Bartwuchs und Stimme verändern sich bei Transmännern durch die HRT. Umgekehrt gibt es aber keinen nennenswerten Einfluss der HRT bei Transfrauen. Einzig das Tempo des Bartwuchses kann verringert sein. Hier muss also leider durch Barthaarepilation und Logopädie und/oder Stimm-OP nachgeholfen werden. Die äußere Änderung ist aber nur ein Aspekt der HRT. Für mein Dafürhalten ist die andere Seite der HRT die viel Gravierendere: der Einfluss auf das Denken, Fühlen und Handeln – auf die Seele. Dazu später mehr.

Für mich war der erste Hub Gynokadin Gel, den ich auf meine Oberarme verteilte, eine fast mystische Angelegenheit. Ich durchschritt eine Pforte ins Unbekannte, das mit viel Hoffnung, aber auch hohem Respekt verbunden war. Respekt vor der Schöpfung, die mich so erschaffen und geformt hatte, wie ich so zu dem Zeitpunkt dastand. Und ich stand, objektiv gesehen, nicht so schlecht da. Ich bin kein christlich-gläubiger Mensch, aber in dem Kontext nutze ich den Schöpfungsbegriff und den Respekt vor unserem heiligen Leben gern.

Die tägliche Gabe von Gynokadin Gel wurde nun zum geliebten täglichen Ritual am Morgen und Abend. Peinlich achtete ich darauf, keinen Termin zu verschwitzen, und dafür zu sorgen, dass der Vorrat nicht ausgehen würde – nicht auszudenken! Nach zwei Monaten steigerte ich die Dosis auf einmal morgens und zweimal abends. Gespannt schaute ich immer wieder in den Spiegel, ob sich eine Wirkung zeigte. Doch die Wirkungen setzen zuerst ganz anderswo ein.

Mein Inneres veränderte sich schneller als mein Äußeres. Ich wurde ruhiger, entspannter, gelassener und offener. Ich ging plötzlich anders durchs Leben, ich hatte plötzlich ein entspanntes Lächeln auf den Lippen, wenn ich durch den Ort oder die Stadt ging, und … – welch ein Wunder – ich bekam es auch zurück. Oft waren es nur kurze Blicke, ein kurzes Lächeln zurück – aber es hatte sich etwas in mir verändert, das Auswirkungen auf meine Umwelt hatte. Und diese Auswirkungen waren ausnahmslos positiv. Nicht ich, aber meine Freundin wurde ab und an gefragt, was mit mir los sei, ich würde so weich wirken – wie schön!

Die alte Schwäche, mit dem Kopf durch die Wand gehen zu müssen, alles nach Plan durchzusetzen, alles streng logisch zu betrachten, relativierte sich etwas, ich wurde auch hier handsamer. Mein jahrzehntelanges Problem mit den mich einschränkenden Verkehrsregeln, speziell in Sachen Geschwindigkeit, wurde entspannter. Ich hatte nicht mehr das Gefühl, als Autofahrerin jedes Verkehrshindernis bei jeder möglichen oder auch oft unpassenden Gelegenheit überholen zu müssen – ich wurde viel entspannter in allen Lebenslagen. Die zweite Änderung zeigte sich in der Sexualität. Langsam, aber sicher ging der männliche Sexualtrieb etwas zurück, die nächtlichen Erektionen wurden weniger. Dazu an anderer Stelle etwas ausführlicher.

Ich hatte die HRT sozusagen „illegal" gestartet. Weder war ich zuvor bei einem eigentlich vorgeschriebenen Psychiater oder Psychologen gewesen noch bei einem Endokrinologen. Die Vorgabe ist, dass ein Psychologe/Psychiater die Indikation für eine HRT erstellen muss. Er muss also erkennen und erklären, dass Transsexualität – eine Geschlechtsidentitätsstörung F64.0 nach den Vorgaben der ICD-10 der WHO vorliegt (siehe Kapitel „Die psychologisch-psychiatrische Begleitung"). Erst, wenn das gegeben ist, darf ein Endokrinologe die offizielle HRT zur Geschlechtsangleichung in die Wege leiten.

Als sich die erste Flasche Gynokadin Gel leerte, brauchte ich Nachschub. Auf Internetbestellungen aus zum Teil unklaren Quellen hatte ich wenig Lust. Also ging ich zu meiner Hausärztin und trug mein Anliegen vor. Offenbar hatte ich mich eher zufällig ganz geschickt ausgedrückt. Von Transsexualität kein Wort – ich beschrieb nur, dass schon lange ein starker weiblicher Teil in mir stecken würde, den ich bestärken möchte, und schwups hatte ich das Rezept in der Hand. Als dann einen Monat später der erste Laborbericht vorlag, war sie etwas nervös und meinte, wir müssten etwas gegen den zu niedrigen Testosteronwert machen – Grinsen in meinem Gesicht. Die Krönung des Ganzen war jedoch der Laborbericht selbst. Dort hatte man angesichts der Estradiol- und Testosteronwerte meinen männlichen Vornamen für einen Tippfehler gehalten und ihn auf Ute geändert – denn das passte einfach nicht zusammen, was mich noch heftiger zum Schmunzeln brachte. Ich grinste so fett, dass die Schwester in der Praxis mich ganz verwundert anschaute.

Die Wirkung der Hormone hatte also wie gehofft eingesetzt und meine geschlechtsspezifischen Hormonwerte mächtig umgekrempelt. Das Estradiol war von etwa 30 auf 70 Pikogramm pro Milliliter gestiegen, das Testosteron von etwa 9 auf 3 Nanogramm pro Milliliter gesunken- wow! Meiner Hausärztin erklärte ich, dass es doch genau so wäre, wie von mir gewünscht. Wir unterhielten uns etwas länger und ich erklärte ihr, dass ich mittlerweile bei einem Psychiater in Behandlung und der Weg offiziell eingeschlagen sei. Bis zur ersten Indikation und dem Start der HRT hat sie mir dann weiterhin das Rezept ausgestellt, ein Privatrezept, dessen Kosten ich selbst zu tragen hatte.

Nach etwa vier Monaten Gynokadin Gel tat sich langsam etwas an der Brust. Höchst erfreut, geradezu kindisch glücklich, registrierte ich ein Spannen in den Brustwarzen und um diese herum. Ich konnte beobachten, wie der Warzenhof sich langsam „öffnete", größer und weiblicher wurde. Ein wunderbares Gefühl. Dabei verhielten sich nicht beide Brüste gleich, die rechte wuchs schneller als die linke. Ich begann meine Brüste abends zu liebkosen, es war ein wundervolles Gefühl, ich genoss es.

Vier Monate nach dem Beginn der psychiatrischen Begleitung (nach etwa drei Sitzungen) erhielt ich die Indikation für den Endokrinologen. Am gleichen Tag noch hatte ich den ersten Termin bei meiner zukünftigen Endokrinologin im Hormonzentrum Medicover (14) in München. Die Freude war riesig – jetzt ging es endlich richtig los – dachte ich damals …

Ich hatte, wie schon erwähnt, eine Menge Fachliteratur und Forumsbeiträge in einschlägigen Foren gelesen und war ziemlich sicher, dass es möglich sei, die HRT ohne das Thema Testosteronblocker zu gestalten. Wie bereits angedeutet, sind die Hormone unseres Körpers ein komplexes System. Es gibt keine simplen Eins-zu-eins-Schemata, Hormon A macht das, Hormon B macht das. Es ist höchst komplex! Es ist also auf der einen Seite geboten, dem Körper weibliche Hormone zuzufügen, das geschieht in Form von Estradiol.

Auf der anderen Seite soll der Terstosteron-Spiegel gesenkt werden, wofür es zwei Ansätze gibt.

Ansatz 1: Produktion von Testosteron durch Testosteron-Blocker unterdrücken. Ansatz 2: Vertreter der Methode ohne Testosteronblocker halten dies nicht für nötig, ihre Theorie lautet: Die Hirnanhangsdrüse als zentrales Organ zur Steuerung des Hormonspiegels erkennt, dass durch die Zuführung von Estradiol genug geschlechtsspezifische Hormone im Körper sind. Die Unterscheidung zwischen weiblichen und männlichen Hormonen kennt das Organ nicht. Sie unterdrückt daher die Produktion körpereigener Hormone – in dem Fall Testosteron – in den Hoden. Die Hormonrezeptoren werden auf diese Art und Weise sukzessive mit weiblichen Hormonen belegt. Damit sinkt in der Folge der Testosteronwert.

Die Gegner dieser Theorie setzen zusätzlich Testosteronblocker ein, um die Produktion von Testosteron explizit zu unterdrücken. Dieser Weg ist sicher effektiver und schneller, doch birgt er eben auch Nachteile und bringt Nebenwirkungen mit sich. In erster Linie sind das möglicherweise dauerhafte Schädigungen der Libido und Auswirkungen auf die Psyche (Depressionen). Entwickelt wurden diese Medikamente, um männliche Sexualtriebtäter sozusagen in ihre Schranken zu verweisen. Das allein sollte schon Skepsis erzeugen! Auch, wenn die Testosteronblocker angeblich gute Wirkungen auf die Feminisierung haben.

Mit dem Wissen stand ich vor meiner Endokrinologin und musste feststellen: Mein angelesenes Wissen deckte sich nicht mit ihren langjährigen Erfahrungen – sie war eine Verfechterin der Gabe von Testosteronblockern, im konkreten Fall des Mittels Androcur. Der Wirkstoff ist Cyproteronacetat (CPA), der sich übrigens auch in der Pille Diane-35 befindet. Letztlich habe ich mich überzeugen lassen, dass es doch sinnvoll wäre, mit der kleinstmöglichen Dosis den Prozess zu unterstützen. Die Dosis sei weit entfernt davon, negative Nebenwirkungen zu erzeugen und fördere besonders in Gesicht und in der Brust die Feminisierung. Mit dieser verlockenden Aussicht hatte sie mich eingefangen.

Um das mit ein paar Zahlen zu unterlegen. Die durchschnittlich verordneten und auch oft so nachzulesenden Dosierungen schwanken zwischen täglich 10 bis 25 Milligramm. Es soll sogar noch Fälle geben, in denen mit 50 Milligramm gearbeitet wird. In diesem Bereich sind Nebenwirkungen wohl eher Standard denn Ausnahme, was in vielen Berichten nachzulesen ist. Ich hatte mich nach dem Gespräch für täglich eine halbe Tablette der kleinsten erhältlichen Einheit entschieden – fünf Milligramm.

Noch ein paar Worte zum Verhältnis Endokrinologe – Patient. Es handelt sich hier nicht einfach um eine medizinische Verordnung durch den Arzt. Wir besprechen die Laborwerte, in erster Linie aber das mit den Veränderungen einhergehende Gefühl. Die Fragen, wie ich mit den Mitteln zurechtkomme und wie ich mich dabei fühle, sind das Ausschlaggebende. Die Verschreibung ist eine Empfehlung. Genau genommen lege ich fest, was ich wie machen will. Wir besprechen das, und sie interveniert nur, sollte ich gegen die Vernunft handeln.

Die ganze HRT ist letztlich auch ein kleines Experimentierfeld für die Betroffenen, denn es gibt heute nur wenige wissenschaftlich fundierte Studien und allgemeingültige Richtlinien. Die Wirkungsweise der Medikamente kann bei jedem Menschen anders sein. Auch das Alter spielt sicher eine erhebliche Rolle. Es ist daher äußerst problematisch, Erfahrungen anderer Betroffener eins zu eins zu übernehmen. Etwas Forschergeist ist hierbei durchaus nützlich. Wenn Ergebnisse der Medikation nicht wie erwartet ausfallen oder zu schnell oder zu langsam einsetzen, dann darf man durchaus an der vereinbarten Medikation etwas ändern. Aber Vorsicht: Niemals mehrere Faktoren zugleich ändern, und immer genug Zeit nach der Änderung verstreichen lassen, um die Wirkung zu erkennen! Bei gleichzeitiger Änderung mehrerer Faktoren ist hinterher unklar, was nun wirklich die Änderung brachte. Auch beim Rückwärtsgang, wenn der Versuch nicht erfolgreich war, unbedingt geduldig sein und warten, bis das erwartete Resultat auch wirklich wieder eintritt. Das Ganze ist natürlich im Idealfall mit dem Endokrinologen zu besprechen. Das ist für das normale Verständnis von Beziehungen Arzt-Patient und Verordnungen durch Ärzte sicher ein Stück entfernt. Aber es ist durchaus üblich in der HRT, wenn man sich, wie ich, als Patientin intensiv mit dem Thema beschäftigt.

Das Aneignen von Wissen zu den Prozessen, die dabei in unserem Körper geschehen, ist aber nur eine Seite der Medaille im Verhältnis zum Endokrinologen. Es gehören auch eine gute Portion Selbstbewusstsein und ein überzeugendes Auftreten dazu, um dem Endokrinologen hier und da Paroli bieten zu können. Manche Ärzte lieben es überhaupt nicht, wenn Patienten mit eigenem Wissen und Theorien kommen, andere Ärzte sind erfreut, wenn sie mit Patienten auf einem bestimmten Level kommunizieren können. Einen

Arzt, der nur aus einer Sicht des ungekrönten Gottes in Weiß heraus arbeitet, den würde ich umgehend wechseln.

Ich startete also nun die offizielle HRT mit einem Hub morgens, zwei Hub abends Gynokadin Gel und morgens fünf Milligramm Androcur. Die Änderungen sind schnell beschrieben. Es dauerte nur zwei Wochen, dann war der männliche Sexualtrieb völlig verschwunden, nächtliche Erektionen blieben aus. Wie fühlte ich mich dabei? Es war wie eine Befreiung! Ja, allen Ernstes – ich fühlte mich befreit von einem Druck. Ich brauchte nicht mehr als Mann funktionieren, das Teil zwischen den Beinen hatte seine Schuldigkeit getan, es war von jetzt an nur noch zum Urinieren nötig.

Die Freude darüber hatte aber eine Kehrseite – meine Freundin. Unser bisheriges Sexleben war damit Geschichte. Das war für uns beide eine schwierige Situation. Es kam jetzt doch schneller und deutlicher, als von beiden erwartet. Im Nachhinein muss ich feststellen, dass ich da gegenüber meiner Freundin doch etwas unsensibel war, eben zu sehr auf mich und meinen Weg fixiert. Sie hat für sich in einem kleinen Ritual Abschied vom Mann in mir genommen, doch das hätte unser beider Ritual sein sollen. Wir hätten zusammen Abschied nehmen sollen von diesem Abschnitt unserer Beziehung. An dieser Stelle habe ich sie wohl etwas überfordert.

Erwähnen sollte ich an dieser Stelle wohl, dass ich nicht zu den Transfrauen gehöre, die ihr Leben lang ihr männliches Genital gehasst haben – davon gibt es viele. Ich habe es nie vollständig akzeptiert oder gar den Stolz der Männlichkeit gespürt, aber es gehörte zu mir, und ich wusste es auch sinngemäß zu gebrauchen, nicht nur als Pflichtübung. Selbstverstümmelung und andere Formen des Selbsthasses waren mir also zum Glück fremd.

Auch das Brustwachstum nahm nach etwas Ruhepause wieder Fahrt auf. Allerdings beunruhigte mich etwas, was ich beim abendlichen Verwöhnen meiner Brüste fühlte. Rechts fühlte sich das Gewebe recht fest an, ja, es ließen sich knotenähnliche Strukturen ertasten. Das spülte ein altes Thema wieder hoch. Viele Jahre zuvor war ich als Mann bei der Mammografie, weil ich Ähnliches damals auch feststellte. Gefunden wurden kleine Lipome und Fibrome. Sie zu entfernen, hätte nach Aussage des damaligen Arztes bedeutet, die halbe Brust „umzupflügen". Ich entschied mich dagegen, weil er die Veränderungen als unbedenklich eingestuft hatte. Tatsächlich hatte ich diese Neigung zur Lipombildung. Vor einigen Jahren habe ich etwa 20 dieser ungefährlichen, aber teilweise unschönen kleinen „Fettgeschwüre" aus Armen, Oberschenkeln und Bauch entfernen lassen. Jetzt, im Kontext des Brustwachstums durch die HRT, machte mich das allerdings etwas nervös.

Ich ging das erste Mal in meinem Leben zum Frauenarzt. Etwas aufgeregt betrat ich – als Frau gekleidet – die Praxis. Doch die Aufregung legte sich schnell. Das Personal war wunderbar, die anderen Patientinnen haben auch keine auffallende Reaktion gezeigt – kleines Schmunzeln bei ein oder zwei von ihnen. Der Arzt war ebenso wunderbar, es war alles völlig entspannt. Er stellte ebenfalls die Lipome und Fibrome fest und ein insgesamt etwas sehr festes Gewebe. Er verordnete mir zusätzlich zur HRT noch ein Progesteron-Gel für die Brüste. Die allabendliche Einreibung mit dem Gel unterstützte meine bisherigen Liebkosungen meiner Brüste auf wunderbare Weise.

Doch nach nunmehr drei Monaten Androcur und einem Monat zusätzlich Progesteron änderte sich mein Wohlbefinden recht spürbar, und das negativ. Meine Haut verschlechterte sich zusehends, wurde besonders am Rücken spröde, ja teilweise rissig wie bei Schuppenflechte im Anfangsstadium. Ich beobachtete das zwei Monate und versuchte es in den Griff zu bekommen, was mir jedoch nicht gelingen wollte.

Zeitnah hatte ich einen Termin bei meinem Psychiater, der zum Glück auch auf dem Gebiet der Hormone bewandert ist. Nach seinem Verständnis hatte das Progesteron die Wirkung vom Androcur noch befeuert, quasi den Turbo dazu geschalten. Das dürfte etwas zu viel des Guten gewesen sein. Die Talgproduktion der Haut wurde wohl zu drastisch beeinflusst.

Kurzentschlossen habe ich das Androcur und das Progesteron-Gel wieder abgesetzt, und dafür das Gynokadin Gel in der Dosis auf zweimal morgens und zweimal abends erhöht. Ja, an dieser Stelle verstieß ich gegen meine Regel, niemals zwei Faktoren zugleich zu ändern. Doch waren die Ursachen ziemlich klar, und meine Abneigung gegen Androcur war bestätigt. Beim nächsten Termin bei der

Endokrinologin besprachen wir das Thema. Schlüssig war es für sie nicht, einen Zusammenhang wollte oder konnte sie nicht sehen. Das verordnete (und von mir schon abgesetzte) Progesteron gefiel ihr nicht sonderlich. Doch dieses Mal setzte ich mich durch, und wir einigten uns auf die bereits durch mich vollzogene Änderung und zusätzlich 100 Milligramm Progesteron pro Tag in Tablettenform (Utrogest).

Progesteron ist ein umstrittenes Thema in der HRT. Manche Endokrinologen wollen davon gar nichts wissen, manche empfehlen es. Die Wirksamkeit und Sinnhaftigkeit von Progesteron während der HRT ist aus einem einfachen Grund umstritten: Transfrauen besitzen weder Gebärmutter noch Eierstöcke. Im Grunde ist damit der Sinn von Progesteron für die HRT im Sinne der klassischen Schulmedizin in Frage gestellt. Andererseits gibt es Studien, die dem Progesteron bei Frauen, wie auch während der HRT bei Transfrauen, eine hohe Bedeutung beimessen. Was letztlich fehlt, sind verlässlich nachgewiesene Wirkungen in Langzeitstudien. So wird das Thema Progesteron mehr zur Glaubensfrage.

Es gibt in Facebook eine geschlossene Interessengruppe „Gesundheit“ (3) zu diesem Thema – geleitet von einer Transfrau und Biologin –, in der sich auch Ärzte und wissenschaftliche Autoren beteiligen. Der Tenor hier ist: keine Testosteronblocker, aber „Ja“ zu Progesteron. Man geht hier sogar noch weiter. Die Dosierung der Präparate soll zyklisch erfolgen, dem Zyklus der biologischen Frau nachempfunden. Der Nutzen dieser Verabreichung ist nirgendwo nachgewiesen. Bei mir zeigte ein Versuch damit wenig Ergebnis. Doch wir kennen natürlich auch andere Bereiche der Medizin bzw. alternativen Medizin, in denen eine Heilkraft nicht wissenschaftlich begründet werden kann, aber dennoch offenkundig vorhanden ist.

Nach dem Absetzen von Androcur und dem Progesteron-Gel besserte sich meine Haut schrittweise. Allerdings änderte sich auch etwas anderes. Teilweise meldete sich des Nachts wieder etwas, was längst zur Ruhe gekommen war – es gab wieder Erektionen. Darauf reagierte ich fast entsetzt, denn das wollte ich nicht mehr haben. Die zweite Änderung betraf das Brustwachstum – das hatte sich völlig zur Ruhe begeben, da tat sich trotz Liebkosungen leider nichts mehr.

Allerdings änderte sich jetzt das bereits gewachsene Gewebe, es wurde weicher und wohlgeformter. Hier hatten die Gegner der Testosteronblocker Recht bekommen. Das Brustwachstum bei Einnahme dieser Blocker kann unter Umständen ein scheinbares Wachstum sein. In Wirklichkeit lagert sich Wasser in das Gewebe ein, welches die Brüste so fest erscheinen lässt.

Beim folgenden Laborbericht, zwei Monate nach dem Absetzen von Androcur, kam, was kommen musste. Der Testosteronwert hatte sich recht deutlich erhöht, der Estradiolwert verringert. Im Klartext: Die Zufuhr der weiblichen Hormone reichte nicht mehr aus, um die Hirnanhangsdrüse davon zu überzeugen, dass der Körper kein Testosteron produzieren soll. Die daraus folgende Maßnahme war die weitere Erhöhung der Gynokadin-Gel-Dosis auf morgens und abends je zwei Hub. Die Hoffnung auf bessere Wirksamkeit dieser Dosis zerplatzte beim nächsten Labortermin wie eine Seifenblase. Der Testosteronwert war auf dem zu hohen Wert geblieben, der Estradiolwert allerdings wieder gestiegen. Was nun? An dieser Stelle wird einem bewusst, dass die Hormonsteuerung eben nicht mal eben nach Schema F funktioniert. Hier etwas mehr, dort etwas weniger – das ergibt noch lange nicht den erwünschten Effekt.

Jetzt stand ich etwas bedröppelt in der Gegend. Ich war eigentlich überzeugt davon, es ginge ohne Testosteronblocker, und die Diskussionen in der genannten Facebookgruppe bestärkten mich darin, rieten mir sogar zu einer noch viel höherer Gynokadin-Gel-Dosis. Doch ebenso hatte ich gelernt, dass viel nicht immer viel hilft, und auch eine zu hohe Estradiolzufuhr unerfreuliche Nebenwirkungen zeigen kann, z. B. das Risiko für Thrombosen erhöhen kann. So scheute ich mich vor der eigenmächtigen Erhöhung der Gynokadin-Gel-Dosis, was im Einklang mit Einwänden meiner Endokrinologin stand.

Zusammen mit der Endokrinologin ersann ich einen Plan B. Der sah vor, doch wieder Androcur zu verwenden, aber in noch viel geringerer Dosis als in Runde eins. Statt täglich fünf Milligramm sollten es nun zweimal fünf Milligramm pro Woche sein. So sollte es wieder aufwärts gehen mit der Feminisierung, die doch erkennbar stecken geblieben war. Testosteron ist einfach ein mächtiger Motor für den männlichen Part.

Doch richtig überzeugt war ich auch von Plan B nicht. Ich wollte es ohne Androcur schaffen, aber dennoch die Testosteronwerte drücken. Ich zögerte noch einige Tage und entschloss mich dann zu Plan B1 – Ulrika-Plan. Ganz ohne Androcur ging es wohl doch nicht, also neuer Entscheid – ab jetzt einmal fünf Milligramm Androcur pro Woche. Das hat schon fast den Charakter eines Placebo. Zwei Monate war mein Hormonschema jetzt wie folgt:

- Jeden Morgen und Abend nahm ich zwei Hub Gynokadin Gel.
- Einmal täglich am Abend nahm ich 100 Milligramm Utrogest in Tablettenform.
- Einmal pro Woche nahm ich fünf Milligramm Androcur.

Körperlich fühlte ich mich wieder gut, ich spürte nach zwei Wochen sogar wieder das Brustwachstum. Alles schien also wunderbar, mein Plan B1 fast perfekt. Doch dann trat wie aus heiterem Himmel Diabetes Typ 1 in mein Leben. Dazu habe ich in den Kapiteln „Fallstricke der Psyche“ und „HRT und Diabetes“ explizit mehr geschrieben.

Als ich mit diesen Themen das nächste Mal bei meinem Psychiater erschien, und ihm von meinen im Nachgang aufgetretenen psychischen Problemen erzählte, war dieser darüber nicht verwundert. Einen Grund dafür sah er in der normalen Erscheinung pubertärer Entwicklungsprozesse. Die HRT führt faktisch zu einer zweiten, späten Pubertät und wirkt sich auf die hormonelle, und damit seelische Entwicklung aus – also wenig Grund zur Besorgnis. Einen Grund zur Besorgnis sah er vielmehr in meiner Medikamentenauswahl und -dosierung. Das Utrogest in meiner Dosis verursachte bei ihm Stirnrunzeln. Seiner Ansicht nach ist die depressive Nebenwirkung von Utrogest das Problem, sie stünde im Verhältnis zu seiner positiven Wirkung als Antiandrogen im Vergleich zu Androcur in einem sehr schlechten Verhältnis. Ich sollte Utrogest entweder ersatzlos streichen oder die Dosis halbieren und dafür Androcur etwas erhöhen. Dong – da war es wieder – Androcur, das ich doch partout nicht wollte. Ich nahm es erst einmal zur Kenntnis und ging, scheinbar wieder etwas klüger – und gleichzeitig irritiert – nach Hause.

Was irritierte mich? Ganz einfach – Hunderttausende Frauen in den Wechseljahren erhalten von ihren Frauenärzten oder Endokrinologen Gynokadin Gel (o.a.) und Utrogest für die Behandlung der Folgen des veränderten Hormonhaushaltes. Sind all die Frauen deshalb depressiv? Das mag es sicher auch geben. Doch gerade das Progesteron (Utrogest) fungiert doch auch als Stimmungsaufheller, fördert das Wohlbefinden und die Ausgeglichenheit. Wieso soll nun genau dieses Utrogest bei mir als Transfrau das Gegenteil bewirken? Das ergab keinen Sinn für mich. Auch in der bereits erwähnten Facebookgruppe war die Reaktion eindeutig. Progesteron gehöre zwingend zur HRT dazu, und dem folgte die gleiche rhetorische Frage, ob denn alle Frauen in den Wechseljahren mit HRT depressiv wären? Eher nicht.

Nicht das erste Mal stand ich nun etwas verwirrt da, frei nach dem gut gepflegten Ärzteklischee – frage drei Ärzte zum gleichen Symptom, und du erhältst drei verschiedene Diagnosen. Mir blieb also mal wieder nichts anderes übrig, als mich auf meinen hoffentlich halbwegs intakten Menschenverstand zu verlassen – und der hat es zum Glück doch immer recht gut getroffen. Ich entschied mich also dazu, den Rat meines Psychologen nicht völlig zu ignorieren, aber ihm auch nicht blind zu vertrauen. Der Mittelweg erschien mir als der gangbarste Weg. Ich halbierte also die Dosis Utrogest auf 100 Milligramm jeden zweiten Tag und beließ es bei der Dosis von fünf Milligramm Androcur pro Woche. Dafür griff ich auf etwas zurück, was mir der Frauenarzt beim ersten Besuch im Kontext der Anomalie meiner rechten Brust verschrieben hatte ein Progesteron-Gel zum direkten Auftragen auf die Brüste. Damit reduzierte ich zwar die Einnahme von Progesteron via Tabletten mit Wirkung auf den gesamten Organismus, glich das aber durch direkte lokale Wirkung von Progesteron auf die Brust wieder etwas aus. Das behielt ich nun bis zur nächsten Kontrolle beim Endokrinologen Anfang Dezember 2017 so bei.

Es ist ja leider nicht so, dass sich eine Änderung von Medikamenten und Dosierungen der HRT direkt und zügig sicht- oder spürbar auswirkt. Es braucht eine gewisse Konstanz über einen längeren Zeitraum, um ein valides Ergebnis bei der nächsten Messung zu erhalten. Den Grundsatz habe ich in diesem Fall nicht ganz befolgt. Ich änderte die Utrogest-Dosierung und ergänzte zusätzlich mit Progesteron-Gel, aber es handelte sich bei beiden Medikamenten um

Progesteron-Wirkstoffe, die beide prinzipiell die gleiche Wirkungsweise und Wirkungsrichtung hatten.

Das ist es, was die HRT so kompliziert macht. Einerseits die doch extrem unterschiedlichen Wissensstände der Fachärzte auf diesem Gebiet, die einen manchmal schwer ins Grübeln bringen, andererseits die Zeitfrage. Jede medikamentöse Änderung während der HRT braucht ihre Zeit, um aussagekräftige Messwerte und Auswirkungen zu erzielen. Dem steht die allgemeine Ungeduld der Mehrzahl der trans* Personen gegenüber – ich ganz vorn dabei –, endlich sichtbare Fortschritte in der Feminisierung zu erzielen. Das ist quasi ein Widerspruch in sich. Aber wie man es auch dreht: Letztlich geht es nicht ohne Geduld, nichts kann erzwungen werden, so massive Eingriffe in unser System können nicht über Nacht funktionieren. Aber wie so oft im Leben – die Einsicht ist wohl vorhanden, doch der Wille zur Umsetzung hängt dem etwas nach.

Sommer 2017 – Zu diesem Zeitpunkt erfuhr ich einen tiefen Einbruch in meinen doch eigentlich so gut verlaufenden Prozess. Im Juli 2017 wurde bei mir völlig überraschend Diabetes Typ 1 festgestellt, also nicht der sogenannte Altersdiabetes, sondern – völlig ungewöhnlich für mein Alter – Diabetes in Gestalt der Autoimmunversion. Dabei richtet sich das körpereigene Immunsystem gegen die Insulin produzierenden Zellen der Bauchspeicheldrüse und zerstört diese. Über einen Zeitraum einiger Wochen kündigte sich die Erkrankung an, ohne dass ich begriff, was es war. Ich wurde immer durstiger, trank am Tag vier bis fünf Liter Wasser, am Abend hatte ich richtigen Durst auf kaltes Weißbier, zwei Gläser verdampften regelrecht, ich rannte x-mal am Tag und in der Nacht aufs Klo und nahm Woche für Woche ein Kilogramm Gewicht ab. Eigentlich eine feine Sache, wollte ich mein Gewicht sowieso auf unter 80 Kilogramm bringen. Aber so war es doch etwas zu heftig. Ich schob es zuerst auf meinen ziemlich starken Verzehr der geliebten Erdbeeren und Johannisbeeren. Besonders Johannisbeeren, obwohl eher sauer, haben einen ungeheuren Fruchtzuckergehalt.

Nach vier bis sechs Wochen war ich so schlapp und unkonzentriert bei der Arbeit geworden, dass ich zur Hausärztin ging. Die hatte sofort den richtigen Riecher und schickte mich umgehend in die Klinik. Bei einem Blutzuckerwert von über 400 Milligramm pro Deziliter – die Norm liegt zwischen 80 und 140 Milligramm pro Deziliter – hörte der Spaß für sie auf. Ich nahm es für den ersten Moment zwar etwas schockiert zur Kenntnis, ließ mich davon jedoch nicht daran hindern, auf dem Weg zur Klinik gelassen einen Stopp beim Lieblings-Italiener einzulegen und eine gescheite Portion Pasta zu mir zu nehmen – wer weiß, wann ich die nächste Mahlzeit erhalten würde. Im Nachhinein gesehen hatte das etwas von Galgenhumor. In der Klinik angekommen, ergab die neue Messung einen Wert von über 600 Milligramm pro Deziliter – eigentlich reif fürs Zucker-Koma.

Noch immer glaubte ich, das Problem mit einer ambulanten Behandlung lösen zu können, doch der Arzt in der Notaufnahme nahm mir ganz schnell jegliche Illusion. Die meisten Patienten mit solch einem Wert würden bereits im Koma liegen. Ich könne auf Station, genauer gesagt, auf die Intensivstation kommen, oder auch nach Hause gehen und bereits auf dem Weg dorthin umfallen – die Entscheidung läge bei mir. Das hatte gesessen, und so fügte ich mich meinem Schicksal.

Nach einer Woche Klinik war auch mir klar: Es war kein Ausrutscher, keine vorrübergehende Situation – ich war jetzt offiziell Diabetikerin. Sofort hatte ich instinktiv die Eingabe, dass dieser Vorfall keinesfalls aus heiterem Himmel kam – wieso sollte er –, sondern ein Zusammenhang zur HRT bestehen könnte. Doch überall, wo ich den Gedanken anbrachte, ob in der Klinik, bei der Diabetesärztin oder meiner Endokrinologin, wurde er von der Hand gewiesen, faktisch ins Reich der medizinischen Ammenmärchen verbannt.

Zwischenfazit: Es ist ebenso banal wie kompliziert – es gibt keinen allgemeingültigen Fahrplan für eine HRT. Jeder Körper, dazu noch in bestimmten Altersphasen, reagiert auf die gleiche Gabe von weiblichen Hormonen anders. Es gibt ebenso keine seriöse Grundlage für die Behauptung, die HRT würde prinzipiell auch ohne Testosteronblocker funktionieren. Bei manchen Menschen wird es Erfolg haben, bei anderen bleibt der aus. Die Vielschichtigkeit und Reaktion der Menschen auf eine HRT ist so variabel, dass jede Vorhersage an Kaffeesatzlesen grenzt. Und ganz besonders eins ist wichtig: Ungeduld ist der schlechteste Begleiter! Dieser hochkomplexe Prozess braucht Zeit, und offenbar sind Rückschläge und Pausen dabei völlig normal. Wichtig ist in erster Linie das persönliche Befinden. HRT gegen ein Wohlfühlgefühl funktioniert definitiv nicht.

Jetzt waren es noch zwei Monate bis zur geplanten GaOp. Dann wird der Hormonplan neu geschrieben, da ab dem Moment die Produktion von Testosteron durch die Hoden definitiv nicht mehr möglich sein wird. Nur die Nebennierenrinde bleibt als Kleinproduzent übrig. Diese sorgt übrigens auch bei Cis-Frauen für den nötigen Anteil an Testosteron. Testosteronunterdrückung ist dann also kein Thema mehr, nur die Zuführung weiblicher Hormone – und das ein Leben lang.

HRT und Diabetes

An dieser Stelle mache ich einen kleinen Zeitensprung und lasse die GaOp bereits geschehen sein, weil das Thema Diabetes nun mal am besten bei der HRT aufgehoben ist, egal, welcher Kontext gerade besteht.

Dezember 2017 – die lang ersehnte GaOp war geschehen, und nach diesem Eingriff muss logischerweise die HRT neu justiert werden, denn die Produzenten des männlichen Sexualhormons Testosteron sind nicht mehr existent, von der Nebennierenrinde abgesehen, die eine kleine Dosis Testosteron produziert.

Doch völlig unerwartet war im Kontext der GaOp etwas ganz anderes passiert. Jeder Chirurg fordert die Patientinnen vor einer GaOp auf, ab einem bestimmten Zeitpunkt die Einnahme der Hormone einzustellen. Über die Sinnhaftigkeit gibt es heftig Streit in Ärztekreisen und bei trans*Personen. Hintergrund ist, dass die Gefahr der Bildung von Blutgerinnseln bei der OP besteht, wenn die Dosis der Zufuhr des Hormons Estradiol zu hoch ist. Das machen zwar sicher nur wenige Transfrauen, aber um auf Nummer sicherzugehen, bestehen die meisten Chirurgen auf diese Pause. Ich gestehe, das etwas ignoriert zu haben. Erst fünf Tage vor der OP hatte ich die Hormonzufuhr gestoppt. Allerdings nahm ich auch eine vernünftige, recht niedrige Dosis, und die Gefahr war damit recht gering.

In der Klinik achtete man extrem vorsichtig auf meinen Blutzucker. Das war so übertrieben, und das Messen etwas martialisch, dass ich es nach wenigen Tagen resolut in die eigenen Hände genommen hatte. Man bestand zwar anfangs noch darauf, dass ich es im Beisein der Schwestern erledigte, aber nach einigen Tagen hatten sie realisiert, dass es bei mir in guten und disziplinierten Händen lag. Der Arzt attestierte mir sogar, das Thema fast wie eine Diabetesärztin anzugehen.

Nur wenige Tage nach der OP war mein gemessener Blutzuckerwert plötzlich permanent am Sinken. Sicher, die völlig andere

Ernährung und der andere Rhythmus hatten wahrscheinlich auch einen Einfluss darauf. Ich schwitzte nachts nicht nur, weil es warm im Zimmer war, nein – ich rutschte nachts in den Unterzucker. Das hatte zur Folge, dass die Leber regulierend eingreifen und gespeicherten Zucker abgeben musste, was bei gleichzeitiger Ausschüttung von Stresshormonen zu solchem Schwitzen führen kann. Ich senkte daraufhin schrittweise die Dosis der Langzeit-Insulinspritze für die Nacht von bisher 16 auf 6 Einheiten ab. Doch auch als ich wieder essen konnte, waren die Messergebnisse erstaunlich. Schrittweise senkte ich die nahrungsabhängige Dosis des Tages-Insulins. Zehn Tage nach der OP war ich tagsüber auf null! Dem folgte auch das Absetzen der Nachtspritze. Der Diabetes schien wie vom Erdboden verschluckt! Und das blieb so, bis ich wieder zu Hause war.

Nach wenigen Tagen zu Hause startete ich wieder mit der Gynokadin-Gel-Zufuhr. Es dauerte nur drei bis vier Tage, und die zu hohen Blutzuckerwerte meldeten sich wieder zurück. Erst langsam und recht niedrig, aber mit jedem Tag etwas zunehmend – der Diabetes war wieder mein täglicher Begleiter. Ich war happy und betrübt zugleich. Happy, weil sich meine Theorie bestätigt hatte, dass HRT und Diabetesausbruch im Zusammenhang stehen. Was mir als medizinisch interessiertem Laien ziemlich klar war, wollte jedoch im Sommer 2017 beim Ausbruch des Diabetes, wie schon beschrieben, kein Arzt wahrhaben, obwohl alle Parameter untypisch waren für einen Diabetes Typ 1 in meinem Alter. Betrübt, weil die Freude über das Verschwinden des Diabetes zu kurz währte, wenngleich ich dessen Rückkehr auch erwartet hatte.

Ich konfrontierte meine Diabetesärztin und meine Endokrinologin mit der Erfahrung des verschwundenen Diabetes in Indien und ergänzte das mit meiner Theorie, dass es sich wohl recht ähnlich wie beim bekannten Schwangerschaftsdiabetes verhalten könnte, der ebenfalls durch stark veränderte Hormonprozesse – mehr Estradiol – ausgelöst wird. Die Diabetesärztin war überrascht, aber nicht mehr so ablehnend wie zu Beginn. Die HRT als Auslöser, nicht als Ursache – die Antikörper waren schon vorhanden –, konnte sie sich mittlerweile doch vorstellen, sie fand meine Theorie gar nicht so schlecht. Die Endokrinologin, etwa 15 Jahre älter als die Diabetesärztin, war völlig perplex und konnte auch jetzt keinen

Bezug dazu herstellen, hatte das in dreißig Jahren Praxis angeblich noch nie erfahren. Das passte jedoch zu meinen Erfahrungen mit ihr während der HRT. Bei ihr habe ich etwas den Eindruck, dass sie mitdenkende – also etwas unbequeme, weil herausfordernde – Patientinnen etwas anstrengend findet. Ganz im Gegensatz zu meiner Diabetesärztin, die eher begeistert davon ist, wie ich als Patientin diese Herausforderungen annehme. Das Thema Diabetes im Kontext HRT hat begonnen, mich zu faszinieren, auch wenn die komplizerten Hormonzusammenhänge, die schwierigen Regelkreise dieses Komplexes, eine echte Herausforderung sind. Es lohnt sich für Interessierte jedoch in jedem Fall, sich damit ausführlicher zu beschäftigen.

Was will ich mit diesem Ausflug in das Thema Diabetes sagen? Eigentlich nur etwas ganz Banales, das aber so eminent von Bedeutung für eine erfolgreiche HRT ist. Es ist nicht damit getan, sich quartalsweise die Laborwerte vom Endokrinologen abzuholen, einen Blick auf die Klassiker und vordergründig so bedeutsamen Hormone Testosteron und Estradiol zu werfen, vielleicht noch auf die Steuerungshormone FSH (Follikelstimulierendes Hormon) und LH (Luteinisierendes Hormon), und dann blindlings den Empfehlungen für die Medikation durch die Endokrinologen zu vertrauen.

Es ist ganz wichtig, sich im Vorfeld und während der HRT mit einem wachen und gesunden Menschenverstand so viel wie möglich selbst zu informieren. Man muss kein Mediziner sein oder werden, aber man sollte viel eigenes Interesse für die Zusammenhänge mitbringen. Es gibt dafür auch sehr rege und interessante Gruppen in sozialen Netzwerken, in denen sich Betroffene, Ärzte und wissenschaftliche Autoren intensiv um dieses Thema kümmern, und die man jederzeit um Hilfe bitten kann. Ich habe dort zum Teil sehr interessante Aspekte gelernt. Aber hier gilt letztlich das Gleiche wie bei den Endokrinologen: Nichts eins zu eins ohne eigenes Hinterfragen übernehmen und gesunden Menschenverstand walten lassen!

Der menschliche Hormonkreislauf ist einfach ein so vielschichtiges Thema, wahrscheinlich eins der komplexesten der gesamten Humanmedizin, und wenig für einfaches Denken und Handeln geeignet. Wir greifen an nur zwei bis drei Stellschrauben in dieses

System ein, berühren aber damit fundamentale Regelkreise, die vielfältige Auswirkungen haben können. Das sollten sich alle trans*-Personen – egal, welcher Richtung – ganz dick hinter die Ohren schreiben! Okay – Neunmalklug-Modus wieder „off".

Allgemeines zu Behörden und Krankenkassen

Mai 2017 – seit dem ersten realen Schritt im April 2016 waren 13 Monate vergangen, viel hatte sich getan, war geschehen und hatte sich verändert, Einiges wie geplant, anderes eher nicht. Der Weg war noch lang, ganz wichtige Meilensteine lagen noch vor mir.

Viel vom anfänglichen Übereifer, auf viel Ungeduld aufsetzend – mein zweiter Vorname – hatte sich gelegt. Vom Willen, alles sofort und gleich umzusetzen war zum Glück wenig geblieben. Das hatte zwei Gründe. Erstens die eigene Erkenntnis, dass gerade dieser Weg Zeit braucht, dass nichts über Nacht geschieht, und dass die Brechstange der Feind des Erfolges auf dem Weg wäre. Zweitens überraschend viele Hindernisse, die mir seitens der Behörden, besonders der Krankenkassen, in den Weg gelegt wurden.

Zwar wusste ich mittlerweile wirklich viel über die Themen der Transition, von der HRT, der Feminisierung durch die Hormone und ihre möglichen Nebenwirkungen, über verschiedene Methoden und Varianten der körperlichen Veränderungen durch die Götter in Weiß u. v. a. m. Ich hatte eine große Anzahl in Frage kommender Ärzte und Kliniken weltweit recherchiert, egal, ob für die GaOp oder für die gesichtsfeminisierenden Eingriffe. Ich kannte viele optische Ergebnisse und Vergleiche zwischen den Chirurgen weltweit.

Was ich jedoch am wenigsten wusste, waren die Mechanismen und Zusammenhänge, die über den Erfolg von Anträgen bei Behörden und Krankenkassen entscheiden. Eine Freundin bürokratischer Abläufe war ich nie, das passte nie zur Rebellin in mir. Demzufolge habe ich diesem Aspekt auch die wenigste Aufmerksamkeit geschenkt, was sich bereits gerächt hatte und weiter auswirkte. Es gibt zwei große Themen: die Krankenkassen für alle medizinischen Belange und das Amtsgericht für die Änderung von Personenstand und Vornamen.

Transsexualität ist eine anerkannte psychische Krankheit in Deutschland. In die Diskussion über Sinn und Unsinn der Einstufung als psychische Erkrankung möchte ich hier nicht ausführlich einsteigen, das wäre fast eine eigene Abhandlung wert. Nur so viel: Diese Einstufung hat insofern den Vorteil, dass damit die Krankenkassen in der Pflicht sind, bestimmte Behandlungen zu bezahlen. Rein kosmetische Operationen – kosmetisch ist in dem Fall sehr relativ –, wie Gesichtsfeminisierungen, gehören nicht dazu. In anderen Ländern, wie z. B. den USA, werden die Kosten dieser OPs (FFS) dagegen schon von den Kassen bezahlt. In Deutschland kommt dagegen sehr schnell die prinzipielle Frage nach der Gerechtigkeit solcher Leistungen auf. Es gibt jedoch genug andere Beispiele, bei denen die gleiche Frage erlaubt wäre. Solche Betrachtungsweisen sind für mein Verständnis daher in einer Solidargemeinschaft eher fragwürdig.

Die „Feministinnen" unter den Transfrauen – interessanterweise habe ich dieses Argument bei Transmännern kaum gefunden – sind gegen diese Einordnung als Krankheit, weil sie sich diskriminiert fühlen. Das ist nicht ganz von der Hand zu weisen. Die Definition von Transidentität als Krankheit ist problematisch, zumal es heute noch keinerlei fundierte Erkenntnisse darüber gibt, was die Ursachen von Transidentität sein könnten. Dagegen spricht aber, dass die Krankenkassen ohne diese Einstufung keinerlei Notwendigkeit hätten, sich an den immensen Kosten der Transition zu beteiligen. In dem Fall überwiegt bei mir der Pragmatismus, und ich nehme diese „Diskriminierung" in Kauf.

Denn etwas ist für mich sonnenklar. Diesen Weg erfolgreich ohne Unterstützung der Solidargemeinschaft in Form der Krankenkassen zu gehen, ist für die Mehrheit der Betroffenen völlig unmöglich. Der Weg ist nicht nur mühsam, er ist auch extrem kostenintensiv. Kostenpflichtig für die Krankenkassen sind die markanten geschlechtsspezifischen Angleichungen der – in der Pubertät herausgebildeten – geschlechtlichen Merkmale. Dazu gehören die Genitalien, die Stimme und der Bartwuchs, die beiden letzten Themen speziell bei Transfrauen. Transmänner haben hier den Vorteil, dass die HRT automatisch Bartwuchs und Stimme in den männlichen Bereich bringen. Bei Transfrauen geschieht das umgekehrt leider nicht. Unter

Umständen gehört bei Transfrauen auch ein weiblicher Brustaufbau dazu, wenn die HRT nach genau definierter Zeit nicht mindestens Körbchengröße A hervorgebracht hat. Bei Transmännern gehört die Entfernung der weiblichen Brust (Mastektomie) dazu.

Doch leider ist das kein Selbstläufer bei den Krankenkassen. Die Kassen, speziell der Medizinische Dienst der Krankenkassen (MDK) und der Spitzenverband der gesetzlichen Krankenkassen (GKV-Spitzenverband) haben hierzu einen genauen Ablaufplan entworfen, der zum Teil groteske Bedingungen enthält, aber strikt einzuhalten ist.

Wer die Krankenkasse an den Kosten seines Weges beteiligen möchte, sollte zwingend die Richtlinien des GKV-Spitzenverbandes berücksichtigen und erst bei Übereinstimmung den jeweiligen Antrag stellen (Richtlinien siehe Anhang (1)). Jede Abweichung davon vergrößert die Chance auf Ablehnung. Der Antrag muss immer vor Beginn der Behandlung gestellt werden. Es werden nur Rechnungen bezahlt, die nach der Antragstellung eingereicht werden. Dabei spielt es keine Rolle, ob es eine Ablehnung gibt, erst ein Widerspruch oder die Klage erfolgreich sind. Ab Antragszeitpunkt muss die Kasse die Rechnungen dann immer rückwirkend zahlen, wenn es zur Genehmigung kommt.

Selbstverständlich variiert das Verständnis und die Handhabe aller Behandlungen zwischen den einzelnen Krankenkassen und besonders zwischen den MDKs der Bundesländer wäre ja sonst zu einfach ... In diesen Fallstricken habe auch ich mich verfangen, und ich kämpfte lange Zeit mit den Auswirkungen meiner ersten Schritte und Entscheidungen.

Es gibt jedoch eine kleine Lücke in den Abläufen der Krankenkasse, die in besonderen Fällen dazu führen kann, dass ein Antrag, den die Kasse eigentlich ablehnen will und nach den gültigen Sozialgesetzen auch muss, dennoch gegen den Willen der Kasse als genehmigt gilt. Das ist Paragraf 13 Abs. 3a SGB V – Genehmigungsfiktion. Die Kasse muss einen Antrag innerhalb von drei Wochen nach Erhalt genehmigen oder ablehnen. Wird in diesem Verfahren der MDK eingeschaltet, verlängert sich das auf fünf Wochen. Wenn nach den abgelaufenen drei oder fünf Wochen kein Bescheid der Kasse vorliegt, dann gilt der Antrag als fiktiv genehmigt, und die Kasse muss zahlen.

Wenn man direkt nach dieser Ablauffrist die Behandlung startet, kann die Kasse nichts mehr dagegen einwenden.

Eigenartigerweise geschieht das gar nicht so selten, ich kenne einige Fälle. Manchmal drängt sich mir gar der Verdacht auf, dass es gelegentlich vorsätzlich gemacht wird. Die Kassen hätten einen immensen Vorteil davon, wenn es um Behandlungen im Ausland geht, die sie entsprechend der aktuellen Sozialgesetzgebung nicht bezahlen dürfen. Eine GaOp kostet in Deutschland inklusive aller Klinikkosten zwischen 30.000 und 35.000 Euro. Im Ausland, hier besonders in Thailand, ist die gleiche OP mit oft besseren Ergebnissen für 12.000 bis 15.000 Euro zu haben. Die Kassen würden also mehr als 50 Prozent sparen. In einem Fall kam ich auch in den Vorteil dieses Paragrafen. Das ist also durchaus eine legitime Option, die man probieren kann. Man muss nur gut darauf vorbereitet sein, wenn der Fall eintritt.

Die Personenstands- und Vornamensänderung

Der Monat September 2017 hielt ein wirkliches Highlight für mich parat – die offizielle Änderung meines Geschlechts und meines Vornamens.

Am 21. September 2017 um 13 Uhr war es endlich soweit. Im Amtsgericht München fand die Sitzung für die amtliche Änderung statt. Anwesend waren der Richter und – kaum zu glauben – tatsächlich der Generalstaatsanwalt München für öffentliches Interesse! Meine Frage, worin in meinem Fall das öffentliche Interesse bestünde, wurde mit dem lapidaren Verweis „ist so üblich" beantwortet.

Es war am Ende ein kurzer und schmerzfreier behördlicher Vorgang, völlig befreit von einem irgendwie besonderen Rahmen oder höherer Würde. Der Rahmen war schon sehr ernüchternd. Ich wurde gefragt, ob mir die Inhalte der beiden vorliegenden psychiatrischen Gutachten bekannt seien und ich damit einverstanden sei, ob ich den Namen Ulrika wirklich wolle, und ob ich nicht eventuell doch noch einen zweiten Vornamen wolle, weil ich als Mann ja auch zwei Vornamen hatte, und ob ich ihn mir allein ausgesucht hätte. Die Bedeutung der letzten Frage erschloss sich mir auch nicht wirklich. Spielte da am Ende gar der Fakt eine Rolle, dass Transsexualität in Deutschland weiterhin als psychische Krankheit bewertet wird? Wie auch immer, danach las der Richter den Beschluss vor – und ich war ab sofort Frau Ulrika Schöllner!

Trotz völliger Abwesenheit aller feierlichen Momente – nur die Anwesenheit meiner geliebten Nicole machte es für mich etwas erhabener –, zeigte sich mein Glück in Form einiger Tränen. Ein großer Meilenstein war erreicht. Ab jetzt hatte ich zwei Geburtstage: den Tag meiner biologischen Geburt und den Tag meiner zweiten Geburt als Frau.

Witzigerweise hatte eine Bekannte direkt nach mir ihren Termin zur Personenstandsänderung. Sie kam ganz allein, und so hatten wir uns verabredet, nach Ende ihres Termins gemeinsam essen zu gehen. Wir feierten zu dritt diesen für uns so bedeutsamen Tag bei einem netten Griechen in der Nähe des Gerichtes, in der Nymphenburger Straße in München.

Es dauerte eine lange Woche, bis ich den Beschluss via Post in den Händen hielt. Sofort machte ich mich auf den Weg zur Gemeinde, ausgestattet mit meinen alten Ausweisen, dem Beschluss und neuen Passfotos – die waren natürlich schon zuvor gemacht worden.

Zu meiner Überraschung war die Gemeindemitarbeiterin weniger euphorisch, sie wollte meine neue Geburtsurkunde haben, die es natürlich noch nicht gab. Ich glaubte, die würde durch das Standesamt meines Geburtsortes angefordert, das den Beschluss vom Amtsgericht München erhalten hatte. Doch die Wege der Bürokratie sind eben doch mal wieder anders. Erst musste ich die Geburtsurkunde beim Standesamt meines Geburtsortes anfordern, und dann musste ich mit der neuen Urkunde erneut zur Gemeinde gehen.

Gesagt, getan. Mit freundlichem Zureden in Leipzig klappte es auch nicht erst in den avisierten vier Wochen, sondern innerhalb einer Woche. Wieder auf der Gemeinde, die neue Geburtsurkunde stolz in Händen, ging dann alles fast klar. „Fast" aus dem Grund, weil man dort dann dennoch den Beschluss des Gerichtes sehen wollte, obwohl genau auf dessen Grundlage ja die neue Urkunde ausgestellt war. Mann/Frau muss wohl nicht alles verstehen, was Behörden, oder deren Mitarbeiter sich so denken oder auch nicht denken …

Die Tatsache, eine neue Geburtsurkunde erhalten zu haben, irritiert mich noch immer ein wenig. Klar freute ich mich sehr, als ich sie in den Händen hielt. Sie war ein weiterer Meilenstein auf dem Weg, und der brauchte ab und an positive Ereignisse und Bestätigungen. Doch nach einigen Tagen fragte ich mich, wieso ich eigentlich eine neue Geburtsurkunde brauchte? Meine Identität, also mein Personenstand oder mein Geschlecht und mein Vorname wurden geändert, aber das änderte doch nicht nachträglich die Tatsache, dass ich offensichtlich mit männlichen Merkmalen geboren wurde und daher von meinen Eltern einen männlichen Vornamen erhielt? Ich war doch die gleiche Person und hatte nur endlich den Weg gefunden, mich meinem gefühlten Ich, nein besser, meinem wirklichen Ich im gefühlt falschen Körper anzunähern. Ja, ich war jetzt Frau Ulrika Schöllner, aber im Geburtsmoment sah das anders aus. Wieso sollte das auch geändert sein?

Ich kenne den Hintergrund dieser Gesetzgebung, ich kann sie auch gedanklich nachvollziehen, aber für mich ist das Ganze irgendwie surreal. Erlassen wurde dieses Gesetz zum Schutz von trans* Personen . Es soll sie davor schützen, dass sie ihre Vergangenheit wieder einholt, dass weniger verständnisvolle Zeitgenossen herausfinden, dass diese Person früher einmal ein anderes Geschlecht hatte. Für viele trans* Personen ist das sehr wichtig, denn es gibt leider genügend Beispiele, die zeigen, dass trans* Personen immer wieder zurückgeholt wurden in ihr altes Leben und mit erheblichen Nachteilen zu kämpfen hatten, meistens im beruflichen Umfeld.

Gerade musste ich meinen Lebenslauf für eine mögliche berufliche Veränderung aktualisieren. Da war sie nun, die Fälligkeit der Entscheidung, was ich damit in diesem Kontext tun sollte. Die allgemeine Empfehlung ist, den Lebenslauf ganz auf die neue Identität umzuschreiben, quasi so zu tun, als wäre man schon immer im aktuellen Personenstand. So fing ich also an, die Etappen meines Lebenslaufes (heute eher CV genannt) umzuschreiben. Aus „Berater“ wurde „Beraterin“, aus „Techniker“ wurde „Technikerin“ usw. Schwierig wurde es bei der Armeezeit. Frauen gab es damals so gut wie nicht in der Armee, das wäre also eigenartig gewesen. Also verlängerte ich meine Berufsausbildung und mein späteres abgebrochenes Studium um diese Zeit. Doch all das fühlte sich nicht gut an, es war wie eine nachträgliche Manipulation meines Lebensweges, so als müsse ich etwas verbergen.

Ich schickte den Lebenslauf dennoch derart manipuliert ab und erwartete das avisierte Telefongespräch mit der Headhunterin. Es kam, wie es kommen musste. Irgendwann im Gespräch kam es zu einem Punkt, an dem ich nicht unsinnig lügen wollte über mich. Wegen der anstehenden GaOp würde ich zum Jahreswechsel 2017/18 etwa zwei Monate Auszeit nehmen. Genau in den Zeitraum fiel aber der erwünschte Wechsel. Es kam die Frage, ob ich das nicht verschieben könne. Jetzt hätte ich mir was ausdenken müssen, zumal in meinem

Lebenslauf bereits 2015 wegen der Pflege meiner Großmutter eine Auszeit vermerkt war, die prinzipiell ein eher mulmiges Gefühl bei Headhuntern und Personalberatern hinterlässt. An dem Punkt überlegte ich einen Moment und erzählte der Dame dann doch den realen Grund für die geplante Auszeit. Natürlich war das kein Problem für sie, aber ich war sehr froh, jetzt offen und direkt gewesen zu sein und mich nicht in eine völlig unnötige und absurde Geschichte verstrickt zu haben. Sie meinte, das erlebe sie öfters, die Probanden kämen dann meist mit der Ansage, die Firma müsse schon offen sein, weil …

So beschloss ich, den Quatsch mit dem manipulierten Lebenslauf wieder zu lassen. Mein Leben begann als „Mann" und jetzt war ich eben endlich die Frau, die ich immer sein wollte – Punkt! In meinem Lebenslauf steht heute auch der vollzogene Wechsel meines Personenstandes, so wie jeder Jobwechsel auch – und das fühlt sich gut an, denn das bin ich!

Doch ich weiß, dass ich mit dieser Sicht ziemlich allein stehe in den Kreisen der trans* Personen. Ich habe mal in einem entsprechenden Internetforum zum Besten gegeben, dass ich den Sinn einer neuen Urkunde, die Tilgung quasi des bisherigen Lebens, für eigenartig halte, und meine Sicht für eher den „normalen" Weg. Na, da hatte ich was getan! Eine Welle der Entrüstung, ein Shitstorm brach über mich herein. Da war alles dabei, nur fast kein sachlicher Beitrag. Sicher waren die meisten der Forumsteilnehmer jüngere Transfrauen, sogar zum Teil viel jüngere, für die sich diese Frage auch ein wenig anders stellt. Sie haben noch keinen langen Lebenslauf als Mann hinter sich, demzufolge auch weniger Spuren als Mann in allen denkbaren Akten, Registern etc. hinterlassen. Sie werden auch alle bisherigen Zeugnisse und dergleichen umschreiben lassen, was für mich in meinem Alter nicht die geringste Bedeutung hat. Wer jedoch viele Jahre seine Spuren auch in der Geschäftswelt, z. B. als Geschäftsführer, Gesellschafter und dergleichen hinterlassen hat – betroffene Firmen sind eventuell gar nicht mehr existent –, der hätte eine gewaltige Aufgabe vor sich, alle diese Spuren zu ändern oder zu tilgen. Teilweise ist das gar nicht möglich. Bei mir ist das zum Teil der Fall, und es interessiert mich herzlich wenig, dass diese Spuren mit meinem alten Namen und Geschlecht existieren.

Und klar, es gibt viele trans* Personen, die ihr bisheriges Leben im falschen Körper mit Ärger, Wut, Frust und Abscheu gegenüber ihrem Sein betrachten und die jede Spur tilgen wollen. Und niemand soll nach der Transition wissen, dass es da eine andere Vergangenheit gab. All das kann ich zumindest teilweise verstehen, und ich akzeptiere die Entscheidung jeder Einzelnen für das Gegenteil meiner Handlung. Die Entscheidung hängt letztlich von vielen Faktoren ab: dem Alter zum Zeitpunkt der Transition, dem Berufsweg, den Erfahrungen im Leben im bisherigen Geschlecht, dem Gefühl zu seiner Vergangenheit und anderem mehr.

Entsetzt war ich jedoch über die Vehemenz der Abweisung meiner Sichtweise als unnormal und absurd. Da war sie wieder, die sichtbare Realität im Umgang mit Fragen der Toleranz, der Sichtweise auf andere Wege und Entscheidungen, die doch so oft im Widerspruch zu der allzeit gern geforderten Toleranz steht. Gerade trans* Personen sind zu Recht ganz vorn dabei, wenn es darum geht, Toleranz einzufordern. Doch allzu oft habe ich erlebt, dass sie ebenso oft selbst ganz wenig Toleranz kennen, wenn sie auf andere Sichtweisen und Handlungen von betroffenen Menschen treffen. Da wird ganz schnell eine ganze Reihe von angeblichen Vorurteilen, Sichtweisen und Meinungen der „normalen" Umwelt gegen trans* Personen wie eine Monstranz aufgefahren, die ihnen angeblich begegnen würden, würden sie so wie ich handeln. Sie vorverurteilen die Umwelt quasi für Sichtweisen, die sie selbst in sich tragen. Wenn man jedoch so durch das Leben und diesen schon besonderen Weg geht, muss man sich nicht wundern, wenn einem genau solche Dinge begegnen. Man erlebt letztlich das, was man selbst ausstrahlt, fühlt und denkt. Wie heißt es doch so treffend und schön:

- Was man denkt, das fühlt man …
- Was man fühlt, das strahlt man aus …
- Was man ausstrahlt, das zieht man an …
- Was man anzieht, das begegnet einem …
- Und das Gleiche wieder von vorn …

Es ist also am Ende die Art ihres Umganges mit sich selbst und dem Thema, es ist eine Frage von Selbstwert und dem eigenen Standing.

Wenn man damit im Reinen ist, dann werden einem auch kaum all diese Vorurteile, Ablehnungen und andere negative Erscheinungen begegnen.

Auch meinem Psychiater erzählte ich von meiner Entscheidung, meinen Lebenslauf nicht umzuschreiben, sondern nur um die Tatsache der Personenstands- und Vornamensänderung zu ergänzen. Denn auch er erzählte mir einst zu diesem Thema davon, dass trans* Personen ihren Lebenslauf im neuen Geschlecht halten sollten. Er hörte interessiert zu und bescheinigte mir anschließend Mut ob dieser Entscheidung, die aber andererseits genau zu mir passe.

Ich hörte nicht zum ersten Mal, dass ich angeblich mutig sei auf meinem Weg, egal, ob beim Firmenouting oder jetzt. Ich finde es nicht besonders mutig. Es ist für mich eine Frage der Authentizität, Geradlinigkeit und Offenheit. Das kam bisher immer am besten beim Gegenüber an, egal, wann, wie und wo es war. Es macht es dem Gegenüber vielmehr sogar leichter, mit dem Thema umzugehen, denn damit nimmt man ihm die Unsicherheit, die oft vorherrscht. Man baut praktisch eine Brücke, über die die Menschen viel leichter gehen können, und ich blieb mir dabei immer treu. Zu sehen oder zu fühlen, wie ich mit meiner Offenheit anderen Menschen den Weg zu mir öffne, ihnen Befangenheit nehme und damit den Weg bereite für einen entspannten Umgang mit dem für manche Zeitgenossen schwierigen Thema – besonders in der Übergangszeit, in der man an vielen Stellen den Mann optisch noch erkennen kann –, das bereitet mir zudem Freude. Es ist einer der Aspekte auf dem Weg, der diesen Weg dann doch besonders macht, und mir zeigt, wo ich stehe.

Doch zurück zu den Dokumenten. Nach Erhalt der Geburtsurkunde für den neuen Personalausweis und Pass konnte es dann also losgehen. Ich hatte eine Datei mit allen in Frage kommenden Behörden, Versicherungen und anderen Institutionen angelegt, die es anzuschreiben galt. Es waren insgesamt 29 Briefe. Bis auf zwei Ausnahmen lief alles völlig reibungslos. Nur Lufthansa und Miles & More beharrten auf einer neuen Unterschriftsprobe, obwohl sich daran nichts geändert hatte, es blieb bei „U.Schöllner". Eigentlich recht banal, aber daran hing meine wichtigste Kreditkarte. Im Nachgang taten sich dann noch viele weitere Stellen auf, bei denen mein Personenstand und Vorname zu ändern war, vor allem Onlineadressen und -portale. Die Vornamensänderung war bei den meisten noch relativ einfach, beim Geschlecht wollten viele dann aber doch die Ausweiskopie oder den Gerichtsbeschluss sehen. Manche schafften auch einen „Herr Ulrika“ …

Fallstricke der Psyche

Lange Zeit auf meinem Weg habe ich mich für eine taffe und starke Person gehalten, und ich war fest davon überzeugt, diesen Weg recht locker zu meistern. Die teils heftigen psychischen Probleme und Irrwege einiger trans* Personen konnte ich absolut nicht nachvollziehen. Es soll sogar trans* Personen geben, die glauben, ihre vorhandenen Probleme damit lösen zu können, indem sie in eine neue Identität schlüpfen. Ich kenne selbst einen solchen Fall. Heute würde sie den Weg am liebsten rückwärts beschreiten.

Doch zurück zu mir. Wie ich schon beschrieben habe, kam ich nur schwer mit meinem Psychologen unter einen Hut, weil ich glaubte – damals stimmte das auch –, keine Probleme zu haben. Doch auch ich war nicht frei von Zweifeln und Problemen, die sich auf diesem Weg ergaben.

Sich immer wieder zu hinterfragen, ob eine getroffene Entscheidung auch wirklich die richtige gewesen ist, eventuell nicht doch Zweifel daran bestehen, ist ganz sicher eine gesunde Herangehensweise. Dies hatte ich mir auch fest vorgenommen bis zum Point of no Return, der erfolgten GaOp, oder schon einen Schritt früher, bevor die HRT der männlichen Libido den Garaus gemacht hätte. Bei dieser gelegentlichen Hinterfragung, den selbst aufgestellten Zweifel, kam ich jedoch immer ganz schnell an den Punkt, an dem alles für mich im Lot war – ich wollte diesen Weg konsequent weitergehen. Es war weder eine Laune noch ein Fetisch. Ich fühlte mich als Frau und wollte ganz Frau sein. Daran hat sich bis heute nichts geändert. Doch es gab einen Punkt, an dem urplötzlich massive Zweifel aufkamen, ich plötzlich alles in Frage stellte und mich etwas darin verlor.

Wie bereits im Kapitel „HRT" beschrieben, war ich im Sommer 2017 plötzlich Diabetikerin geworden. Das war nicht nur rein medizinisch relativ ungewöhnlich, das hatte auch heftige psychische Auswirkungen auf mich in meinem Prozess. Das soll hier keine Fortführung als Krankenbericht werden, es soll nur die Situation beleuchten, in die ich schlagartig völlig unvorbereitet rutschte.

Wobei – so ganz richtig ist das gar nicht. Bereits die Wochen zuvor stellte ich an mir Veränderungen fest, die mich sehr verunsicherten, mich richtig irritierten. Der Gewichtsverlust war ja schön, aber fand nicht – wie fast immer – an den Wunschstellen statt. Die erzielten Fortschritte der Feminisierung verflogen zusehends, mein Gesicht wurde wieder markanter, ja leider wieder männlicher. Den weicheren Zügen, die sich gebildet hatten, wurde das Fett entzogen, und im Spiegel schaute mich zunehmend wieder ein Mann an. Das fühlte sich ganz schlimm an, alles Erreichte war scheinbar dahin. Dazu kam der üble Bartschatten. Beides zusammen ergab für mich ein schlimmes Bild, das mich an allem zweifeln ließ.

Ich hatte anfänglich keine Erklärung dafür. In der Klinik setzte sich das verstärkt fort. Jeder Blick in den Spiegel ließ mich mehr den Mann, nicht Ulrika erblicken. Mit der Diabetesdiagnose brach dann eine kleine Welt für mich zusammen, starke Zweifel kamen auf. Plötzlich war ich nicht mehr Ulrika, die alle für zehn Jahre jünger hielten – den Mann zuvor auch –, sondern fühlte mich schlagartig alt. Was macht der ganze Prozess noch für einen Sinn, wenn ich jetzt Diabetikerin bin und mein Leben lang Insulin spritzen muss? Was bleibt denn übrig von Ulrika? Was habe ich noch davon, wozu der ganze Aufwand für den Weg zu Ulrika? Ich dachte ernsthaft einige Tage daran, alles hinzuwerfen und den Weg abzubrechen. Zwar hatte ich mich doch ziemlich schnell an die Tatsache gewöhnt, jetzt Diabetikerin zu sein – das Spritzen machte mir wenig aus, das hatte ich schnell intus –, doch im Kontext meiner Transidentität war ich in ein tiefes schwarzes Loch gefallen.

Auch meine Ausstrahlung litt darunter extrem, ich fühlte mich nicht nur schrecklich, ich wirkte offenbar auch auf Fremde trotz Frauenfrisur und Frauenkleidung wieder oft als Mann. Während im Bekanntenkreis wohl alle Rücksicht nahmen, war das bei Fremden natürlich nicht der Fall, und ich hörte wieder öfters die deprimierende Anrede „Herr“. Viel stärker als erwartet, hatte ich plötzlich seelisch damit zu kämpfen. Es war jedes Mal ein Stich mitten ins Herz – ganz der Effekt, vor dem mich der Psychologe gewarnt hatte.

Es ist schwer zu beschreiben, wie sich das anfühlt, ganz besonders, wenn andere Menschen anwesend sind. Das Selbstverständnis als Frau ist in nur einem Sekundenbruchteil zerstört. Völlig konsterniert schaute ich dann vorsichtig um mich herum, um die Reaktionen der anderen Menschen aufzufangen. Das ist eigentlich völlig absurd, aber in dem Moment bricht ringsum alles ein. Ich fühlte so etwas Ähnliches wie Scham oder sich ertappt fühlen – alles fühlte sich plötzlich wie Maskerade an. In besonderen Fällen folgte dem gar ein kleiner Schweißausbruch – einfach ein hässlicher Moment.

Erst einige Zeit später wurde mir jedoch bewusst, dass es nicht nur mit dem Diabetes zusammenhing, das war nur der Gipfel des Eisberges. Schon längere Zeit hatte sich viel mehr in mir geändert, was mir nicht wirklich aufgefallen war, jedenfalls nicht wirklich bewusst wurde. Ich hatte kaum noch andere Themen als meine Transidentität. Andere Interessen waren klammheimlich in den Hintergrund getreten oder ganz verschwunden. Ich drehte mich zunehmend um mich und meine Transidentität, war gefangen in dieser Welt meines Weges zu mir als Frau.

Auch die Arbeit rückte immer weiter in den Hintergrund. Es war nicht nur die durch den Zucker ausgelöste Konzentrationsschwäche, es war ein schwindendes Interesse an der Arbeit allgemein, sie machte mir schon länger keinen Spaß mehr. Sie erfüllte nur noch den Zweck der Geldbeschaffung für meinen Lebensstil und die anstehenden Operationen. Mir fehlte zunehmend der Antrieb und die Motivation für alles um mich herum.

All das waren Anzeichen für eine Depression und gleichzeitig für eine gewisse Egozentrik. Es war keine manische Depression, aber ein durchaus beängstigender Zustand für einen Menschen wie mich, der sein Leben lang „funktionierte“, alle Probleme beiseiteschob, zumindest glaubte, es getan zu haben, sich für stark hielt und auch von seiner Umwelt dafür gehalten wurde.

Nun ist es nicht so, dass all das einer prinzipiell überzogenen Sicht auf mich selbst entsprang. Ganz ohne Zweifel beansprucht dieser Prozess sehr viel Zeit und Energie. Niemand trägt einem die Informationen für diesen Weg nach, niemand kann einem das zwingend nötige Recherchieren und Sammeln von Fakten und Wissen über die Operationen, deren Methoden und Probleme abnehmen, niemand zeigt einem den besten Weg. Das erfordert definitiv immens viel Zeit und Aufmerksamkeit. Dass dabei andere Dinge auf der Strecke bleiben, ist ganz sicher nicht ungewöhnlich. Ich habe mich z.B. monatelang intensiv mit der GaOp, den Methoden und den Ärzten auf der Welt beschäftigt, hatte schon einen Termin, habe ihn wieder storniert und eine andere Methode bei einem anderen Arzt ausgesucht. Flüge wurden gebucht, wieder storniert und neu gebucht. Nie war ich sicher, ob ich die richtige Entscheidung getroffen hatte, schaute weiter nach allen verfügbaren Informationen, Berichten und Kommentaren zu Ärzten und Methoden.

Der Grund ist recht einfach. Nichts erwartet wohl jede Transfrau sehnlicher als ein optimales Ergebnis der GaOp, und dabei gibt es nur eine Chance. Ist die vertan, wird es ganz schwierig – ein endloser Leidensweg durch Korrekturen und nachbessernden OPs steht an. Für diese eine Chance muss also alles passen. Dabei ist die Faktenlage höchst verworren. Es gibt unzählige OP-Berichte, es scheint ziemlich klar, welche Ärzte positiv, welche Ärzte eher negative Schlagzeilen machen. Doch ebenso klar ist, dass die meisten Patienten gern positive Erfahrungen berichten. Doch wer berichtet schon gern öffentlich von einem Desaster? Wer gibt öffentlich zu, dass seine Neovagina oder sein Penis eher etwas mit Genitalverstümmelung als einem guten Ergebnis zu tun hat? Das machen verständlicherweise nur wenige, und denen gehört mein ganzer Respekt.

Es gibt in Deutschland nur ein Internetforum („Transsexuelle und Angehoerige", (2)), in dem nur durch und für Betroffene ausführlich derartige Informationen ausgetauscht werden, in dem auch Fotos von OPs offen gezeigt werden. Aber es ist aus den genannten Gründen nur eine halbe, eine selektive Wahrheit. Also ist man gezwungen, überall nach zusätzlichen Infos und am besten nach realen Menschen zu suchen, die bereit sind, über ihr Ergebnis zu reden und es bestenfalls auch zu zeigen.

Zu den rein medizinischen Dingen kommen die massiven bürokratischen, viel Zeit raubenden Probleme mit den deutschen Krankenkassen. Eigentlich ist klar geregelt, was sie zu bezahlen haben und was nicht, so glaubt man. Ich wurde allerdings eines Besseren belehrt. Es gibt dabei große Unterschiede zwischen den Kassen, vom Unterschied zwischen gesetzlich versichert und privat versichert ganz zu schweigen. Mit allen möglichen und auch unmöglichen Argumenten und Tricks versuchen manche gesetzlichen Kassen, sich der Pflicht zur Zahlung zu entziehen. Dabei verfahren manche Kassen nach dem Prinzip, die Patienten so lange hinzuhalten, bis diese aufgeben und alles selbst bezahlen. Einige Kassen treiben es so weit, berechtigte Forderungen abzulehnen, den Widerspruch ebenfalls abzulehnen und es auf eine Klage vor den Sozialgerichten anzulegen. Dabei werden alle Fristen bis aufs Äußerste ausgereizt. Da geben dann schon manche Patienten genervt auf und zahlen selbst.

Erschwerend kommt der Umstand hinzu, dass die Kassen nur deutsche Kliniken zahlen und ihre Leistungen dabei auf Kliniken einschränken, mit denen sie Verträge haben. Man muss aber wissen, dass die meisten Ärzte, die in diesem Bereich akzeptable Ergebnisse erzielen, nicht in Deutschland angesiedelt oder eben keine Vertragsärzte der Kassen sind. All das erfordert viel Zeit und Nerven, dazu noch eine Menge Geld. Es ist also nichts Exotisches, wenn man dabei andere Dinge vernachlässigt.

Doch das ändert nichts daran, dass ich mich dabei etwas verloren habe. Es gab Phasen, da fühlte ich wieder die alte Kraft und Energie in mir, aber dem folgten zugleich wieder Momente, in denen ich mich verlor, in denen bei der Arbeit die Gedanken abschweiften und Ablenkung suchten. Niemals in meinem Leben fiel mir eigenständiges Arbeiten so schwer wie in dieser Zeit – das war etwas völlig Neues für mich. Es war ein Auf und Ab der Gefühle und Zustände.

Feminisierende und geschlechtsangleichende OPs

Wir können es drehen und wenden wie wir wollen. Ab einem bestimmten Alter, das natürlich von Mensch zu Mensch schwankt, wird es ohne feminisierende Eingriffe in den Körper nicht gehen, wenn das Äußere dem gefühlten Geschlecht weitgehend entsprechen soll. Ausnahmen gibt es natürlich auch.

Die prägnantesten männlichen Merkmale, die sich im Zuge der Pubertät herausbilden und sich im Leben noch verfestigen, sind

- die Stirn,
- die Nase,
- der Haaransatz,
- der Adamsapfel und die Stimme,
- die Kinn- und Kieferpartie,
- die Brust,
- die Schultern,
- der Rücken und
- die gesamte Muskulatur.

Im Zuge der HRT kann und wird sich einiges davon verändern. Das trifft für beide Richtungen der Transition zu:

- Mann zu Frau: Die Hautstruktur wird sich ändern und weicher werden, die Körperbehaarung wird zurückgehen, die Muskeln bauen sich teilweise ab, besonders am Oberkörper und an den Armen. Die Brust bildet sich, manchmal bis Körbchengröße B.
- Frau zu Mann: Die Hautstruktur wird grober, Körper- und Barthaarwuchs setzen ein. Ein Muskelaufbau ist leichter möglich und die Stimme wird tiefer.

Doch damit ist das Ende der Fahnenstange auch erreicht. Von einem wichtigen Aspekt abgesehen: Die rein physischen äußeren Merkmale sind das Eine. Ganz entscheidend ist jedoch die Frage der Ausstrahlung. Wie wird so treffend gesagt: „Wahre Schönheit kommt von innen." Das eigene Selbstbewusstsein, die innere Ausgeglichenheit, das Annehmen der eigenen Besonderheiten sind wesentliche Faktoren in der Außenwirkung. Das erlernen spezieller geschlechtsspezifischer Verhaltensmuster ist ein ebenso entscheidender Aspekt. Das tollste Aussehen nutzt in der Außenwirkung nichts, wenn Frau in ihren High Heels nicht laufen kann, wenn die Gestik eher zum Stammtisch passt und der Rülpser weiter gepflegt wird. Umgekehrt gilt das ebenso. Niemand wird als Mann betrachtet werden, wenn er weiter wie eine Frau läuft und auch seine sonstigen Bewegungen und Verhaltensmuster weiblich bleiben. Selbst der beste Chirurg kann all das nicht ersetzen.

Sehen wir von speziellen körperlichen Besonderheiten der Betroffenen ab, so gibt es für mich fünf körperliche Hauptbaustellen für Transfrauen, nämlich

- das Gesicht,
- den Bart,
- die Brust,
- die Stimme und den Adamsapfel sowie
- das Genital.

Es ist ganz wichtig, sich viel Zeit für eine Entscheidung zu einer potentiellen Operation zu nehmen.

Das Gesicht

Gerade im Gesicht gibt es durch die HRT oft geringe Veränderungen, die jedoch das Erscheinungsbild stark beeinflussen. Die Züge werden etwas weicher, leichte Zeichen von geänderter Fettverteilung lassen sich erkennen. Das reicht zwar dazu aus, dass im Bekanntenkreis Menschen, die genauer hinschauen, erkennen, dass sich da was ändert. Doch an den Grundstrukturen des männlichen Kopfes ändert sich natürlich nichts, es bleibt ein männlich-markantes Gesicht. Die Prozesse der männlichen Pubertät lassen sich nicht einfach mit Hormonen rückgängig machen. Dazu sind medizinische Eingriffe zwingend nötig, und das umso mehr mit höherem Alter.

Ich hatte kaum mit der HRT begonnen und stand ganz am Anfang, da bin ich schon bei den ersten Chirurgen, die sich auf „Facial Feminization Surgery" (FFS) spezialisiert haben, zu Konsultationen erschienen. Das Urteil aller Befragten war ziemlich eindeutig. Verändert werden müssten Stirn (inklusive Haaransatz), Nase, Kinn/Unterkiefer und Oberlippen. Anschließend wäre ein Facelift nötig, um die überschüssige Haut zu entfernen. Kostenpunkt: zwischen 20.000 und 30.000 Euro. Ist doch Pillepalle, wenn's schön macht, oder?

Nach zwei Konsultationen und weiteren Recherchen nach dem geeignetsten Chirurgen hatte ich auch schon einen Termin fixiert und eine Anzahlung geleistet. Im Dezember 2016 sollte die Gesichts-OP in der 2pass Clinic (10) in Antwerpen stattfinden. Dort hat man sich ausschließlich auf Schönheits-OPs für Transfrauen spezialisiert. Ich hatte mir die Klinik angeschaut und mit beiden Ärzten Konsultationen geführt. Der zweite Arzt war für den Brustaufbau zuständig.

Stattgefunden hat die OP nicht. Je öfter ich in den Spiegel schaute, umso mehr kamen Zweifel daran, dass die OP zu dem Zeitpunkt richtig und klug wäre. Ich hatte mich mit meiner Nase abgefunden. Die ist jetzt nicht plötzlich zur Schönheit mutiert, aber sie passt zu mir und hat keinerlei Fehlbildung. Kinn und Unterkiefer weisen die männlichen Merkmale durchaus auf, aber ist wirklich eine OP nötig? Es kam die Befürchtung auf, dass beim Blick in den Spiegel nicht mehr ich, sondern ein Kunstobjekt sichtbar würde, und das durfte nicht sein. Ich will ich bleiben. Einzig die Stirn blieb die ganze Zeit ein Thema. Die typischen „Neandertaler-Höcker" der männlichen Stirn mit der darüber liegenden Innenwölbung, dem männlichen M-Haaransatz mit den klassischen Geheimratsecken und die kantigere Kopfform sind schon ein schwerwiegendes Merkmal des männlichen Gesichts. Wann auch immer, das wollte ich operativ ändern lassen.

Doch vorerst hatte ich die anstehende OP abgesagt und schweren Herzens auf die geleistete Anzahlung verzichtet, es fühlte sich einfach nicht gut an, es war für mich zu früh. Das änderte nichts daran, dass mich gerade die Stirn oft ärgerte beim Blick in den Spiegel. Ich entschied mich also dazu, mir noch ein wenig Zeit zu lassen und später neu zu entscheiden.

Seitdem war wieder ein Jahr vergangen, und erneut war eine OP im Gesicht geplant. Diesmal sollte sie in der Olmec -Klinik in Delhi stattfinden, ebenso wie die GaOp. Und wieder bröckelt die wilde Entschlossenheit mit fortschreitender Zeit. Diesmal sollten es noch die Stirn, der Kinn- und Unterkieferbereich und eventuell der Wangenknochenbereich sein. Was lässt mich erneut zweifeln? Es ist die prinzipielle Frage, ob es nötig sein wird, ob ich es brauche, um mich selbst beim Blick in den Spiegel als Frau zu sehen, aus dem heute doch oft – auch tagesformabhängig – etwas Männliches zurückschaut.

Gerade der Eingriff an der Stirn ist doch etwas Heftiges, fast etwas Martialisches. Egal, für welche Varianten der Stirnkorrektur ich mich entscheide, die Haut wird an der Haarlinie aufgeschnitten und bis zu den Augenbrauen heruntergezogen. Sicher bin ich mir nur bei Kinn und Unterkieferpartie, dort ist auch der Eingriff längst nicht so wild. Bei der Stirn wird wohl das Gleiche gelten wie bei der GaOp, ich werde über einen Eingriff erst im letzten Moment nach dem Vor-Ort-Gespräch mit dem Chirurgen entscheiden. Ob das gut sein wird, weiß ich nicht, aber im Moment weiß ich keinen anderen Weg.

An dieser Stelle mache ich einen großen Sprung. Ich bin mit diesen Vorbehalten und Gedanken im Dezember 2017 nach Indien geflogen. Was dort geschah und wie ich mich entschied, das lesen Sie im Kapitel „Die geschlechtsangleichende OP“. Nicht weil ich mein Gesicht nun plötzlich als Geschlechtsteil sehe, sondern weil die Entscheidung für oder gegen die OP im Kontext der GaOp erfolgte und sich dieser auch unmittelbar anschloss.

Was in Sachen Gesichtsfeminisierung richtig und falsch ist, ob es eher früher oder später besser ist, kann ich nicht allgemein beantworten. Das muss jeder Mensch für sich entscheiden. Das hängt von so vielen Faktoren ab. Hier spielt auch die psychische Konstellation eine große Rolle.

Der Bart

Was halten Sie für eine der größten Auffälligkeiten einer Transfrau, auch wenn sie noch so gut geschminkt ist? Richtig – sofern gut ausgeprägt, der Bartschatten im Gesicht. Selbst nach einer perfekten Rasur ist ein dunkler Bartschatten im Gesicht weithin sichtbar und kennzeichnet die betreffende Person sofort und unmissverständlich als Mann in Frauenkleidern. Nichts ist schlimmer für eine Transfrau!

Was wäre also die logische Konsequenz daraus? Sie ahnen es wahrscheinlich – der Start der Barthaarentfernung sollte zu den ersten Schritten gehören. Es ist sowieso eine langwierige und schmerzhafte Angelegenheit und kann sich durchaus über zwei bis drei Jahre hinziehen. Doch weit gefehlt – was interessieren die Kassen schon Vernunft, Logik und Patientenwohl. Auch für mich war das sofort nach dem Start meiner eigenmächtigen Hormonbehandlung der zweite logische Schritt. Ich startete die Entfernung der Barthaare in einer darauf spezialisierten Praxis und beantragte zeitgleich auf Anraten der Betreiberin die Kostenübernahme bei der Krankenkasse.

Die böse Überraschung folgte prompt. Die Krankenkasse hat mich quasi ausgelacht und gezeigt, wo der bürokratische Hammer hängt. Die zwingende Reihenfolge für die Kassen ist festgelegt in der „Richtlinie des GKV-Spitzenverbandes zur Sicherung einer einheitlichen Begutachtung nach Paragraf 282 Absatz 2, Satz 3 SGB V" (1):

1. Die Diagnose wurde durch einen Psychiater/Psychologen anhand der diagnostischen Kriterien überprüft und gesichert.
2. Komorbiditäten (insbesondere psychische) sind ausreichend stabilisiert bzw. ausgeschlossen.
3. Die Behandlung beim Psychiater/Psychotherapeuten wurde nachweisbar in ausreichender Intensität und Dauer durchgeführt (in der Regel mindestens zwölf Monate) und der Therapeut ist zu dem klinisch begründeten Urteil gekommen, dass die genannten Ziele der psychiatrisch-psycho-therapeutischen Behandlung hinreichend erreicht sind.
4. Der Patient hat das Leben in der gewünschten Geschlechtsrolle erprobt (Alltagstest in der Regel mindestens zwölf Monate).

5. Die gegengeschlechtliche Hormonersatztherapie erfolgt, soweit sie nicht medizinisch kontraindiziert ist. Kontraindikationen sind im Gutachten darzulegen.
6. Ein krankheitswertiger Leidensdruck liegt vor.
7. Voraussetzungen und Prognose für die geplante geschlechtsangleichende Epilationsbehandlung sind positiv. Hierzu gehören insbesondere die Abwägung von Kontraindikationen und der Nachweis, dass der/die Versicherte über Nebenwirkungen und Risiken der Epilation umfassend aufgeklärt ist.

Was hatte ich davon zu dem Zeitpunkt vorzulegen? Von den Punkten 6 und 7 abgesehen – Nichts! Hier schlug die Unwissenheit über diese Zusammenhänge brutal gegen mich zurück.

Der große Problempunkt ist die unter Punkt 4 aufgezählte Bedingung, der sogenannte Alltagstest. Was bedeutet dieser konkret? Er zwingt trans* Personen dazu, gerade am Beginn des Prozesses, wenn noch keine angleichenden Behandlungen erfolgt sind, in der neuen Geschlechterrolle in die Öffentlichkeit zu gehen, er zwingt besonders Transfrauen, mit klar erkennbarem Bartwuchs in Frauenkleidern auf die Straße zu gehen. Und das keineswegs nur zur privaten Gaudi, nein auch im Berufsalltag muss die Transfrau diese absurde Bedingung erfüllen. Das ist nebenbei bemerkt nicht nur eine private Entscheidung, sondern erfordert ja auch das Einverständnis des Arbeitgebers, der zusehen und akzeptieren soll, wie z. B. ein Mitarbeiter mit Kundenkontakt plötzlich weiblich gekleidet und gestylt, aber mit erkennbarem Bart, vor die Kunden treten soll. Das ist in vielen Bereichen schlichtweg unmöglich. Nicht alle treffen auf so günstige Job-Umgebungen, wie ich sie hatte. Die Krankenkassen halten jedoch stur an dieser höchst problematischen Vorgabe fest, obwohl sie in ihren eigenen Richtlinien zum Alltagstest den Zusatz stehen haben, dass aus diesem kein Härtetest für den Patienten werden darf. Was jedoch gibt es Härteres, als im Frauenoutfit und gleichzeitig mit erkennbarem Bartwuchs aufzutreten?

In den einschlägigen Foren wird von Betroffenen berichtet, dass sich durch diese Praxis der Krankenkassen große Probleme ergeben können, die bis zum Verlust des Arbeitsplatzes führen. Nicht selten werden so Sozialhilfefälle geschaffen, und die sowieso massive psychische Belastung wird unnötig verschärft. Das kann ganz sicher nicht der Weg und das Ziel eines vernünftigen Umgangs der Krankenkassen mit dem Thema sein! Das grenzt für mich an Diskriminierung und hat schon fast etwas mit seelischer Körperverletzung zu tun.

Ich kann an dieser Stelle aus meiner Erfahrung heraus nur zu einem flexiblen Umgang damit raten. Was meine ich damit? Wie an anderer Stelle schon erwähnt, ist der abrupte Übergang vom männlichen zum weiblichen Auftritt besonders im Berufsleben wahrscheinlich nur selten die optimale Variante. Hier sollte man zusammen mit seinen Vorgesetzten nach Wegen suchen, die allen Beteiligten gerecht werden. Zum begleitenden Psychiater sollte man möglichst in geeignetem weiblichen Outfit erscheinen. Ein paar Fotos aus dem privaten Bereich, die Sie in der Öffentlichkeit im weiblichen Outfit zeigen, sind auch von Vorteil. Niemand wird am Ende einen prüfbaren Nachweis verlangen können, ob Sie diesen Alltagstest auch tatsächlich voll umfänglich nach den theoretischen Vorgaben erfüllt haben. Nur Ihr Psychiater muss davon überzeugt sein, dass Sie diesen Weg ernsthaft mit allen Konsequenzen gehen wollen, ja müssen. Er wird nicht dazu neigen, Ihnen hier unnötige Steine in den Weg zu legen, ihm ist die Problematik des Alltagstest durchaus bewusst.

Ich hatte, wie bereits aufgeführt, kaum eine der Bedingung erfüllt, somit war die Ablehnung konsequenterweise die Folge. Was bedeutete das für den Weg? Für die Entfernung der Barthaare sind durchschnittlich 150 bis 180 Behandlungsstunden nötig. Das ist von Mensch zu Mensch jedoch völlig unterschiedlich, der Bartwuchs kennt zu viele Varianten. In Südbayern betragen die Stundenkosten für solche Behandlungen zwischen 80 und 120 Euro. Das ergibt die stolze Durchschnittssumme von 15.000 bis 20.000 Euro. Die muss eine Transfrau erst einmal übrig haben. Wenn nicht, ergibt sich dadurch ein langer, völlig unnötiger Leidensweg für die Betroffenen, nur geschaffen aus den sinnbefreiten Vorgaben der Krankenkassen.

Welche Möglichkeiten und Methoden gibt es für die Barthaarentfernung? Es gibt prinzipiell die drei Methoden

- Laserepilation,
- IPL-Epilation (Intense-Pulsed-Light-Epilation) und
- Elektro- bzw. Nadelepilation – entweder mit Elektrolyse, Thermolyse oder Blend.

Die Varianten der Nadelepilation möchte ich hier nicht umfänglich beschreiben – da hilft das Internet (z. B. hairxepil.de, dort unter ELEP). Nur so viel: Blend ist eine Kombination aus Elektrolyse und Thermolyse und ist die einzig wirklich effektive Methode bei kräftigem Bartwuchs, denn männliche Barthaare sind eigentlich nicht wirklich Haare, sie sind tief sitzende Borsten! Glauben Sie mir, ich sah sie wöchentlich, und sie saßen bei mir z. B. bis zu fünf Millimeter tief in der Haut. Da sind wir auch gleich bei den beiden anderen Verfahren Laserepilation und IPL-Epilation. Die haben eine ganz entscheidende Einschränkung. Diese beiden Methoden wirken nur bei dunklen Haaren und möglichst heller Haut. Doch selbst bei Erfüllung dieser Voraussetzung sind sie in den meisten Fällen nicht wirklich auf Dauer wirksam. In ganz vielen Fällen kommen die Haare nach mehreren Jahren wieder, die Zeiträume sind völlig variabel.

Aus diesem Grund spricht man bei Laserepilation und IPL-Epilation von „dauerhafter" Haarentfernung, bei Nadelepilation von „permanenter" Haarentfernung – ein kleiner, aber entscheidender Unterschied. „Dauer" ist eben eine Frage der Definition …

Weitere Mankos bei Laser– und IPL-Behandlung sind ein schier unübersehbarer Markt bei den Geräten und die oft kreativen Namen für die angeblichen Besonderheiten der Methoden oder Gerätespezifika. Die meisten im Einsatz befindlichen Lasergeräte sind alles Mögliche, nur keine Lasergeräte. Es sind diverse Modifikationen von IPL-Geräten mit kreativen Namen. Ein echtes Lasergerät darf von den üblichen Praxen gar nicht betrieben werden, denn es erfordert einen gesonderten Laserschutzraum, den ich bisher nirgends gesehen habe, ausgenommen bei Hautärzten. Aktuell liegt ein Gesetzesvorschlag im Bundestag zur Entscheidung, der ab 2019 nur noch Ärzten das Recht zur Laserbehandlung für Haar- und Tattooentfernung einräumen will. Über Sinn oder Unsinn dieses Markteingriffes wird man sich streiten können, besonders darüber, ob er Patientinnen wirklich nutzt oder eher nachteilig für sie ist.

Wer also als Transfrau seinen Bart für immer beseitigt haben möchte, der entscheidet sich am besten von Beginn an für die Nadelepilation. Das spart Zeit und unnötige Kosten, auch wenn neuerdings manche Fachleute eine Kombination von Laser- und Nadelepilation empfehlen, was auch in den neuen „Transsexuellen Richtlinien“ ab Herbst 2017 Bestandteil sein sollte – bis zum jetzigen Zeitpunkt sind sie noch immer nicht bekannt. Die Empfehlung lautet, eventuell vorhandene dunkle Haare erst mittels Laserepilation zu behandeln, und nur die restlichen verbliebenen hellen, grauen und weißen Haare mittels Nadelepilation. Das mag kurzfristig erfolgreich erscheinen, bedeutet im Zweifelsfall jedoch, dass Jahre später erneut eine Haarepilation ansteht, weil die mittels Laser doch nicht permanent entfernten Haare wieder nachgewachsen sind. Will Transfrau das wirklich?

Es gibt einen weiteren Aspekt, der gegen diesen Mix spricht, jedenfalls als pauschale Aussage. Klar, wer dunkle Barthaare hat, einen Bartschatten, selbst direkt nach der Rasur, der will genau das so schnell wie irgend möglich loswerden – ich kann ein Lied davon singen. Leider verursacht die Laserbehandlung auch Effekte an den Haaren, die für die folgende Nadelepilation ungünstig sind. Die Haare werden dünner, brechen leichter und haben eine Neigung, sich zu verformen, sie bilden geradezu Kringel im Haarkanal. Diese Voraussetzungen machen die Nadelepilation extrem schwierig. Ein allgemeingültiges Rezept gibt es also auch hier nicht. Wichtig ist die Behandlung durch erfahrenes Personal, das mit dem Klienten zusammen den optimalen Weg herausfindet. Man merkt, ob eine Behandlerin vor einem sitzt, die tatsächlich kompetent ist. Ich kann nur beschreiben, was im Nachhinein für mich das Beste gewesen wäre:

1. Die Nadelepilation aller hellen Haare (schwarze evtl. ebenso).
2. Wenn die Masse der hellen Haare entfernt ist, ein Schwenk zur realen Laserbehandlung gegen die auffälligen dunklen Haare beim Hautarzt (es darf keine Nadelepilation parallel stattfinden).
3. Wenn die Laserbehandlungen beendet sind, die Entfernung der restlichen Haare via Nadelepilation.

Ein weiterer Aspekt spricht für die Nadelepilation. Die meisten Krankenkassen bezahlen – wenn sie überhaupt zahlen – nur die Elektro- bzw. Nadelepilation, weil es das einzige anerkannte Verfahren zur permanenten (!) Haarentfernung ist. Das galt zumindest bis zum 01.10.2017.

Ganz nebenbei: Dieses Verfahren existiert seit etwa 130 Jahren und seine Wirksamkeit ist unzweifelhaft in vielen Studien belegt. Ich mag mir übrigens gar nicht vorstellen, wie solch eine Behandlung vor 130 Jahren mit der damals zur Verfügung stehenden Technik schmerzte …

Nach der logischen Ablehnung des ersten Antrages stellte ich in dem Moment, in dem alle Richtlinien des MDK erfüllt waren, erneut einen Antrag auf Kostenübernahme. Das große Manko: Alle Behandlungen, die zuvor stattgefunden hatten, würden – auch bei positivem Bescheid – nicht berücksichtigt werden, die musste ich definitiv selbst zahlen. Ich legte dem Antrag alle nötigen Papiere bei und war eigentlich frohen Mutes. Meine Geduld – zur Erinnerung: Ungeduld war mein zweiter Vorname – wurde hart geprüft. Genau zwei Tage vor Ablauf der fünfwöchigen Antwortfrist kam die Antwort – eine erneute Ablehnung.

Und diese Ablehnung hatte es in sich! Mir wurde zwar bescheinigt, dass meinem Antrag prinzipiell stattzugeben sei, aber – und jetzt kommt es – nur bei Durchführung durch einen Arzt! „Arztvorbehalt" nennt man das im medizinischen Fachjargon. Das wäre ja kein Problem, wenn es denn Ärzte gäbe, die diese Behandlung durchführen. Doch die gibt es landauf, landab bestenfalls in Ausnahmefällen. Diese bieten dann für schwere Fälle unter ihren Patienten diese Methode für kleine Stellen und kurze Sessions an, bei denen sie eine Laser- oder IPL-Behandlung durchführen. Die geschätzte Dauer der Behandlung für eine Barthaar-Entfernung läge dann – bei der Vorgabe von etwa 10 Minuten Behandlung pro Woche – bei etwa bei 60 Jahren. Ganz abgesehen davon, dass diese Ärzte keine umfangreichen Erfahrungen haben, da sie die Behandlung nur in Ausnahmefällen einsetzen.

Auf Haarepilation spezialisierte Praxen hingegen machen den ganzen Tag nichts anderes und sind mit der Materie umfangreich vertraut. Schwarze Schafe gibt es sicher auch in dem Bereich, wie überall.

Meinem Widerspruch legte ich ein Dutzend Urteile deutscher Sozialgerichte bei, die alle in diesem Kontext zu Gunsten der Betroffenen geurteilt hatten. Sinngemäß lautet die Begründung so: Bei dieser Sachlage ist von einem Systemversagen auszugehen, welches zu einem Erstattungsanspruch bezüglich der Behandlungskosten bei einem ausreichend qualifizierten nichtärztlichen Behandler führt (z. B. SG Berlin, Urteil vom 15.03.2016 – S 51 KR 2136/13). Dazu legte ich eine Liste von 25 Hautärzten im Umkreis von fünfzig Kilometern bei, die ich selbstverständlich auch alle per Telefon befragt hatte, und die allesamt die Behandlung mittels Nadelepilation verneinten. Zwei waren dabei, die sie für die weiter oben bereits genannten Ausnahmen anboten. Auch meine Anfragen bei der Krankenkasse und der Kassenärztlichen Vereinigung nach Ärzten, die diese Behandlung anbieten, verliefen ergebnislos.

Bereits in der zuvor erwähnten „Richtlinie des GKV-Spitzenverbandes zur Sicherung einer einheitlichen Begutachtung nach § 282 Abs. 2, Satz 3 SGB V“ (1) wird auf diese Problematik hingewiesen und die Ausführung durch spezialisierte Praxen erwähnt. Von Arztvorbehalt ist hier keine Rede. Im Klartext bedeutet das, die Krankenkasse lehnt im Wissen um die Umstände und Rechtslage eine berechtigte Behandlung ab und verweist auf nicht existierende Ärzte.

An diesem Punkt hört für mich jedes Verständnis für Kostenkontrolle und Abwägungen der Kassen auf. Mich hinterließ das schlicht sprach- und fassungslos. In letzter Instanz lehnte dann der Widerspruchsausschuss der Krankenkasse meinen Widerspruch ab. Ab diesem Zeitpunkt liegt ein klagefähiger Bescheid vor. Jetzt kann man die Ablehnung entweder schlucken oder den mühsamen Weg der Sozialgerichtsklage beschreiten. Mühsam deswegen, weil er unendlich zeitraubend ist. Bis zur ersten Verhandlung vergehen in manchen Regionen über zwei Jahre. Von weiteren, eventuell nötigen, Instanzen ganz abgesehen. Diese Entscheidung muss jede für sich selbst treffen. Dafür spricht, dass es endlich mal eine Betroffene schafft, die Klage bis zur höchsten Instanz zu treiben, um das Thema endgültig für alle Betroffenen zu klären. Dagegen spricht aber die Praxis deutscher Gerichte, liebend gern Einzelfallentscheidungen zu fällen oder Vergleiche anzustreben, die wiederum keiner anderen Betroffenen helfen und die Tür zum Bundessozialgericht immer wieder erfolgreich versperren.

Für mich als Betroffene bedeutete das nun, die Barthaarepilation auf eigene Kosten weiterzuführen oder Klage einzureichen und darauf zu hoffen, dass in einigen Jahren ein warmer Geldregen kommt. Ich hatte mich für den Weg durch alle Instanzen der Justiz entschieden, wovon bei positivem Ausgang auch andere Betroffene profitieren würden. Die letzte Option, die keine wirkliche Option ist, lautet zweimal am Tag rasieren und den Bartschatten, speziell der Oberlippe, abschminken. Doch selbst das ist nicht wirklich effektiv, sieht zudem grausig aus und wäre im Sommer dann ganz unmöglich!

Mein Körper wollte beim Thema Bart zu meinem Leidwesen einmal mehr seine sehr gute Regenerationsfähigkeit beweisen. Nach den ersten Epilations-Sessions erschienen die nachwachsenden Haare speziell an der Oberlippe plötzlich pechschwarz! Auf einmal hatte ich selbst frisch rasiert einen dunklen Bartschatten auf der Oberlippe – ich war schockiert. Die Elektrologistin übrigens auch. Auch andere Elektrologistinnen und Hautärzte, denen ich das schilderte, schauten mich eher entgeistert denn wissend an. Offenbar hat die Energie der Elektroimpulse nicht nur eine zerstörende Kraft auf die direkt betroffenen Haarwurzeln, sondern auch eine Wirkung auf die benachbarten, noch nicht degenerierten Haarwurzeln. Möglicherweise werden die Stammzellen durch die Energie der Elektroimpulse bei mir so gut angeregt, dass im Ergebnis diese „jungfräulichen" Haare wachsen. Dazu muss man wissen, dass unser Haarwuchszyklus drei Phasen hat: die anagene Phase – die Wachstumsphase, die katagene Phase – die Übergangsphase und die telogene Phase – die Ruhephase.

Nur bei den sichtbaren Haaren, die sich in der anagenen Phase befinden, ist die Behandlung erfolgreich, bei den anderen Haaren hat die Haarwurzel bereits keinen Kontakt mehr zur versorgenden Papille. Somit kann diese auch nicht degeneriert werden. Das erklärt, warum eine erfolgreiche Haarentfernung über einen sehr langen Zeitraum erfolgt. Die Behandlung kann nicht beliebig oft durchgeführt werden. Die Haut braucht nach jeder Behandlung einige Wochen Erholungspause, andernfalls könnte das zu nachhaltigen Schäden an der Haut führen. Das gilt im Besonderen für die Blend-Methode, die bei unsachgemäßer Anwendung zu einer hässlichen Vernarbung der Haut führen kann. Zudem ist die Behandlung keine Wellnesseinheit, sondern eine schmerzvolle Angelegenheit, die Menschen nur eine begrenzte Zeit ertragen können. Die Empfindlichkeit der Partien im Gesicht ist dabei extrem unterschiedlich, doch definitiv sind Ober- und Unterlippe, speziell am Lippenrand, bei fast allen Menschen extrem sensibel. Bei mir kommt noch die Halspartie hinzu, besonders der Kehlkopfbereich ist ein Horror. Die allgemeine Leidensfähigkeit der Betroffenen ist ebenfalls sehr unterschiedlich und hängt zudem von vielen tagesaktuellen Faktoren ab. So halte ich an manchen Tagen zwei bis drei Stunden aus, an anderen Tagen möchte ich an der gleichen Stelle bereits nach einer Stunde von der Liege springen. Bei einer durchschnittlichen Kapazität der Behandlerin von etwa 350 Haaren pro Stunde und einem durchschnittlichen Haarbefall von 10.000 bis 15.000 Haaren, kann man sich leicht ausrechnen, wie mühsam die ganze Prozedur ist.

Ich hatte zum Glück im zweiten Anlauf eine tolle Elektrologistin (15) an meiner Seite. Sie hat nicht nur ein Händchen für die Epilation selbst und verfügt über ungewöhnliche Sensibilität im Umgang mit Haut und Haar, sondern sie zeigt darüber hinaus über viel Einfühlungsvermögen in die Psyche, die dabei enorm wichtig ist.

Prinzipiell ist es unmöglich, geradezu unseriös, Aussagen darüber zu treffen, wie lange eine Behandlung dauern wird. Die Variablen sind vielschichtig, jeder Mensch hat andere Voraussetzungen, die Methoden und eingesetzten Geräte ebenso vielfältig.

Eine gute erste vorsichtige Einschätzung der Behandlungsdauer für eine Barthaar-Entfernung liegt so etwa bei 140 Std. Oftmals wird das nicht ausreichen. Bei mir schätze ich nach heutigem Stand der Dinge mit einer Dauer von 190 Std. Hier bei der Beantragung etwas behutsam vorzugehen, ist sicher nicht falsch, eine Aufstockung ist in der Regel weniger problematisch.

Merke – wer die Barthaarepilation für eine Banalität hält, der liegt gründlich daneben. Es ist die langwierigste, am meisten unterschätzte und schmerzhafteste Behandlung der gesamten Transition. Die Folgen und Schmerzen einer OP mögen manchmal heftig sein, aber sie vergehen schnell. Die Epilation dagegen verlangt Leidensfähigkeit, Zeit und Ausdauer – und dank der Sturheit vieler Krankenkassen, auch noch viel Geld!

Seit langem versucht eine Gruppe von Ärzten verschiedener Fachrichtungen, (Qualitäts-Zirkel München für Transidentität – Behandler- und Ärztenetzwerk) die Krankenkassen davon zu überzeugen, dass deren Ansichten im Kontext Bartepilation und Alltagstest an Realitätsverweigerung grenzen.

Ihr Vorschlag – den Alltagstest von der Bartepilation zu entkoppeln, und zusätzlich die Laserbehandlung anzuerkennen, damit bei geeigneten Patienten zumindest die dunklen Barthaare schneller entfernt werden können, der Bartschatten verschwinden würde. Die Leidenszeit mit dem erkennbaren Bartschatten wäre deutlich verkürzt.

Recht unerwartet erschien im Sommer 2017 eine Ankündigung, dass die Krankenkassen ab 1.10.2017 die Laserepilation in ihren Leistungskatalog aufnehmen, Laserepilation also eine Kassenleistung wird.

Das weckte mein Misstrauen, denn was bedeutete das jetzt konkret? Fakt ist, die Laserepilation ist viel schneller und daher extrem billiger als die Nadelepilation.

Bisher wurde die Laserepilation abgelehnt, weil ihre umfassende nachhaltige Wirksamkeit bezweifelt wurde – soweit medizinisch nachvollziehbar. Doch was hatte sich geändert, dass die Kassen diese Sicht plötzlich abgelegt hatten?

Richtig – fachlich, also medizinisch-technisch, rein gar nichts! War es also der Versuch, sich um die teure Nadelepilation zu drücken, in dem man plötzlich die Laserepilation bezahlt? Es spricht einiges dafür, dass es so ist.

Das wollte ich wissen, hatte ich doch mit meinem Bartschatten an der Oberlippe zu kämpfen, der Thema für Laserepilation wäre, was zuvor von der Kasse aber abgelehnt worden war. Und tatsächlich, für die Laserbehandlung durch den aufgesuchten Hautarzt waren weder ein Kostenvoranschlag, noch ein Antrag nötig, einfache Abrechnung per Krankenkarte – unglaublich!

Zuvor hat die Kasse, wie weiter oben geschildert, eine riesige Prozedur durchgeführt, durch die ich mich teilweise diskriminiert fühlte, und nun wird plötzlich völlig problemfrei die nur bedingt wirksame Laserepilation bezahlt! Was bedeutet das jetzt konkret?

Wo es sinnvoll ist, darf die Laserepilation durchgeführt werden, und die Kassen zahlen – das ist der positive Aspekt.

Wo es nicht sinnvoll, weil medizinisch mit dem Stand der heutigen Technik unmöglich ist, führt es zu neuen Problemen für die Patientinnen. Mit dem Verweis auf Laser-Epilation wird die Bezahlung der wirksamen Nadelepilation verweigert. Die Patientinnen müssen nun beweisen, dass Laserepilation bei ihrem Haar-/Hauttyp nicht wirksam ist, was zu neuen Gutachten und Kosten führt. Doch die wirksame Alternative Nadelepilation wird im Zweifelsfall zwar genehmigt, durch den absurden Arztvorbehalt jedoch faktisch verweigert. Die ersten Abweisungen durch die Kassen auf dieser Basis sind bereits bekannt, und Gerichtsverfahren bereits anhängig.

Alle Epilationspraxen, die sich auf Nadelepilation spezialisiert haben, verlieren schlagartig einen Großteil ihrer Patienten. Denn durch den Arztvorbehalt für die Nadelepilation, der nicht realisierbar ist, und die gleichzeitige Freigabe der Laserepilation, werden sie praktisch ausgebotet.

Viele Patienten, bei denen Laserepilation prinzipiell möglich ist, werden somit zur Laserepilation verleitet, erzielen scheinbar schnelle Erfolge, um dann festzustellen, dass Jahre später der ganze Spaß von vorn beginnt.

Völlig im Regen stehen jedoch alle Patientinnen mit hellen, rotblonden, grauen bis weißen Barthaaren oder dunklerer Haut, bei denen Laserepilation nicht funktioniert. Für die bedeutet dieses Vorgehen eine neue zusätzliche Hürde auf dem ohnehin mühsamen Weg. Für sie wird der diskriminierende Spießrutenlauf mit Bart und Frauen-Outfit noch länger. Die Kassen (die kassenärztliche Vereinigung) haben also eindeutig gegen die Interessen ihrer Patientinnen entschieden!

Auch ich bin betroffen von dieser Vorgehensweise, da mein Bartwuchs zur Problemgruppe gehört. Nach 110 Stunden Nadelepilation war noch immer ein Bartschatten sichtbar.

Was mache ich nun damit? Ich hatte aufgrund der neuen Praxis ab Oktober 2017 die erste Session Laserepilation bei einem Hautarzt vereinbart. Zum Termin war der Arzt selbst nicht anwesend. Vor der

Behandlung schaute eine Ärztin kurz herein, warf einen Blick auf meine Haut und die Barthaare, und verschwand wieder. Ab jetzt war die Behandlerin allein. Ich stellte ihr einige Fragen zur Methode, dem Gerät und den Erfolgsaussichten. Die Antworten waren ernüchternd. Eigentlich hatte sie vom fachlich-theoretischen Hintergrund der Behandlung kaum eine Ahnung. Welchen Typ Laser sie da bediente, wusste sie auch nicht, sie nannte nur den Firmennamen – der stand ja auf dem Gerät. Zum Kontext „Wechselwirkung Laserepilation versus Nadelepilation" und gebotenen Abständen zwischen den Behandlungen stammelte sie etwas hilflos. Eine Ausbildung zum Komplex „menschliche Haut" hatte sie auch nicht, nur eine Geräteeinweisung durch den Hersteller. Strenggenommen hätte ich aufstehen und gehen sollen. Doch ich wollte ja etwas, und ich hatte zwischendurch am Laserkopf die Bezeichnung Alexandrit-Laser (ein sehr gutes Lasergerät) gesehen – also passend.

Völlig ad absurdum wird hier jedoch der Arztvorbehalt der Krankenkassen geführt. Sicher, eine Ärztin war im Haus. Doch was nützt die der Patientin, wenn die Behandlerin unqualifiziert zu Werke geht und Schaden verursacht? Nichts! Jede Elektrologistin, die ich kenne – und das sind eben keine Ärzte –, weiß mehr über das, was sie da an und mit ihren Patientinnen macht! Es ist letztlich eine Farce, ein Etikettenschwindel, der nur den Hautärzten und ihrer Bilanz nutzt. Die Behandlung selbst war in Ordnung, offensichtlich wusste die Behandlerin doch mit dem Gerät umzugehen, das sei zu ihrer persönlichen Ehrenrettung erwähnt. Doch es geht hier um das Prinzip. Für mein ganzes Gesicht und den Hals hat sie etwa dreißig Minuten reine Behandlungszeit benötigt. Nach acht Behandlungen waren die schwarzen Haare vorerst besiegt. Dieses Vorgehen ist ein fauler Kompromiss zu Gunsten der Ärzte, die nun einen finanziellen Anreiz haben, diese Behandlung anzubieten. So geht Zynismus im Umgang mit Patienten!

Lässt man die Problematik der Kostenübernahme durch die Krankenkassen beiseite, ist die Barthaarentfernung eigentlich das wichtigste und zuerst anzugehende Thema überhaupt. Nichts dauert in dem Prozess länger als die Entfernung dieser so lästigen männlichen Bartstoppeln. Und nichts ist unwürdiger in meinen Augen als der indirekte Zwang durch die Krankenkassen, als Frau mit Bartschatten in die Öffentlichkeit zu gehen. Die Möglichkeiten, die Betroffene haben, um die nötigen Behandlungen auch terminlich mit der Arbeit in Einklang zu bringen, werden sehr unterschiedlich sein. Nicht jede kann pro Woche vier bis sechs Stunden Behandlung stemmen. Die Behandlung kann sich also durchaus zwei bis drei Jahre, oder gar noch länger hinziehen.

Den Standpunkt, dass die Barthaarepilation der erste Schritt überhaupt sein sollte und nicht nach dem sogenannten Alltagstest erfolgen darf, vertreten übrigens auch alle mit dem Thema befassten Psychologen. Doch leider sehen es die Krankenkassen anders, und es ist kein Gesetz in Sicht, das sie zum Umdenken nötigen könnte.

Barthaarentfernung kann, wie an meinen Schilderungen zu erkennen ist, ein sehr mühsamer und holpriger Weg sein. Ich kann nur jeder Transfrau raten, sich von solchen Schwierigkeiten nicht abschrecken zu lassen und konsequent den Weg zu gehen. Wir haben das Recht auf diese Behandlung mit geeigneten Methoden, und niemand sollte sich von den Krankenkassen abwimmeln und einschüchtern lassen, auch wenn es teilweise viel Kraft und Ausdauer erfordert.

Die Brust

Die weibliche Brust war für mich immer eines der Hauptthemen in der Vorgeschichte der Entscheidung für diesen Weg. Oftmals habe ich beim Sex als Mann mit einer Frau davon geträumt, ebenfalls weibliche Brüste zu haben, habe in Gedanken an meinem Körper herabgeschaut und mir vorgestellt, schön geformte Brüste zu haben, habe gesehen und gefühlt, wie sich die Nippel gegenseitig berühren. Diese Vorstellung war erregend. Die Brüste und das weibliche Genital waren die Hauptaspekte meines Neides auf das andere Geschlecht. Was läge also näher, als hier sofort zur Tat zu schreiten? Zumal bei dieser OP, solange ich sie aus der eigenen Tasche bezahle, niemand nach Gutachten und dergleichen fragt. Jeder Mann darf sich eine weibliche Brust operieren lassen, wenn man die Vernunft mal außer Acht lässt.

Die HRT kann zu höchst unterschiedlichen Ergebnissen führen. Manche erzielen in Sachen Brust keinerlei Veränderung, bei anderen bilden sich recht üppige Brüste heraus. Allgemein gilt die Faustregel, dass nach eineinhalb bis zwei Jahren HRT die Angleichungen ziemlich abgeschlossen sind, danach wird sich in den meisten Fällen kaum noch etwas verändern. Doch wie immer kann es Abweichungen von der Regel geben. Bei manchen Frauen setzt z.B. nach der GaOp nochmals Brustwachstum ein. Prinzipiell sollte – und das empfehlen auch Ärzte – ein Brustaufbau mittels Implantaten nicht vor Ablauf von zwei Jahren nach dem Start der HRT erfolgen.

Hier decken sich ausnahmsweise die Vorgaben der Krankenkassen mit den sinnvollen medizinischen Richtlinien. Krankenkassen übernehmen die Kosten für einen Brustaufbau nur, von Besonderheiten mal abgesehen, wenn die Brustgröße nach der HRT nicht mehr als Körbchengröße A erreicht hat. Letztendlich gibt es auch genug biologische Frauen mit kleinen Brüsten, denen auch keine Brustvergrößerung bezahlt wird. Diese Argumentation halte ich hier auch für angemessen, auch wenn dies im Einzelfall immer bedauerlich ist.

Die Alternative zu einem Brustaufbau mit Implantaten ist die Verwendung von Eigenfett zur Vergrößerung der Brüste. Das ist sicher eine hervorragende Variante, wenn schon ein guter Ansatz vorhanden und die Vergrößerung um etwa eine Körbchengröße ausreichend ist. Und – ganz wichtig –, insofern Frau genug Fett zum Fetttransfer zur Verfügung hat! Bei Verwendung von Eigenfett bleiben heute etwa 60 Prozent des Fettgewebes dauerhaft erhalten, wachsen also aufgrund des Vorhandenseins von Stammzellen tatsächlich an. Ich habe das selbst getestet, allerdings nicht an der Brust, sondern am Po. Fett wurde vom Bauch und der Taille abgesaugt und danach am Po injiziert. Da ich wenig Veranlagung zu Fettablagerungen habe, war das Ergebnis mangels Masse nicht ganz so wie erhofft. Aber es bleibt! Ich hatte mich damals für die Park-Klinik Birkenwerder entschieden. Diese Klinik hat sich um das Thema einen hervorragenden Ruf erworben. Ich gehe hier auf diese Thematik nicht weiter ein, da sie nicht unbedingt eine spezielle Sache für Transfrauen ist, wenngleich es hier und da bei genügend eigener Fettgrundlage gute Gründe gibt, diese Methode anzuwenden. Letztlich ist es aber eine normale Vorgehensweise typischer Schönheitskliniken überall im Land.

Zu den Varianten des Brustaufbaus durch Implantate möchte ich hier nur wenig ausführen. Dazu gibt es genug Veröffentlichungen. Und am Ende entscheidet immer der Arzt, welche Variante und welche OP-Methode in Frage kommt. Die drei Varianten für die Platzierung der Implantate sind

- vor dem Brustmuskel (epipectoral),
- hinter dem Brustmuskel (submuskulär) oder
- teilweise hinter dem Brustmuskel (subpectoral – Dual Plane).

Die OP-Methoden sind

- über die Achsel (axillar),
- über den Brustwarzenhof (periareolär) oder
- über den Unterbrustschnitt (inframammär).

Für mich war die Brust-OP im Laufe der Zeit an die letzte Stelle aller wahrscheinlichen OPs gerutscht. Ich wartete die Ergebnisse von zwei Jahren HRT ab und genoss in der Zeit das Heranwachsen meiner zierlichen Brüste. Sowieso war ich hier etwas gespalten in meinen Wünschen und Betrachtungen. Klar – ein schöner Busen und dessen Wirkung in Blusen und Kleidern ist schon ein sehr reizvoller Aspekt. Das wünschte ich mir schon sehr. Weil das aktuell noch nicht so war, war ich mit Kleidern noch sehr zurückhaltend, schaute jedoch immer wieder etwas sehnsüchtig auf schöne Kleider. Das ganz besonders zur Wiesn-Zeit. Ein fesches Dirndl wäre schon was Tolles, aber eben erst mit Dekolleté. Klar, es gibt hunderttausende Frauen, die ebenso wenig Busen und damit Dekolleté haben und die auch darauf warten , dass sich daran etwas ändern könnte. Doch ich war ja sowieso in der Situation, dass Ärzte dabei nachhelfen müssen, aus der Raupe einen Schmetterling zu formen.

Aber da gab es auch noch einen anderen Aspekt. Auch wenn meine Brüste noch klein waren: Wenn ich die Treppen flott herabstieg, dann spürte ich schon jetzt das Wippen der Brüste, was mir zumindest jetzt sehr gefiel. Wie würde sich das erst anfühlen, wenn meine Brüste statt heute etwa knapp Körbchengröße A dann eventuell Körbchengröße C haben würden? Würde das gar zur Belastung bei sportlichen Aktivitäten? Wäre es vielleicht doch keine so gute Idee, auf den Rat der Schönheitschirurgen in Antwerpen und München zu hören, die mir pro Seite etwa 550 Gramm Silikonbusen implantieren wollten, weil das optisch am besten wirken würde? Das wäre übrigens schon fast Körbchengröße D, allerdings unter dem Aspekt, dass die Wirkung bei mir anders wäre, als die gleiche Größe bei einer biologischen Frau. Die Pubertät hat den Männern einen breiteren Oberkörperbau verschafft. Das sind im Durchschnitt mindestens zehn Zentimeter an Umfang. Die gleiche Brustgröße wirkt daher bei Transfrauen völlig anders als bei einer vergleichbaren biologischen Frau. Es bleibt immer ein viel größeres „V“ zwischen beiden Brüsten, und die Brustwarzen haben die Tendenz, stärker nach außen zu zeigen. Mit größeren Implantaten kann das zwar nicht ausgeglichen, aber dennoch etwas verringert werden.

Wahrscheinlich würde ich mich sogar mit kleinen Brüsten abfinden, Millionen biologische Frauen machen das auch. Also wollte ich noch ein Jahr abwarten. Es war jetzt Herbst 2017. Wollte ich die Krankenkasse involvieren, war der früheste Termin sowieso Mai 2018, denn die HRT muss zwei Jahre absolviert sein, bevor die Kassen die Brust-OP eventuell bezahlen. Bis dahin würde die GaOp erfolgt sein, und in deren Folge kann sich nochmals einiges ändern und das Brustwachstum aufgrund der dabei veränderten Hormonsituation nochmals einen Schub erfahren – oder auch nicht. Solange musste Ulrika noch auf ein schickes Dekolleté warten.

Stimme und Adamsapfel

Jenseits aller optischen Unterscheidungen spielt die Stimme eine extrem große Rolle für Transfrauen. Was nützt das tollste weibliche Aussehen, wenn Frau den Mund aufmacht und der/das Gegenüber schlagartig den früheren Mann an der Stimmfarbe und -höhe erkennt. Ich habe das allzu oft erlebt, es ist kein schönes Gefühl.

Der erste Weg, dem Thema zu Leibe zu rücken, ist die Logopädie. Ein mit dem Thema vertrauter Hals-Nasen-Ohren-Arzt (HNO-Arzt) kann die Überweisung für die Behandlung durch den Logopäden ausstellen, was die Krankenkassen im Normalfall anstandslos zahlen. Liegt der Zeitpunkt noch recht früh im Prozess, empfiehlt es sich, dass der HNO-Arzt ein allgemeines Stimmproblem diagnostiziert und die Diagnose Transsexualität nach F64.0 weglässt. So hat es meine HNO-Ärztin ohne Probleme gemacht.

Was kann die Logopädie leisten? Sie kann ganz sicher nicht aus einem Bass einen Sopran zaubern. Sie soll das Stimmspektrum ausloten und nach Möglichkeit einen Weg innerhalb des gegebenen Spektrums zu einer etwas höheren Stimmlage ermöglichen. Entscheidend ist jedoch nicht unbedingt die Höhe der Stimme. Vielmehr geht es darum, die bei Frauen von Natur aus viel stärker ausgeprägte Modulation der Stimme zu erlernen. Frauen spielen quasi mit ihrer Stimme, sie ist Ausdruck ihrer Situation und Stimmung, sie passen sie ihren verbal ausgedrückten Zielen an. Männer haben in der Regel eine sehr monotone Stimme ohne größeres Auf und Ab, ohne Strecken und Ziehen von Wörtern. Frauen sprechen viel variabler. Während ein Mann z. B. sagt: „Ich doch nicht" oder „Ist mir doch egal", hört sich das bei einer Frau so an: „Iiiich doch nicht" bzw. ist „Miiiir doch egal".

Wie immer und überall – die logopädische Behandlung kann erfolgreich sein. Ich kenne eine Transfrau, bei der die Logopädie eine wunderbare weibliche, dabei sehr wohlklingende Stimme hervorgebracht hat. Oftmals wird die Logopädie jedoch nicht ausreichend sein, dann hilft nur ein operativer Eingriff. Ich hatte mir auf Empfehlung eine Logopädiepraxis in München (12) gesucht und dort versucht, das Thema Stimme ohne OP anzugehen. Die ersten Stunden zeigten wohl auch ein wenig Erfolg, obwohl ich selbst das kaum hören konnte. Das ist bei der eigenen Stimme jedoch immer problematisch. Ich muss leider zugeben, dass Logopädie und Sprechübungen Themen sind, die ich für mich nie mit dem gebotenen Fleiß angegangen bin. Die Gründe dafür sind mir selbst unklar. Die praktische Seite, sich die Zeit und den Raum dafür zu nehmen, ist sicher nur ein Aspekt, wenngleich nicht zu unterschätzen. Es geht nicht so easy zwischendrin, es geht nicht im Büro, selbst beim Autofahren ist es schwierig, sich darauf zu konzentrieren. Aber es gibt da wohl noch einen anderen Aspekt, der sich mir zunächst noch nicht zeigte. Nach einer Weile stellte ich fest, dass sich mein Kehlkopf – und damit meine Stimme – immer schlechter anfühlte und nach den

Übungen zunehmend angestrengt wirkte. Zudem fühlte ich eine zunehmende Heiserkeit der Stimme. Ich besprach die Situation mit der Logopädin und entschied mich aufgrund eines Gesprächs für den operativen Eingriff.

Drei Faktoren bestimmen die Stimmhöhe: die Länge, die Masse und die Spannkraft der Stimmlippen – kürzer, leichter und gespannter erzeugt Höhe, das Gegenteil davon erzeugt Tiefe. Die Masse ist nicht änderbar, Spannkraft und Länge dagegen schon. Für den Eingriff gibt es zwei Methoden. Bei der sogenannten Glottoplastik werden die Stimmlippen selbst verkürzt. Bei der Cricothyroidopexie (nach Isshiki) werden die Stimmbänder indirekt über eine Verbindung der Muskeln gespannt, die unsere Stimmlippen steuern. Die Vor- und Nachteile beider Methoden:

- Die Glottoplastik ist eine hoch präzise OP direkt an den Stimmlippen mit den dadurch gegebenen Risiken bei ungenügender Präzision. Dabei muss man wissen, dass die Stimmlippen nur etwa eine Länge in der Höhe einer Fünf-Cent-Münze haben. Etwa ein Drittel wird verkürzt, was mit zwei Nähten auf einem Stück von gerade einmal drei Millimetern geschieht. Der große Vorteil: Es ist eine ambulant mögliche OP, die über den Mund mittels eines Hals-Tubus erfolgt. Der Nachteil: Misslingt die OP, wird die Stimme heiser und kratzig werden. Diese Methode basiert auf den Arbeiten eines Dr. Wendler in der Charité Berlin in den 1990er Jahren und hat seitdem einige Modifikationen erfahren.
- Die Cricothyroidopexie ist ein offener Eingriff über den Hals. Bei dieser Methode werden die beiden größten Knorpel des Kehlkopfes, der Ring- und der Schildknorpel, chirurgisch angenähert. Diese Position der Knorpel wird dann an der Außenseite des Kehlkopfes fixiert. Dadurch kommt es im Kehlkopf zu einer permanenten Erhöhung der Spannung der Stimmlippen. Das Risiko ist bei dieser Methode geringer, jedoch erreicht sie oft weniger gute Ergebnisse. Die Sprechstimme wird zwar höher, verliert dabei aber ihre Variabilität, ihre Möglichkeiten in den tieferen Tönen und dem Singen in höheren Tönen.

Hier steht also ein akustisch besseres Ergebnis mit ambulantem Eingriff und höherem Risiko einem eher bescheideneren Ergebnis bei geringem Risiko und offener OP gegenüber. Über die Methode der Cricothyroidopexie vermag ich nicht viel zu sagen, sie stand für mich nicht zur Debatte. Es gibt jedoch eine Ärztin in Deutschland, die diese Methode weiterentwickelt hat und offenbar recht gute Ergebnisse erzielt – Frau Dr. Hoffmann (13) in Weimar.

Eine optimierte Glottoplastik beherrschen in Deutschland nur ganz wenige Ärzte. Entschieden wird die Qualität und Nachhaltigkeit der OP mit der Weiterentwicklung der Glottoplastik-Basismethode. Dabei werden die freigelegten Stimmlippen, von denen zuvor per Messerschnitt die Schleimhaut entfernt wurde, mit zwei Stichen/Schlaufen aus einem nicht auflösbaren Material vernäht. Der Knackpunkt ist dabei die Haltbarkeit der Schlaufen gegenüber auftretendem Druck in der langen Heilungszeit. Ohne zusätzliche Maßnahmen würden die Schlaufen in die Stimmlippen eindrücken und eventuell ausreißen. Bei der klassischen Glottoplastik nach Dr. Wendler werden die Stimmlippen zusätzlich an der unteren Verbindung (Kommissur) verklebt. Die weiterentwickelte Methode nutzt ein einzuspritzendes Präparat, das eine künstliche Schwellung der Stimmlippen hervorruft, die den Druck auffängt. Die Schwellung baut sich während des Heilungsprozesses wieder langsam ab. Ich kenne nur einen Arzt in Deutschland, der das beherrscht – Prof. Markus Hess (11) in der Deutschen Stimmklinik Hamburg (auf dem Gelände des Universitätsklinikums Hamburg-Eppendorf). Allerdings hat Prof. Hess eher mit Sängern und Sprechern Erfahrungen, weniger mit Transfrauen.

Als das Nonplusultra weltweit in der Community der Transfrauen gilt auf diesem Gebiet das Yeson Voice Center in Seoul in Südkorea. Ich hatte schon viel von der Yeson-Voice-Klinik in Südkorea gehört und gelesen. Doch schaute ich auch nach Alternativen in Deutschland, denn diese OP in der Yeson-Voice-Klinik hätte inklusive Flug und Hotel etwa 10.000 US-Dollar gekostet. Dort wird die gleiche Methode genutzt, die hierzulande nach meinem Kenntnisstand nur Prof. Hess beherrscht. Der Unterschied besteht – wenn die Informationen stimmen – nur in der Verwendung des Präparates zur künstlichen Langzeitschwellung der Stimmlippen und seiner weitaus größeren Erfahrung mit Transfrauen. Völlig im Gegensatz zu sonstigen Fällen, war die OP in Hamburg viel preiswerter als die OP in Seoul. Während die OP in Seoul 7.300 US-Dollar kostete, wurde sie in Hamburg für etwa 3.000 Euro angeboten. Mittlerweile hat die Klinik in Hamburg das Preismodell verändert. Aufgrund nicht so guter Erfahrungen mit Patientinnen und deren Illusionen über Ergebnisse der reinen OP, bietet sie heute ein Gesamtpaket mit prä- und postoperativer Begleitung inklusive Logopädie an. Näheres kann man auf der Webseite erfahren (11).

Ich bin durch Zufall in Hamburg an Prof. Hess geraten. Das erste Gespräch war jedoch derart überzeugend, dass ich mich sofort für ihn entschieden habe. Er hat sich viel Zeit genommen und ist auf alle meine Fragen konzentriert und offen eingegangen. Das ist heute leider kein Standard. Oft hört die Freundlichkeit an der Stelle auf, an der man ausländische Ärzte und deren Methoden erwähnt. Doch ganz das Gegenteil bei ihm: Er ist präzise auf die Yeson-Methode und seine eigene Methode eingegangen, und es stellte sich heraus, dass beide den gleichen Ursprung haben, die zuvor schon erwähnte Erweiterung der Methode von Dr. Wendler. Er hat sich sogar in den Tagen vom Gespräch bis zur OP die Zeit genommen, sich wissenschaftliche Arbeiten aus der Yeson-Klinik anzusehen, um noch Details zu finden, die dort anders gemacht werden, und war auch zu einem Aspekt fündig gefunden, den er mir auch schilderte. Das hat mich sehr beeindruckt! In den einschlägigen trans* -Foren, in denen weltweite OP-Methoden und deren Ergebnisse ausgetaucht werden, kam Prof. Hess bisher nicht vor. Das habe ich nach meiner OP geändert!

Diese OP, besonders die Methode Cricothyroidopexie, wird oft mit der Entfernung bzw. dem Abschleifen des Adamsapfels verbunden (Larynxreduktionsplastik). Dabei wird ein Teil des Schildblattes am Kehlkopf abgesägt und der Knorpel geglättet. Das ist eine rein optische Korrektur ohne Einfluss auf die Stimme. Ich habe das Glück, dass der Adamsapfel – ein typisches männliches Halsmerkmal – bei mir fast unsichtbar ist, und hier keine Korrektur nötig war – Halleluja! Daher werde ich auf das Thema auch nicht eingehen, es sollte nur der Vollständigkeit wegen erwähnt sein.

Meine Stimm-OP

Ich hatte meine OP am 31.7.2017 in der Stimmklink in Hamburg. Ich flog einen Tag zuvor in meine Lieblingsstadt, mietete mich in mein geschätztes Stammhotel in Harvestehude ein und stand am folgenden Morgen pünktlich zur OP auf der Matte. Die Vorbereitungen liefen reibungslos, und bevor ich mittels Narkose ins Land der Träume geschickt wurde, kam Prof. Hess an meine Liege, erklärte nochmals sein Vorgehen und sprach mir Zuversicht zu. Eine sehr feine Geste, denn es ist heute kaum noch üblich, dass man den operierenden Arzt zuvor zu Gesicht bekommt.

Das Aufwachen verlief ebenso problemfrei, ich durfte noch nichts essen, aber trinken. Nur zwei Stunden später saß ich Prof. Hess schon wieder in der Praxis gegenüber zur Nachkontrolle der OP. Das optische Ergebnis durch die Videoendoskopie sah hervorragend aus. Doch offenbar war die OP nicht ganz ohne Schwierigkeiten verlaufen. Prof. Hess hatte erhebliche Mühe, den Tubus in meinen Schlund zu bekommen. Jetzt verstand ich seine Erwähnung meines Alters im Kontext der OP-Methode. Mit zunehmendem Alter ist die Fähigkeit der Halswirbelsäule zur Überstreckung eingeschränkt. Eine solche ist aber nötig, um invasiv über einen Tubus die OP durchführen zu können. Nur mit viel Können, gutem Willen des Operateurs und etwas Glück war diese OP also noch möglich gewesen.

Ab jetzt war mein Hals auf eine maximale Tubusgröße 5.5 fixiert. Diesen persönlichen Wert sollte man sich gut merken und am besten, wie andere eventuelle Notfallinformationen auch, gut sichtbar in der Brieftasche bei sich tragen. Bei einer nötigen OP, bei der die Anästhesie über einen Tubus erfolgt, ist das eine eminent wichtige Information, um keinen Schaden an den Stimmlippen anzurichten.

Jetzt waren vier Wochen Schweigen angesagt, nur hauchendes Flüstern war erlaubt. Danach würde sich langsam zeigen, ob das akustische Ergebnis mit dem optischen mithalten kann. Etwas Bammel hatte ich davor, denn mich hatte eine kleine Erkältung erfasst – und Husten und Niesen sind der Todfeind dieser OP während der Heilphase … Doch ich blieb optimistisch! Als ich wieder sprechen durfte, war ich zunächst etwas schockiert. Es klang furchtbar – kratzig, holprig und tief. Das sollte es sein?

Bei der nächsten Nachkontrolle im September 2017 war der Professor wieder zufrieden mit dem Gesehenen und Gehörten und sagte, es sei alles im Rahmen. Er empfahl mir, nun langsam mit logopädischer Begleitung zu starten. Gesagt, getan – ich habe meine Logopädin wieder reaktiviert und die erste Session vereinbart. Drei Monate waren seit der OP vergangen, und ich war sehr im Zweifel. Leider musste ich während der Heilungs- und Regenerierungsphase, früher als es gut war, im Job relativ viel reden, und da passierte folgendes: Aufgrund der noch vorhandenen Schwellung der Stimmlippen im vernähten Bereich fehlte nach wie vor das Volumen der Stimme, und es klang noch immer holprig. So verfiel und verfalle ich weiterhin beim Reden fast immer in die alten männlichen Sprachmuster – das Sprechen im Halsraum und das mit viel Druck dahinter, was völlig kontraproduktiv ist. Es gelingt mir jedoch nicht, das Sprechen über einen längeren Zeitraum in den Mundraum zu verlagern, wo Frauen ihre Sprache bilden. Bei Übungen breche ich relativ schnell ab, weil ich das Gefühl habe, es tut mir nicht gut, und es klingt bescheiden … Sicher, noch immer war nicht alles abgeheilt, aber ich wurde die Befürchtung nicht los, dass ich es nicht schaffen würde, meine Stimme wirklich weiblicher klingen zu lassen.

Zwischenzeitlich hatte ich alternativ auch die Logopädin in der Stimmklinik in Hamburg in Anspruch genommen, Frau Birte Heckmann (11). Durch meine Projekttätigkeit im UKE ließ sich das gut kombinieren. Sie hat etwas andere Ansätze als die Logopädin hier in München, und es fühlte sich recht gut an. Leider hatten wir nur vier Sitzungen bis zum Projektende im UKE. Zudem war es natürlich auch eine Kostenfrage. Die Logopädin in München wurde von der Krankenkasse bezahlt, während ich jede Behandlung in der Stimmklinik Hamburg selbst zahlen musste, da diese keine Kassenzulassung hat. In der Folge habe ich noch einige Sitzungen in München absolviert, bis mein Kontingent an Kassenleistung vorerst erschöpft war. Gebracht hat es mir wenig. Das lag aber ziemlich sicher mehr an mir, einerseits an meinen Voraussetzungen, andererseits an meinem mangelnden Einsatz.

Auch als Mann hatte ich keine voluminöse und honorige Stimme und z. B. bei lauter Musik immer Schwierigkeiten, mir Gehör zu verschaffen. Dazu kam infolge der jahrelangen Einnahme von Ramipril, einem Medikament zur Blutdruckregulierung, eine chronische Entzündung im Kehlkopfbereich, ein unangenehmer Reizhusten. Zu spät erfuhr ich von dieser häufig vorkommenden Nebenwirkung. Obendrein habe ich als ehemalige Leistungsschwimmerin sehr stark ausgeprägte Halsmuskeln, die es dem Kehlkopf zusätzlich erschweren, sich leicht auf und ab zu bewegen. An diesem Zustand konnte auch die gelungene OP nichts ändern. Es war wohl eine Illusion, zu glauben, die OP allein würde eine femininere Stimme hervorbringen. Es erfordert viel Übung, die alten Sprachmuster zu verlassen und die neuen Möglichkeiten der Stimme tatsächlich zu finden, zu lernen und zu nutzen. Das hatte ich mir anders vorgestellt … Doch ganz sicher werde ich das Thema nochmals für mich angehen. Wie es sein wird, das wird sich zeigen.

Die geschlechtsangleichende Operation (GaOp)

Die GaOp ist wohl für jede Transfrau und jeden Transmann, wenn sie sich dafür entscheiden, die Krönung der Transition. Sie macht die Frau für mich erst vollständig. Das geht weit über das rein Körperliche hinaus. Es ist Ausdruck des Gefühls, Frau zu sein. Das schreibe ich im Wissen, dass es Transfrauen gibt, die sich aus bestimmten Gründen gegen eine GaOp entscheiden. Die Gründe können vielschichtig sein: Angst vor dieser massiven OP, gesundheitliche Probleme, die dem entgegenstehen, oder einfach die ganz persönliche Entscheidung, trotz Transition auf die OP zu verzichten und als Frau mit männlichem Genital zu leben. All das ist meiner Meinung nach zu respektieren.

Alle bis dahin durchgeführten Behandlungen, ob HRT oder feminisierende OPs, können mehr oder weniger wieder korrigiert werden, sie sind z. T. auch ohne Gutachten und den konsequenten Weg der Transition möglich. Nicht so die GaOp. Die gibt es auch nicht als Wunschkonzert, nicht einmal gegen viel Geld. Kein seriöser Chirurg auf dieser Welt führt sie ohne psychiatrisches Gutachten aus. Diese OP gibt es nur, wenn ein weiter Teil des Weges beschritten wurde und die Gutachten vorliegen. In Deutschland ist die GaOp an eine mindestens 18-monatige psychiatrisch begleitete Transition gebunden, es sind zwei unabhängige psychiatrische Gutachten nötig. Für Operationen im Ausland beträgt die Frist für entsprechende Gutachten zwölf Monate. Die gesetzlichen Krankenkassen zahlen diese OP, sofern sie in Deutschland oder in Ausnahmefällen im EU-Ausland ausgeführt wird. Allerdings gibt es keinen Anspruch auf die Wahl der OP-Methode oder gar des Arztes. Bei keiner OP ist die Auswahl des geeigneten Chirurgen und der Methode jedoch so entscheidend, wie bei der GaOp, denn es gibt nur diesen einen Versuch. Bestenfalls optische Korrekturen sind hinterher möglich.

Hier sind also intensive Recherche, Erfahrungsaustausch mit anderen Transfrauen und eine gehörige Portion gesunder Menschenverstand, gepaart mit etwas Misstrauen den Aussagen der Ärzte gegenüber, angesagt. Sehr hilfreich war für mich dabei unter anderem das deutsche Forum „Transsexuelle und Angehörige" (2), das weltweite Chirurgenvergleiche präsentiert und diskutiert. Hier gibt es nur direkt oder indirekt betroffene trans* Personen und Angehörige, genau wie es der Name des Forums aussagt.

Um im weiteren Verlauf meine Entscheidungsfindung und das Für und Wider der möglichen geschlechtsangleichenden Operationsmethoden zu verstehen, ist ein kleiner medizinischer Ausflug nötig. Es gibt prinzipiell, auch heute noch, etwa siebzig Jahre nach ihrer Erfindung, eigentlich nur eine Basismethode, die sogenannte Penile Inversion (PI), aus der zwei abweichende Methoden entwickelt wurden.

1. PI: Kurz gesagt werden hierbei Teile des männlichen Genitals nach innen versetzt. Dabei wird die Penisvorhaut für die kleinen (inneren) Labien genutzt. Die äußeren Labien werden aus der Skrotalhaut (Hodensackhaut) gebildet, und die Klitoris wird aus Teilen der Eichel geformt. Die Auskleidung der Neovagina erfolgt ebenso mit verbliebener Penishaut. Die Hoden und Penisschwellkörper werden nicht benötigt und daher entsorgt. Das hat auch Einfluss auf die erreichbare Tiefe der Vagina. Auf Basis dieser Methode hat es Weiterentwicklungen gegeben. Es gibt einige Chirurgen, die nutzen die sogenannte kombinierte Methode, bei der neben der Vorhaut, auch die Skrotalhaut zur Vaginalauskleidung verwendet wird. Die übrige Länge der Harnröhre wird dabei ebenso verwendet, um die Feuchtigkeit in der Vagina zu erreichen. Unterschiede gibt es auch bei der Nachbildung der inneren Labien. Prinzipiell bleibt es jedoch eine PI.
2. Die Suporn-Klinik (8) in Thailand, eine der derzeit (2019) weltweit führenden Kliniken, nutzt ein freies „Mesh-Implantat" aus Teilen der Skrotalhaut für die Vaginalauskleidung und hat eine beson-

dere Methode für die Verwendung der Eichel und der Nachbildung der Klitoris entwickelt, die sogenannte Chonburi Flap. Die Suporn-Klinik verwendet dabei nicht nur den Mittelteil der Eichel samt Penisschaft (Corpus spongiosum) wie sonst üblich, die Klinik verwendet auch die übrigen Seitenteile der Eichel, klappt diese nach hinten um und führt sie anlog der Klitorisschenkel (Crus clitoridis), die den seitlichen Schwellkörpern (Corpus cavernosum inkl. Crura penis) des Penis entsprechen, bis an den Vaginaleingang. Das schafft die Grundlagen auch für vaginale Orgasmusfähigkeit. Das ist die zweite OP-Methode.

Viele deutsche Chirurgen benötigen zwei OPs für das Endresultat, weil sie aus Gründen der Operationstechnik die vordere Kommissur erst nur provisorisch bilden, um sie in einer Nach-OP zu korrigieren. Als Kommissur bezeichnet man den jeweiligen Zusammenfluss der beiden Labien oben (am Venushügel) und unten (vor dem Damm). Allerdings habe ich im Laufe der Zeit gelernt, dass auch viele andere Chirurgen oftmals eine Korrektur-OP benötigen. Der Grund dafür ist auch sehr einleuchtend. Die OP ist eine Gratwanderung zwischen einem medizinisch sinnvollen und machbaren sowie einem kosmetisch gewünschten Ergebnis. Im Vordergrund für jeden Chirurgen steht dabei das optimale OP-Ergebnis hinsichtlich des medizinischen Machbaren/Vertretbaren und des kosmetisch Erwünschten. Der zweite Aspekt ist das verfügbare Material. Nur was Penis und Hodensack an Gewebe hergeben, kann auch modifiziert verwendet werden. Hier setzt der Spagat für den Chirurgen ein. In erster Linie muss er dafür sorgen, dass alles Gewebe, welches verändert, versetzt und verarbeitet wird, auch nach der OP weiter gut an die Blut- und Nervenversorgung angebunden ist. Daraus resultiert oft die Notwendigkeit einer Korrektur-OP, um das inzwischen gut verheilte Gewebe möglicherweise an der einen oder anderen Stelle kosmetisch besser in Szene zu setzen. Sehr oft betrifft das die sogenannte hintere Kommissur – also den Punkt, an dem die Labien vor dem Damm zusammenkommen.

Einen weiteren wichtigen Aspekt gilt es bei der Vorbereitung auf eine GaOp zu berücksichtigen: die Behaarung der Genitalien. Bei einer GaOp würden diese Haare auch in den Schnitt- und Narbenbereich hineinreichen, sich an den Labien und sogar in der Scheide wiederfinden. Ob das eine gute Idee ist, diese Entscheidung überlasse ich natürlich den verschiedenen Geschmäckern. Für mich wäre das keine Option gewesen. Einige Chirurgen entfernen die Haarfollikel während der OP aus der betreffenden Haut, andere nicht. Wenn man also darauf Wert legt, möglichst keine Haare am Innenbereich der Vulva und in der Vagina zu haben, und der ausgewählte Chirurg diese Leistung nicht bietet, dann muss man sich rechtzeitig vor der OP darüber Gedanken machen, wie man diese Herausforderung löst. Die Epilation der Haare in dem Bereich mittels Laser- oder Nadelepilation käme dazu infrage, abhängig von der Beschaffenheit der Haare (siehe Kapitel „Der Bart"). Wichtig ist dabei der Zeitaspekt. Muss es Nadelepilation sein, darf man gut und gern zwei Jahre Vorlauf einrechnen. Ich hatte das Projekt „haarfreie Genitalien" schon vier Jahre vor meiner GaOp gestartet – ein glücklicher Zufall, oder auch nicht …

Nach meinen ersten Recherchen bin ich bei einem der zwei infrage kommenden Ärzte im PSC (5) in München zur Konsultation gelandet, der die sogenannte kombinierte Penile Inversion nutzt. Ich kannte zuvor viele der weltweit angebotenen Methoden und ihre Besonderheiten. Ich wusste auch, dass die besten deutschen Chirurgen gemessen am Weltmaßstab nur zur zweiten Garnitur zu zählen sind. Ich kannte den Run auf die Suporn-Klinik in Bangkok, wusste um deren fachliche Einmaligkeit, aber auch um deren Nachteile. Mit dem Wissen über diese Fakten ging ich zur Konsultation. Das Gespräch war ausführlich, der Arzt ging auf meine Fragen gut ein. Die Methode der Suporn-Klinik kommentierte er respektvoll, aber ablehnend. Ich sagte erst einmal prinzipiell zu und kam auf die Warteliste mit einer Wartezeit von drei bis vier Jahren.

Bei den deutschen Chirurgen habe ich nur noch beim zweiten bekannten Münchener Chirurgen (6) angefragt, von dessen Aussagen ich aber wenig überzeugt war. Mittlerweile soll er jedoch einige Fortschritte in seiner Methode erreicht haben, angeblich soll er auch wie die Suporn-Klinik Chonburi Flap anwenden. Ohne prüfbare Ergebnisse erregt das jedoch etwas meine Zweifel. Alle anderen deutschen Chirurgen haben teilweise einen so schlechten Ruf, dass eine OP in meinen Augen russischem Roulette ähnelt. Manchmal gelingt es durchaus gut, manchmal endet es im Desaster. Unzweifelhaft kann jede Operation misslingen, und auch eine Suporn-Klinik ist nicht frei davon. Aber die Häufigkeit ist das Problem, und da schneidet der Rest der deutschen Chirurgen nur sehr unbefriedigend ab. Meine Freundin pflegt hierzu zu sagen: „Das grenzt an Genitalverstümmelung".

Ich sammelte weiter Berichte und Erfahrungen, und stieß dabei als Alternative auf das PAI (7), eine Klinik ebenfalls in Bangkok. Auch dort wird letztlich eine sogenannte kombinierte Methode der PI angewandt, aber in einer einzigen OP – zumindest wird das so angesagt. Die OP-Berichte über die PAI im Forum Chirurgenvergleiche, die ich gefunden hatte, und die Live-Betrachtung der Neovagina einer Frau, die dort zur OP war, zeigten m. E. optisch deutlich bessere Ergebnisse als die beim konsultierten Münchener Chirurgen. Ein entscheidendes Kriterium ist die Wartezeit. In Bangkok konnte ich im Sommer 2017 nach intensivem Austausch per Mail zu vielen Detailfragen einen OP-Termin für den 13.12.2017 fixieren. Damit war eine OP in München endgültig obsolet. Der Nachteil: Diese OP würde keine Krankenkasse zahlen, das müsste ich selbst finanzieren. Die Kosten für die OP inklusive Krankenhausaufenthalt, anschließendem Hotelaufenthalt in der Nähe für weitere zwei bis drei Wochen und Flug betrügen summa summarum rund 14.000 US-Dollar.

Ich hatte nun diesen Termin und war glücklich, dass diese OP noch 2017 stattfinden konnte, und dennoch stimmte etwas nicht. Es fühlte sich nicht rund an. Mich beschäftigten fortwährend folgende Fragen: Wie kann diese Neovagina biologisch funktionieren? Wie soll das Bioklima, eine biologisch ausgeglichene Flora, entstehen? Wie soll die Eigenreinigung funktionieren? Darauf fand ich vorerst keine Antwort. Auch in den Foren wurden diese Fragen irgendwie umschifft. Es gab zwar hin und wieder Hinweise auf Aussonderungen, nötige Arztbesuche, Ausschabungen, kleine Ekzeme usw., aber so richtig ging darauf niemand ein – das ist offenbar etwas Tabuzone. Hinzu kam das leidige Thema des für lange Zeit nötigen Dilatierens, auch Bougieren genannt. Ziel des Dilatierens ist es, die neu geschaffene Vagina während der Heilung in ihrer Form zu halten, da die Haut natürlich versucht, die Wunden in jeder Art und Weise zu schließen, und so die Gefahr der Verengung oder gar des Zuwachsens besteht. Das Dilatieren erfolgt durch Einführen eines Dilators in die Neovagina, den man nach der OP in verschiedenen Varianten mit unterschiedlicher Länge, unterschiedlichem Umfang und aus unterschiedlichem Material erhält. In den ersten Monaten muss es dreimal täglich bis zu zwanzig Minuten erfolgen. Manche berichteten davon, ihr Leben lang dilatieren zu müssen, allerdings dann nur noch einmal pro Woche oder in ähnlich langen Abständen.

Ich hatte schon ab und an von einer weiteren Methode gelesen, z. B. auch im PAI, sie aber immer sofort verworfen bzw. unwissend und von Vorurteilen behaftet, ignoriert. Die sogenannte Sigmoid-Colon-Methode. Bei dieser Methode wird Darmschleimhaut aus dem Sigma-Darm, also natürliche Schleimhaut, zum Aufbau der Neovagina genutzt. Die Darmschleimhaut bleibt bei der OP mit ihrer Nerven- und Blutversorgung verbunden. Damit kann sie ihre originale Funktionsweise erhalten und der Neovagina Feuchtigkeit spenden und die Selbstreinigung ermöglichen. Die Limitierung der erreichbaren Vaginatiefe, wie bei der PI, ist hierbei auch kein Thema.

Auf Basis dieser Methode wird aktuell eine weitere Methode öfter verwendet, bei der Bauchfellschleimhaut zum Einsatz kommt. Hierzu habe ich nur wenige Informationen. Mein Chirurg lehnt die Methode ab, weil die Stabilität des Gewebes im Gegensatz zu Darmschleimhaut zu gering ist. Hier wird man mehr Erfahrungen abwarten müssen.

Im Frühsommer 2017 lernte ich eine Transfrau persönlich kennen – sie besuchte mich –, bei der die Sigma-Methode nach zwei zuvor misslungenen OPs angewendet worden war. Und schlagartig wurde mir klar: Genau das ist die Lösung, das beantwortet meine offenen Fragen zur PI und all ihrer Weiterentwicklungen. Penishaut und Skrotalhaut sind Außenhaut, deren Aufgabe es ist, uns nach außen zu schützen. Auch in der Neovagina bleiben Penis- und Skrotalhaut Außenhaut, die weiter Talg- und Schweißdrüsen hat. Sie wird keinesfalls irgendwie zu Schleimhaut, wie manchmal recht fragwürdig behauptet wird.

Auch das Dilatieren erfolgt bei der Sigma-Methode auf einem völlig anderen Level, selbst wenn es für einige Monate auch hier nötig ist. Jedoch ist es schmerzfrei und somit weit entfernt vom Martyrium des Dilatierens bei der PI, das dennoch nicht immer verhindert, dass sich die Vagina wieder verengt und verkürzt. Es gibt viele Transfrauen, die das irgendwann nicht mehr ertragen haben, und die Neovagina wieder zuwachsen ließen.

Aber auch die Sigma-Methode hat ihren Preis, nichts ist umsonst. Der besteht hier in einem zusätzlichen Eingriff in ein gesundes Organ, verbunden mit einer zusätzlichen Narbe auf dem Unterbauch, quasi eine Kaiserschnittnarbe. Jedoch sind Darmeingriffe, besonders im Kontext von Krebsoperationen, heute ein Standard. Bei dieser Methode wird das sedierte Sigma-Darmstück nach der Reinigung – Grund für die heute noch nötige relativ große Narbe – innerhalb des Unterleibs mit seiner Versorgung in den neu geschaffenen Vaginaltunnel verschoben und an den äußeren Genitalien – der Vulva – und dem Beckenknochen vernäht. Vom Darmeingriff abgesehen, eine geniale Methode.

Ich habe das einige Zeit für mich wirken lassen und dann Kontakt zu Dr. Kaushik in der Olmec -Klinik (4) in Indien aufgenommen. Er ließ mich einige medizinische Fragebögen ausfüllen. Nach Auswertung dieser Bögen schien er gar nicht so sehr erpicht darauf, mich zu operieren. Er hielt mich für zu alt (Ü45-50) für die OP-Methode und brachte die Standardmethode PI ins Gespräch, wovon ich natürlich nichts mehr wissen wollte. Ich kenne nur fünf Kliniken bzw. Ärzte weltweit, die die Sigma-Methode auf hohem Niveau anbieten: das PAI, das Chettawut Plastic Surgery Center, die Kamol-Klinik in Bangkok, die Bouman-Klinik in Amsterdam und die Olmec-Klinik in Delhi. Alle verweisen in ihren OP-Ausführungen auf die genannte Altersbeschränkung bis zum fünfzigsten Lebensjahr.

Für den Moment war ich erheblich verunsichert. Was ist der Hintergrund? Diese fließende Altersgrenze ist keine Willkür, sie gründet auf der Problematik der im Allgemeinen im Alter zunehmenden Verfettung der Bauchregion, besonders der Zunahme des Fettes unter der Bauchdecke, auch im Bereich des Sigma-Darms, das nicht absaugbar ist, und oft die Bauchorgane zunehmend umschließt. Das birgt Risiken bei dieser OP-Methode. Ein weiteres Gegenargument sind sogenannte Divertikel, die sich zunehmend bilden können. Divertikel sind Ausstülpungen der Darmschleimhaut nach außen, die das Vernähen des Darmes an der Entnahmestelle erschweren oder verhindern. Zusätzlich steigt mit zunehmendem Alter die Gefahr einer Beckenbodensenkung.

Nachdem er jedoch meine Laborwerte und meinen Body Mass Index (BMI) zuzüglich passender Fotos erhalten hatte, ließ er seine Vorbehalte fallen und war bereit, die OP durchzuführen. Eine gute Bekannte erhielt kurze Zeit später eine Absage – zu alt, ungünstiger BMI. Da wurde mir bewusst, welches „Glück" ich mit meiner Fitness hatte.

Nach zwei bis drei Wochen intensivem Mailaustausch hatte ich Anfang August 2017 die Entscheidung für diese OP-Methode getroffen. Die OP würde auch noch im gleichen Jahr stattfinden können, explizit am 17.12.2017. Das fühlte sich trotz des Nachteils des zusätzlichen Darmeingriffes gut an. Zur Sicherheit hatte ich zuvor hier eine gute Proktologin aufgesucht, ihr das Vorhaben geschildert und sie um ihre Meinung dazu befragt. Sie bestätigte meine Sicht, gab mir noch den Rat, zuvor eine Koloskopie (Darmspiegelung) des Sigma-Darms durchführen zu lassen, um bereits im Vorfeld zu wissen, ob mein Darm aus medizinischer Sicht für diese OP geeignet ist. Dem Rat der Proktologin folgend, ließ ich die Koloskopie durchführen. Zu meiner Freude zeigte die endoskopische Fahrt durch meinen Darm einen wunderbaren Darmzustand für mein Alter. Es gab nur ganz vereinzelt minimalste Divertikel.

Ich weiß – normal ist anders. Eine Darmendoskopie wird im Normalfall unter leichter Narkose durchgeführt. Ich hatte jedoch gewünscht, die Endoskopie im wachen Zustand zu erleben, denn ich war sehr neugierig auf den Einblick in meinen Darm. Der Arzt ließ sich nach kurzem Zögern darauf ein, und die Endoskopie verlief auch völlig schmerz- und problemfrei. Auch der Arzt war danach positiv überrascht, wie völlig entspannt ich diese Prozedur hingenommen, ja sogar sichtlich erfreut verfolgt hatte.

Manche Chirurgen arbeiten noch nach älteren Methoden. Sie verwenden keinen Sigma-Darm, verwenden neben Dickdarm- sogar Dünndarmschleimhaut. Das führte oft zu unterschiedlichsten Problemen, weshalb diese schon lang existierende Methode etwas in Verruf geraten war. Der Chirurg in München versteigerte sich in seiner ihm eigenen Art sogar zu der dreisten Aussage, er rieche schon an der Tür, wenn eine Transfrau mit Darmschleimhaut seine Praxis betrete. Diese Aussage ist fachlich schlicht unsinnig, und ich empfand sie als arrogant. Unser Darm hat in jedem Teilstück unterschiedliche Funktionen und Beschaffenheit der Schleimhaut. Wird ungeeignete Schleimhaut verwendet – und wird sie zudem noch laproskopisch operiert, was eine ausreichende Reinigung des Darmstückes verhindert –, können derartige Probleme entstehen. Dr. Kaushik hingegen verwendet ausschließlich Sigma-Darmschleimhaut, vorausgesetzt dieses Stück Darm ist gesund. Andernfalls findet die OP so nicht statt.

Es gibt weltweit noch eine zweite Patientengruppe, bei der man auf diese Methode setzt – Cis-Frauen mit dem Mayer-Rokitansky-Küster-Hauser-Syndrom (MRKH-Syndrom). Diesen Frauen fehlt, trotz angelegter Vagina, dieser „Verbindungsschlauch" zwischen Scheide und Gebärmutter, die Vagina ist nur als Gewebestrang ausgebildet. Auch hier setzt man ausschließlich, wohl aus gutem Grund, auf Sigma-Darm. Daher gibt es keinen Grund, daran zu zweifeln, dass Sigma-Darm derzeit das Beste ist, um eine soweit wie möglich natürliche Vagina zu erhalten.

Einzig die leider nicht verfügbare Option einer Verbindung der Methode der Suporn-Klinik mit der von Dr. Kaushik würde für mich aktuell eine Steigerung, ja die Krönung auf dem Gebiet der GaOp darstellen. Doch das liegt nicht in meiner Hand – es wäre eine lohnende künftige Aufgabe …

Für mich war nunmehr alles geklärt, alles war bestens, die OP konnte kommen!

Vor dem großen Schritt …

Wie schon im Kapitel „Das Outing" ausgeführt, hatte ich vor etwa zwei Jahren einen wundervollen Film gesehen – „The Danish Girl". Ein oscarprämierter Film, der die reale Lebensgeschichte der Lili Elbe, einer dänischen Transfrau in den 1920er Jahren nacherzählt, bei der in Dresden die ersten geschlechtsangleichenden OPs weltweit durchgeführt wurden. Eine Szene hatte sich regelrecht in mein Hirn und meine Gefühlswelt eingebrannt: Bei der dritten OP überschreitet Lili Elbe die Fähigkeiten ihres Körpers und die damaligen Möglichkeiten der Medizin, sie stirbt an hohem Fieber infolge von Entzündungen nach der OP. Doch sie stirbt lächelnd im Wissen darum, jetzt endlich Frau und Lili Elbe zu sein. Das war ein besonders emotionaler Moment in dieser Geschichte für mich, den ich sofort sehr gut nachvollziehen konnte.

Nicht nur einmal hat sich diese Szene in meinen Träumen wiederholt, habe ich mich dieser Vorstellung angenähert. Es wäre für mich nicht das geringste Problem, würde mir Gleiches widerfahren. Auch mir würde es heute leichtfallen mit diesem Gedanken von dieser Welt zu gehen. Ja – das ist eine gewisse Todessehnsucht, das will ich nicht leugnen. Ist das jetzt ein Zeichen noch tiefer liegender depressiver Zustände? Oder ist das ein Ergebnis der tiefgreifenden Umwälzungen, die in meinem Körper, meiner Gefühlswelt stattfinden? Ich weiß es nicht, und ich habe auch wenig Hoffnung, dass es mir ein Psychologe näherbringen kann. Wahrscheinlich ist es auch hier ein Mix mehrerer Komponenten, und ein Teil Depression ist ganz sicher dabei.

Früher habe ich gefühlsmäßige Ausnahmezustände mit Arbeit verdrängt, doch das will mir jetzt nicht mehr gelingen, denn die Arbeit ist Teil des Ausnahmezustandes, Teil des Problems, nicht der Lösung. Einen Weg für ein Teilproblem hatte ich zumindest gefunden. Ich schaute nicht mehr nach Alternativen für die OP-Methode, ich ging nicht mehr auf jeden Zweifel, auf jedes Gegenargument ein. Das könnte ich ewig tun, immer wieder wird es Veränderungen und Fortschritte geben, die immer wieder Zweifel streuen könnten. Nein, einmal muss eine Entscheidung sein, und die muss dann auch stehen, egal, was da noch so kommen mag. Zum ersten Mal in meinem Leben dachte ich ernsthaft über eine Patientenverfügung nach, dachte darüber nach, was ich möchte, sollte das Schicksal mein Erdendasein in Delhi beenden. Gewiss war dabei ein Punkt – zurück nach Hause wollte ich nicht, meine Asche mochte den Ganges hinuntertreiben.

An dieser Stelle wurde ich für meinen Sohn zum Problem. Zu offen konnte ich mit ihm darüber nicht sprechen. Er hatte doch noch etwas damit zu kämpfen, dass sein geliebter Dad jetzt eine Frau ist. Sollte ich bei dieser OP tatsächlich sterben, würde er mich wohl dafür hassen, dass ich für diesen Weg wissentlich mein Leben riskiert und verloren hätte, und obendrein alle anderen Menschen, die solch einen Weg gehen, wohl gleich mit. Also war etwas Diplomatie dabei angesagt, die Patientenverfügung als so harmlos und normal zu verkaufen, wie es irgend ging.

Die verbleibenden zwei Monate bis zur OP würden sicher hart werden. Ich würde wohl heilfroh sein, wenn der Tag der Abreise gekommen sein würde und es de facto kein Zurück mehr geben konnte.

Ende Oktober 2017 – bis zur OP sind es nicht einmal mehr zwei Monate. Es macht sich eine etwas eigenartige Gefühlsmischung in mir breit. Es ist ein Mix aus Vorfreude und Nervosität oder Unsicherheit: Ist es wirklich die richtige Entscheidung? Ist der Wunsch nach der Wandlung der Raupe zum Schmetterling wirklich die Strapazen und Risiken wert? Ich finde keine klare Antwort mehr, je länger ich darüber nachdenke.

Natürlich – ich möchte ganz Frau sein, und dazu gehört das weibliche Genital, und das so original, wie irgendwie möglich. Aber muss es in meinem Alter wirklich noch eine Vulva inklusive voll umfänglich funktionsfähiger Vagina sein? Reicht nicht doch die äußere Variante, nur eine Vulva mit Klitoris, die den ganzen Fragenkomplex um die OP-Methoden überflüssig machen würde? Sexuelle Erwägungen spielten dabei keine entscheidende Rolle – das war weit weg, auch wenn mir das einige im Bekanntenkreis nicht glauben wollten.

Dennoch wollte ich nicht kategorisch ausschließen, dass ich sie – die neue kleine Ulrika – auch mal mit einem Mann probieren möchte. Es musste ja sonst kein intensiver körperlicher Kontakt sein, geschweige denn eine seelische Verbindung. Doch das würde mit der kleinen, äußeren Variante von vornherein ausgeschlossen sein. Dass die Vagina zur sexuellen Erregung nicht nötig ist, das wusste ich auch. Doch wird es mir fehlen, auch die Erfahrung des Empfangens machen zu können, da ich als Mann doch das gegenteilige Erleben des Gebens schon genossen hatte? Werde ich das am Ende nicht doch vermissen und den Entschluss bereuen? Denn ein Punkt ist völlig klar – diese Entscheidung ist endgültig! Nach der OP zur nur äußerlichen Variante gibt es keinen Weg mehr zur kompletten Version, dazu würde Entscheidendes endgültig weggeschnitten. Nein, ganz kann ich ein unterbewusstes Denken an möglichen späteren Sex doch nicht ausschließen, aber es ist mit Gewissheit nicht vordergründig.

Dabei habe ich aktuell nicht einmal wirklich in der Hand, was geschehen wird. Vor der OP wird der Chirurg nochmals eine Koloskopie durchführen, um sich vom aktuellen Zustand meines Darms, speziell dem Sigma-Darm, zu überzeugen. Was ist, wenn er zum Entschluss kommt, dass mein Darm aus seiner Sicht – und nur die zählt – doch nicht so gut ist, wie ich nach der ersten Koloskopie glaubte? Dann stehe ich sowieso vor der großen Frage nach einer Alternative und vor einer neuen Entscheidung. Ich habe im Moment keine Vorstellung davon, will mich damit auch gar nicht beschäftigen. Allein der Gedanke daran bringt mich in Wallungen, es wäre der absolute worst case!

Ich wusste nicht, was und wie ich entscheiden würde, und ich befürchte, ich werde diese Fragen bis zur OP bzw. bis zum Ergebnis der Voruntersuchung weiter vor mir herschieben und eventuell kurz zuvor aus dem Bauch heraus entscheiden. Bei dem Gedanken macht sich etwas Angst in mir breit. Andererseits lernte ich mehr und mehr das Gefühl kennen, meiner inneren Stimme zuzuhören und zu vertrauen.

Es sind wieder einige Wochen vergangen, der Abflug nach Delhi liegt nur noch zwei Wochen in der Zukunft. Aber in den vergangenen Wochen hat sich mein Bild und meine Gefühle geklärt. Von der Frage der Arztentscheidung aufgrund des Darmzustandes abgesehen, ist es für mich jetzt völlig klar. Es gibt nur ein Ziel, die Herstellung einer innerlich und äußerlich, optisch wie funktional so nah wie möglich am Original liegenden Neovagina. Ich mache mir jetzt auch keine Gedanken mehr über Eventualitäten und vieles mehr. Die Entscheidung ist klar und kann jetzt nur noch durch Dinge beeinflusst werden, die ich nicht in der Hand habe. Sollte das tatsächlich eintreten, wird sich zeigen, was die Alternativen sind, und ich werde entsprechend entscheiden.

Meine GaOp

11.12.2017 – Der Tag ist gekommen, heute startet unser Flieger nach Delhi. Wir, das sind meine Freundin und ich. Ich bin sehr glücklich, dass Sie mich auf diesem schwierigen Weg begleitet. Dazu musste ich Sie nicht überreden, sie war selbst sehr interessiert daran. Das sollte sich für mich als riesige Unterstützung und ein großes Glück erweisen.

Diesen Teil meines Weges werde ich etwas ausführlicher beschreiben. Es ist nicht nur der Höhepunkt des Weges, es war für mich auch eine völlig unerwartete seelische Achterbahnfahrt, die Zeit nach der OP eine wirklich schwierige Phase und alles eine riesige seelische und körperliche Herausforderung.

Die letzten Tage war ich etwas durch den Wind, ich befand mich in einem eigenartigen seelischen Zustand, den ich kaum beschreiben kann. Meine Freundin konnte mich kaum noch ertragen. Doch jetzt ist das vorerst weggewischt, es geht los. Am Flughafen München haben wir uns einen Parkservice für vier Wochen gemietet. Ein Fahrer fährt uns von dort zum Terminal. Er schaut mich öfters an, meine Größe ist für ihn auffällig und irgendwann kommt die Frage, die kommen musste: „Sorry, sind Sie Frau oder Mann?" Okay – auch das wird nach Indien hoffentlich der Vergangenheit angehören. Ach ja, das habe ich noch gar nicht erwähnt, auch die FFS, also die Facial Feminization Surgery, möchte ich im Anschluss an die GaOp von Dr. Kaushik durchführen lassen. Wenn schon, dann richtig Hardcore …

Der Hinflug war leider kein Direktflug, sondern ging über den Zwischenstopp Frankfurt. Wie so oft war die Zeit zum Umsteigen in Frankfurt extrem knapp, der Weg durch den Frankfurter Flughafen zum neuen Abflug-Gate endlos lang. In Frankfurt habe ich zwei Vorfälle erlebt, die mir in der ganzen vorherigen Zeit meiner Transition nie passiert sind. Wir mussten nochmals durch den Securitycheck und die Passkontrolle. Beim Securitycheck schaute mich die Dame – keine Deutsche – prüfend an, zierte sich und wollte nicht so recht beginnen. Sie druckste herum und fragte mich, sich und den Nachbarkollegen, ob ich eine Frau sei. Ich bejahte – sie zögerte noch immer, fragte dann, ob das voll und ganz so sei, was ich verneinte. Dann lehnte Sie die Kontrolle ab und übergab an eine andere Dame, die das ohne Probleme durchführte. Ich fliege viel, fast jede Woche, aber das war mir noch nicht passiert, das wurde immer locker und flexibel gelöst. Nächste Station war die Passkontrolle. Da saß ein junger Typ, der meinen Pass misstrauisch beäugte und sowieso einen mürrischen Eindruck machte. Plötzlich fragte er mich, ob ich eine Frau sei, was ich bejahte. Worauf die übergriffige Gegenfrage kam, ob ich da sicher sei, was ich mit einem etwas echauffierten „aber sicher" beantwortete. Mein Sarkasmus, den er wohl gespürt hatte, veranlasste ihn zu einer Art Rechtfertigung/Entschuldigung, etwa so: „Sorry, ich habe Sie nicht beleidigt." Vielleicht wollte er ja sagen: „Sorry, ich wollte Sie nicht beleidigen." Naja, wie auch immer, auch das verging. Ich war allerdings etwas angefressen, das war mir noch nie passiert. Der Frankfurter Flughafen und ich passen wohl nicht zusammen.

Dank ausreichend Miles & More Meilen kamen meine Freundin und ich in das Vergnügen, erstmals in einem A380 Premium Economy Class zu fliegen. So flogen wir komfortabel, entspannt und gut versorgt in die Nacht hinein – Indien wir kommen! Nach etwa sieben Stunden Flugzeit landeten wir in Delhi. Die üblichen Kontrollen – alle etwas langsamer und viel gründlicher als sonst üblich –, dann standen wir am Ausgang des Terminals und hielten Ausschau nach einem Mann, der ein Schild mit meinem Namen tragen sollte – der Fahrer der Klinik. Doch so sehr wir uns auch abmühten, nichts war zu sehen. Nach längerer Suche unter den Wartenden im Terminal und einem kurzen Telefonat mit ihm, konnten wir ihn dann zum Glück im Außenbereich finden, in dem nochmals viele Menschen mit Namensschildern standen.

So marschierten wir samt unserem Gepäck zu seinem Auto. Dabei fiel uns die stickige Luft und der Smog über Delhi auf – erschreckend! Der Weg zum Parkdeck erschien uns endlos. Ab ging es Richtung Delhi zum Hotel – so dachten wir, so war der Plan. Doch Delhi und Plan passen nicht wirklich zusammen. Es stellte sich während der Fahrt heraus, dass er uns direkt in die Klinik fahren würde, weil es zu spät für das Hotel sei. Scheinbar ewig fuhren wir in einer gewaltigen Blechkolonne, von ständigem Hupen begleitet, auf endlosen und breiten Stadtautobahnen. Der Verkehr war unglaublich dicht trotz dieser nächtlichen Zeit.

Gegen drei Uhr kamen wir an der Klinik an. Wir stiegen aus, ich schaute mich um und glaubte, im falschen Film zu sein. Das, was ich da sah, konnte niemals die Klinik sein, in der ich mich operieren lassen wollte. Alles wirkte grau und schmutzig, die Fassaden waren mit Werbeplakaten vollgepackt.

Von der Hauptstraße führte ein Weg in eine kleine Seitenstraße, die sogenannten Enklaven oder Blocks, die per Schranke und Wärter von der Straße abgetrennt waren. Wir kamen zum Treppenaufgang – der nächste Kulturschock. Das erinnerte eher an eine Hinterhof-Steigtreppe, als an einen Aufgang zu einer Klinik. Die Treppe war steil, recht schmal und alles andere als einladend. Wo zum Teufel bin ich hier – das traf meine Gedankenblitze wohl am besten. Oben angekommen wurde die Tür zur Klinik geöffnet und wir wurden von einer Dame und einem Herrn empfangen. Die Dame streifte Blumengebinde über unsere Köpfe auf unsere Schultern, auf einem Tablett wurde mittels Öllampe und Räucherwerk unser Ankommen gesegnet, wir wurden mit frischen Rosenblüten berieselt, erhielten den traditionell indischen Punkt – den Bindi – auf die Stirn und wurden so herzlich in der Klinik willkommen geheißen. Diese Herzlichkeit nahm mir erst einmal die vorherigen Schockgefühle. Die Dame war die Leiterin der Klinik, Dr. Sunanda, die Ehefrau von Dr. Kaushik, der Mann war einer der Krankenpfleger.

Nach dem herzlichen Empfang wurden wir in mein Krankenzimmer geführt. Hier folgte der nächste Schock. Ein Zimmer mit etwa 15 bis 16 Quadratmeter ohne Fenster! Darin standen ein klassisches Krankenbett und eine Schlafcouch – das war es. Dazu gehörte ein Bad, das wiederum für unsere Verhältnisse sehr normal gestaltet war. Wir dachten nicht lange darüber nach, packten das Nötigste für die Nacht aus und legten uns schlafen.

Tag 1. – Als wir am nächsten Morgen aufwachten – gegen 10 Uhr –, fanden wir uns mitten im Kliniktrubel wieder. Eine Schwester führte uns eine Treppe tiefer zu Dr. Sunanda, die uns in der Nacht so herzlich begrüßt hatte. Nach einigen allgemeinen Worten ließ sie den Fahrer kommen, unser Gepäck wurde verstaut, und wir fuhren zum Hotel. Hier wartete die nächste Überraschung. Eine Buchung auf unsere Namen war nicht bekannt. Schnell stellte sich heraus, wo das Problem lag: Ich hatte zwar dieses Hotel per Website gebucht, aber – wie auch immer – war die Buchung in einem Hotel der gleichen Kette weit weg von der Klinik gelandet. Das war jedoch nicht machbar für uns und den Fahrer, der uns fortan zwischen Hotel und Klinik fahren sollte. Also fuhren wir wieder zurück zur Klinik. Wir hatten für die ersten vier Tage vor der OP das Hotel gemietet, um noch etwas zu relaxen, danach hatten wir für die gesamte Zeit unseres Aufenthaltes ein Zimmer in einem Appartement-Hotel mit Etagenküche gemietet, wo sich Nicole jederzeit zurückziehen konnte und auch die Möglichkeit hatte, für sich zu kochen und später nach der OP auch angemessen Schonkost für mich zuzubereiten. Die Klinik hat daraufhin im Appartement-Hotel angerufen, die Lage erklärt, und wir konnten sofort unser Zimmer dort beziehen. Also Gepäck wieder zurück ins Auto und ab ins Appartement. Nervlich etwas geschafft, aber erleichtert, ließen wir uns dort auf die Betten fallen.

Meine Gefühle fuhren Achterbahn. Trotz einiger Vorbereitungen auf Indien durch meine Freundin: Was ich bisher gesehen hatte, überstieg alles, was ich mir zuvor ausgemalt hatte, was mir andere zuvor berichtet hatten, worauf ich mich bereits eingelassen hatte. Ich wusste, dass ich die Klinik nicht mit europäischen Maßstäben betrachten durfte, es würde anders sein. Ich kannte zwei deutsche Frauen, die bereits dort waren, und auch sie hatten mich vorbereitet. Doch was ich zu sehen bekam, ging über meine Vorstellungen hinaus. Ich hatte das Gefühl, in einer asiatischen Hinterhofklinik gelandet zu sein, ganz so, wie das klischeehaft im Kopf war. Andererseits wusste ich: Hier erwartet mich einer der besten Chirurgen auf diesem Gebiet weltweit. Wie passt das zusammen? Ich war völlig konsterniert, dachte an den sofortigen Abbruch der Mission und den Rückflug nach Hause. Aber viel Zeit zum Grübeln blieb vorerst nicht, denn schon am Nachmittag sollte die Besprechung mit Dr. Kaushik sein, und danach sollten eventuell noch einige Labortests durchgeführt werden. Wir packten also unser Gepäck aus und verstauten unsere Sachen in den Schränken.

Die Klinik war nur etwa fünf Kilometer vom Hotel entfernt, die Fahrt erschien uns beim ersten Mal jedoch lang. Der Verkehr und die Art und Weise, wie sich dort Fahrräder, Rikschas, Took-tooks, Autos und LKWs durch die Straßen wühlten, war für uns atemberaubend. Es geschah scheinbar alles chaotisch, nur eine Regel schien zu gelten – es gibt keine Regeln. Fahrspuren interessieren niemanden, es wird eng gewechselt, geschnitten, anderen direkt vor die Nase gefahren, und alles ist begleitet von scheinbarem Dauerhupen. Ein Finger muss dort wohl genetisch bedingt immer an der Hupe kleben. Doch erstaunlicherweise funktioniert das Chaos, der Verkehr fließt. In Situationen, in denen bei uns die Autofahrer ausflippen würden, etwa weil sich jemand in nur einem Meter Abstand zum Vordermann noch reinschiebt, da herrscht dort Gelassenheit – faszinierend.

In der Klinik angekommen, nahmen wir im Warteraum Platz. Dort saßen noch einige andere Patientinnen – alle Transfrauen, alle indisch-asiatischer Herkunft. Ihre farbenfrohen Gewänder fielen uns unweigerlich sofort auf, ihre aufwendig geschminkten Gesichter direkt danach. Doch wir wurden mindestens ebenso intensiv gemustert, waren allein aufgrund unserer Größe und europäischen Herkunft der Hotspot im Raum. Es dauerte nicht lange, und wir wurden hereingerufen.

Zum ersten Mal stand ich Dr. Kaushik gegenüber. Die Begrüßung war herzlich, und die Chemie schien gleich gut zu passen. Unzählige Mails hatten wir im Vorfeld ausgetauscht, aber die persönliche Begegnung war dann doch noch einmal etwas anderes. Er wirkte sehr offen, freundlich, klar und sympathisch. Er informierte uns zuerst über den geplanten Verlauf der kommenden drei Tage bis zur OP. Noch am gleichen Abend sollte das Belastungs-EKG in einer anderen Klinik stattfinden. Ich hatte zwar im Vorfeld der OP alle geforderten Untersuchungen zu Hause machen lassen, aber es ist in Deutschland ja leider so gut wie unmöglich die Befundtexte in Englisch zu erhalten. So musste der Test nochmals ausgeführt werden.

Am kommenden Tag, also Tag zwei, hatten wir eigentlich den Besuch des Taj Mahal in Agra vorgesehen, das etwa zweihundert Kilometer südöstlich von Delhi steht. Die Klinik hatte das für uns organisiert, und wir mussten uns glücklicherweise um nichts kümmern.

Am dritten Tag war die Koloskopie vorgesehen, also eine erneute Darmspiegelung. Hier ist Dr. Kaushik sehr konsequent. Ein gesunder Sigma-Darm ist Voraussetzung für das Gelingen der GaOp mit seiner Methode. Bei Patientinnen über 45 Jahren verlässt er sich auf keine Voruntersuchungen, sondern besteht darauf, dass vor Ort nochmals untersucht wird.

Der vierte Tag würde schon der direkten OP-Vorbereitung dienen. Die Ernährung würde nur noch flüssig erfolgen, damit die folgende Darmentleerung auch vollständig sein würde.

So waren also die vier Tage vor der OP voll ausgefüllt. Nach dem organisatorischen Teil folgte das Gespräch über die beiden geplanten OPs, die GaOp und die FFS. Er schilderte nochmals den Verlauf und die Details der OP, er erklärte, welche Teile der Neovagina er aus welchen vorhandenen Körperteilen formen würde, wo die Besonderheiten und eventuellen Problemstellen sein könnten. Es war alles sehr offen und klar. Ich konnte meine ungeklärten Fragen anbringen, die alle zufriedenstellend beantwortet wurden. Nachdem ich mich an das für mich schon immer schwierige „Hindu-Englisch" gewöhnt hatte, das für meinen Geschmack so völlig eintönig, ohne jegliche Betonungen daherkommt, und viele Wörter kürzt oder völlig anders ausspricht, war die Kommunikation dann auch bald relativ flüssig.

Nach der GaOp-Besprechung schloss sich die Besprechung für die zweite OP an – die FFS. Hier war zuvor nicht abschließend besprochen worden, was gemacht werden sollte, und ob sie überhaupt stattfinden würde. Das wollte ich erstens abhängig von meinem Zustand nach der GaOp machen und zweitens im Ergebnis des Gespräches festlegen. Hundert Prozent klar war nur eine Option – die Stirn. Die typischen männlichen Wölbungen über den Augenbrauen, die tiefen Augenbrauen selbst, die flache Partie darüber und die Geheimratsecken – das zu korrigieren war für mich ein Muss!

Anders sah es mit anderen Bereichen wie Kinn, Unterkieferlinie, Wangen, Nase und Oberlippe aus. Die Nase sollte so bleiben, wie sie ist. Sie ist weder weiblich noch klassisch männlich, wohlgeformt – nur unten etwas zu wenig nach oben gewölbt – und etwas breiter als bei Cis-Frauen. Aber deswegen die halbe Nase zerschneiden und brechen? Nein! Bei „Unterkieferlinie abschleifen" und „Kinn spitzer formen" waren wir uns schnell einig, das passte. Beim Kinn verzichtete ich nur auf ein echtes Implantat an der Kinnspitze, mir reichte die seitliche Abschleifung und Auffüllung des Grübchens mit Knochenzement. Zusätzlich erklärte er mir genau, was er unter „jaw angle" verstand, das war mir im Vorfeld nicht ganz klar gewesen. Dabei wird im Bereich vom Ende des Unterkiefers bis zum Kinn, unterhalb der Knochenlinie zum Hals hin, ein Teil des Fettes abgesaugt, um die Konturen zu verstärken. Das gefiel mir gut – und kam auf die Liste.

Er sprach davon, dass er mir auch gern noch Wangenimplantate verpasst hätte. Zugleich gestand er aber, auf dem vorab von mir erhaltenen Foto – auf dem ich so lachte, dass die Wangenknochen gut betont waren – erkannt zu haben, dass dies eher unnötig sei – also runter von der Liste.

Blieben noch zwei Aspekte: Buccal Fat Removing und Oberlippenlifting. Beim ersten Aspekt wird der unterhalb der Wangenknochen sitzende Fettkörper (Bichat-Fettpfropf) teilweise entfernt, wodurch die Wangenknochen stärker betont werden. Das war auch schnell entschieden – und kam auf die Liste! Blieb zuletzt das Oberlippenlifting. Hier war ich mir unsicher. Klar, einerseits sieht eine vollere Oberlippe schöner aus, aber andererseits bleibt eine Narbe direkt unter der Nase an gut sichtbarer Stelle. Hier wird der Abstand zwischen Oberlippe und Nase verkürzt, auch ein deutlich männliches Zeichen. Zudem hatte ich mir ein finanzielles Limit gesetzt, der ganze Spaß muss ja auch irgendwie bezahlt werden – es kam also vorerst nicht auf die Liste.

So war die Entscheidung nun gefallen, was wir machen wollten und was es kosten würde. Ausgeführt werden sollte die OP laut Plan etwa zwölf Tage nach der GaOp. Als letzter Punkt blieb der finanzielle Aspekt übrig. Angezahlt hatte ich zuvor 2.500 US-Dollar. Ich legte die Differenz zum Gesamtbetrag der GaOp auf den Tisch – 5.100 US-Dollar. Es fiel mir überhaupt nicht schwer. Erstens diente es der Erfüllung meines sehnlichsten Wunsches, endlich auch körperlich vollkommen Frau zu sein, und zweitens wusste ich, dass ich hier bei einem Top-Chirurgen war, und dennoch sehr wenig Geld im internationalen Vergleich zahlen musste.

Viel oder wenig Geld ist immer sehr relativ, man muss es haben. Ich hatte zuvor schon sehr hohe Kosten auf meinem Weg, hatte kaum Ersparnisse, schließlich war kurz zuvor die kostspielige Trennung von meiner Frau, und ich hatte über viele Jahre die teure Ausbildung unseres Sohnes finanziert. Ich habe für die Erfüllung meiner sehnlichsten Wünsche einen anderen Traum aufgegeben, zumindest teilweise. Ich habe meine Segeljacht verkauft, um alles bezahlen zu können, was mir jetzt so wichtig geworden war. Die Kosten für die zuvor definierte FFS schrieb mir Dr. Kaushik auch nochmals auf, das würden inklusive der neuerdings zusätzlich anfallenden 18 Prozent GST (eine Art indische Mehrwertsteuer) 9.500 US-Dollar sein. Insgesamt waren also etwa 17.000 US-Dollar zu zahlen. Das klingt für manche eventuell viel, ist aber angesichts der umfangreichen und zeitintensiven OPs wenig. In Europa wäre dafür wohl das Dreifache nötig gewesen, in Thailand etwa das Eineinhalbfache. Damit war das Gespräch beendet, Dr. Kaushik versicherte mir, ich würde ein wundervolles weibliches Genital erhalten, das sich kaum von denen biologischer Frauen unterscheiden würde. Wir verabschiedeten uns.

Bis zum nächsten Termin, dem Belastungs-EKG, war noch etwas Zeit. Der Klinikfahrer brachte uns ins Hotel und holte uns rechtzeitig zum Termin wieder ab. Es war ein öffentliches Hospital in Delhi. Es wirkte für mich wenig anders als eine normale Klink in Deutschland, nichts besonders Auffälliges. Großer Vorteil für mich war, dass alles organisiert und vorbereitet war durch den multifunktionalen IT-Chef der Klinik, der mich begleitete. Warten und Durchfragen waren unnötig. Wir waren schnell am richtigen Ort, wo man mich erwartete. Die Untersuchung war wenig spektakulär – ein Hometrainer, ich wurde entsprechend verkabelt für das EKG, und los ging es. Es dauerte wohl etwa zehn Minuten, dann war der Test erledigt, und der Fahrer konnte uns ins Hotel zurückfahren. Somit war der erste Tag in Delhi, das offizielle Programm, beendet.

Zum Abschluss begaben wir uns in das abendliche Gewühl von Delhi. Zwei große Mitteleuropäerinnen im nächtlichen Pitampura, einem Stadtteil von Delhi – da war Aufsehen vorprogrammiert. Wir waren die Hingucker des Abends und wurden intensiv beäugt, egal, ob von Frauen oder Männern. Wir schlenderten die Straße entlang und tauchten ein in das emsige Leben am Straßenrand. Es machte den Anschein, als würde sich beinahe alles auf der Straße abspielen, egal, ob Handwerk, Verkaufsstände, Essen oder alle möglichen Dienstleistungen. Der Hunger trieb uns alsbald nicht etwa in irgendein Restaurant, sondern mitten in das Gewühl an einen Nudelstand. Es gibt an jeder Ecke etwas, meistens jedoch typisch indisch scharf, was nicht so ganz meine Sache ist, im Gegensatz zu Nicole. Aber wir waren auch vorgewarnt, Ärger mit Magen und Darm wollten wir uns keinesfalls zuziehen, ich im Vorfeld meiner OP am allerwenigsten. An einem Wokstand, wo frische Nudeln mit Gemüse zubereitet wurden, sah das Essen nicht nur gut aus, es roch auch gut, es wirkte frisch und war nicht so scharf – also schlugen wir zu. Zwei Portionen zu je – Achtung – 10 Rupien! Das sind gerade einmal 14 Cent! Es schmeckte auch tatsächlich so gut, wie es ausgesehen hatte, und wir waren zufrieden ob unseres ersten spontanen Essensausfluges in den Straßen von Delhi.

Wir bummelten noch ein wenig durchs Viertel und waren hin- und hergerissen von dem, was wir zu sehen bekamen. Lebensfreude und buntes Treiben auf der einen Seite, unvorstellbarer Dreck und scheinbares Chaos auf der anderen Seite. Und mitten darin leben die Menschen. Der Clou für mich waren die Kühe mitten im Verkehrswahnsinn Delhis. Alle Varianten indischer Verkehrsmittel wälzen sich eng gedrängt durch die Straßen, und mittendrin laufen die für die Inder heiligen Kühe. Weder die Kühe noch die Fahrzeugführer lassen sich voneinander beeindrucken. Die Kühe laufen stoisch durch den Verkehr, und es passiert nichts, weder ihnen noch den Autos oder Mopeds – faszinierend. Überwältigt von den ersten Eindrücken, erschöpft von den Anstrengungen des Fluges und des ersten Tages legten wir uns schlafen.

Tag 2. – Der nächste Morgen in Delhi brach an. Wir hatten nicht viel Zeit, um 8.30 Uhr wollte der Fahrer uns abholen, heute war Sightseeing angesagt – es sollte zum Taj Mahal gehen. Wir waren pünktlich startklar. Der Fahrer war es ebenso, was in Indien besonders erwähnenswert ist. Zeitansagen sind in Indien flexibel, das sagen die Inder auch selbst über sich. Scheinbar endlos ging es über die breiten Stadtautobahnen Delhis gen Südosten. Es dauerte lange, bis die Stadt Delhi hinter uns lag. Ich war einerseits gefangen von den Eindrücken, andererseits wiederholt sich eigentlich alles immerzu. Es gibt nicht wirklich etwas Faszinierendes zu sehen, aber dennoch sind die Sinne gefangen.

In Agra angekommen, erwartete uns ein privater Führer, dessen Aufgabe es war, ausschließlich uns durch das Taj Mahal zu führen. Das erwies sich als großes Privileg, denn der Andrang der Menschen dort ist unglaublich. Pro Tag, auch mitten in der Woche, strömen etwa 20.000 Besucher durch die Anlagen. Der Anblick der Anlage ist gewaltig und erhaben, das strahlende Weiß des Marmors beeindruckend. Die Anlage, besonders am Eingangsbogen mit Blick auf das Taj Mahal, strahlt eine eigenartige und etwas fesselnde Energie aus, die sich sogar mir trotz meiner angespannten psychischen Verfassung spürbar darbot.

Nach dem Rundgang erhielten wir noch eine Führung in eine besondere Manufaktur am Rande der Anlage. Diese Manufaktur stellt für nötige Reparaturen die Intarsien im Marmor des Tempels her. Diese bestehen aus verschiedenen, besonderen Halbedelsteinen aus aller Welt – oft in extrem kleinen Ausführungen – und verursachen bei bestimmten Lichteinfällen durch Mond und Sonne die faszinierenden Lichteffekte an der Marmorfassade. Wir durften an den Schleifgeräten auch selbst Hand anlegen. Dann verließen wir die Manufaktur und gingen zurück zum Auto, wo der Fahrer uns schon erwartete. Ein wenig erschöpft ließen wir uns in die Sitze fallen, und auf ging es, zurück nach Delhi.

Tag 3. – **D***er folgende Tag war wieder ein eher offizieller Tag, die Koloskopie stand an. Diesmal ging die Fahrt in ein Privat-Hospital in Delhi, Subodh begleitete mich erneut. Einen besonders großen Unterschied zum vorherigen, staatlichen Hospital habe ich nicht wahrgenommen.*

Ich wurde in einen Raum geführt, wo schon ein Bett für mich reserviert war, auf dem ich mich mit der Entleerung des Darms auf die Untersuchung vorbereiten sollte. Im typischen Klinikkittel ging es dann los. Privatsphäre wird dort nicht so groß geschrieben, in diesem Raum herrschte reger Verkehr. Zwei weitere Betten waren belegt, und es warteten noch sechs bis acht Personen auf etwas. Die Sauberkeit der Toilette, die ich nachfolgend im 10 – Minuten-Takt aufsuchen musste – andere Patienten leider auch , sank somit im 30-Minuten-Takt …

Als alles erledigt war, ging es zur Koloskopie. Nichts besonders Aufregendes. Die Frage nach einer örtlichen Betäubung am Anus verneinte ich, und los ging die Reise in das immer wieder faszinierende Organ Darm. Irgendwie ist das in unserer Wahrnehmung etwas „Schmutziges", und dennoch bei der Bildgebung so rein und genial. Das Ergebnis war wenig überraschend: Nur ein Polyp wurde entdeckt und auf Nachfrage auch sogleich problemlos entfernt. Sie hatten nur vergessen zu erwähnen, dass sie dafür zusätzlich 150 US-Dollar kassieren wollten ... Großzügigerweise übernahm jedoch Dr. Kaushik diesen Posten. So hatte ich auch diese Etappe gemeistert, und es ging zurück ins Appartement.

Tag 4. – Der folgende Tag war nicht organisiert. Wir hatten etwas Zeit für uns und nutzten sie, so gut es ging. Wir fuhren in einen nahegelegen Park, eine der grünen Oasen in dieser gewaltigen Stadt, und bummelten etwas, genossen die Sonnenstrahlen und die erholsame Ruhe in diesem Park, abseits des sonstigen Lärms der Stadt. Es war Zeit für etwas Besinnung, ein wenig Auftanken für Körper und Seele, etwas mentale Vorbereitung auf das, was morgen kommen sollte. Es waren die letzten entspannenden Stunden vor dem ultimativen großen Schritt, dem endgültigen Point of no Return! Ernährungstechnisch war ich schon im OP-Vorbereitungsmodus – es gab nur noch flüssige Nahrung.

Am Nachmittag packten wir unseren Klinikkoffer mit den Sachen, die wir für die kommenden Tage in der Klinik brauchten. Am späten Nachmittag, in der Klinik angekommen, sollte erneut die Darmentleerung als Vorbereitung für die GaOp am nächsten Tag erfolgen. Meine Begeisterung hielt sich in deutlich erkennbaren Grenzen. Wieder die gleiche Prozedur, zwei Liter einer unangenehm schmeckenden Flüssigkeit waren hineinzupressen – es fiel mir richtig schwer! Aber irgendwie geht es letztlich immer. So legten wir uns am Abend für die erste Nacht in der Klinik zur Ruhe. Ich war, trotz des Wissens um die am folgenden Tag anstehende gewaltige OP, sehr ruhig und hatte eine recht angenehme Nacht.

Ich wachte auf und war noch immer relativ entspannt, was mich doch etwas verwunderte. Zehn Uhr war als Start zur OP avisiert, und nicht viel später stand dann auch die Schwester am Bett und meinte, dass es jetzt los gehen würde ... Da war er also, der Moment, auf den ich so lange gewartet, auf den ich mich so intensiv vorbereitet hatte. Ich verabschiedete mich ganz fest von Nicole, jetzt standen einige Tränen in den Augen ... Es ist immer ein sehr emotionaler, in seiner Bedeutung wohl sogar unterschätzter Moment. Es kann tatsächlich der letzte gemeinsame Augenblick sein, niemand weiß das vor einer OP. Jede OP, und sei sie noch so harmlos, birgt Risiken, und kann dazu führen, dass man nicht mehr erwacht. So gesehen, war die Verabschiedung fast banal. Aber wer will sich in dieser Situation die ganze Tragweite des Momentes vergegenwärtigen?

Acht bis neun Stunden später nehme ich in meinem Bett wahr, dass ich irgendwie wieder unter den Lebenden bin, etwas verschwommen, etwas verwirrt und benommen – aber ich bin wieder da. Zuerst fühle ich viel Wärme, sehe Nicole, sehe und fühle etwas Hektik um mich herum. Ich spüre eine Last auf meinen Beinen. Es dauert einige Zeit, bis ich alles klarer aufnehmen kann, aber da ist es auch schon ruhiger um mich herum. Heiß ist mir, von innen wie von außen – das fühlt sich nicht so gut an. Es ist zwanzig Uhr am Abend, als ich das erste Mal aus meinem Bett einen Blick auf die seitlich an der Wand hängende Uhr erhasche. Viel Zeit ist vergangen seit unserer Verabschiedung zur OP am Vormittag …

Langsam versuche ich, mich an meine Lage heranzutasten. Ich liege ziemlich straff auf dem Rücken im Bett, die Beine und Füße sind von etwas Schwerem bedeckt, und in kurzen Abständen werden meine Beine und Füße von dem Etwas massiert. Um den Genitalbereich spüre ich nichts, weder Schmerz, noch Sonstiges. Ich verspüre Durst, viel Durst, aber ich darf nichts trinken, nur die Lippen mit Wasser betupfen. Gierig versuche ich dabei ein paar Tropfen mehr zu erhaschen, damit auch etwas in den Mundraum kommt. Bis zum Magen gelangt es sowieso nicht – das verdampft zuvor, so das Gefühl.

Nicole ist bei mir, schaut nach mir, reicht mir regelmäßig etwas Wasser für die Lippen – wie schön, dass sie bei mir ist!

Erst später wird mir klar, dass ich eigentlich erst am nächsten Nachmittag wieder meine Umwelt wirklich wahrnehme, alles dazwischen sind nur Fragmente, kurze Momente der Erinnerung.

Ich weiß nicht mehr, ob es noch am Abend oder erst am nächsten Vormittag war, als Dr. Kaushik das erste Mal zu mir ans Bett kommt. Die erste Nacht war hart. Das feste unbewegliche Liegen auf dem Rücken war der schlimmste Aspekt. Seit meiner Lendenwirbel-OP im Dezember 2011 kann ich nicht lange auf dem Rücken liegen oder schlafen, ich schlafe immer auf der Seite. Aber jetzt musste ich es, und mein Rücken begann alsbald Protest anzumelden. Noch wusste ich nicht, was die eigentliche Ursache für die Schmerzen war. Ob ich die zweite Nacht geschlafen habe, weiß ich nicht, aber ich erinnere mich an eine Schwester und einen Pfleger, die öfters an meinem Bett waren, nach mir schauten, mich abtupften. Besonders die Berührungen der Schwester, ihr

Streicheln und ihre Art mich zu berühren, hatten eine auffallende Wirkung. Es fühlte sich danach alles leichter, etwas frischer an – sie strahlte eine ganz besondere Energie auf mich aus. Meine Freundin hatte sich mittlerweile nach den Strapazen der ersten Stunden, des ganzen ersten Tages nach der OP, auch etwas zum Schlafen gelegt, auch für sie war das physisch und psychisch ein harter Tag und Abend.

Als ich Dr. Kaushik das erste Mal nach der OP wieder sah, strahlte der eine Zufriedenheit und Klarheit aus, die für den Moment eine ansteckende Wirkung auf mich hatte. Er sprach von einer gelungenen OP, zeigte sich überzeugt, dass sie besonders gut war und ein hervorragendes Ergebnis für mich bringen würde und forderte mein positives Denken ein.

Am Tag wurde endlich die Heizung heruntergefahren, und mir wurde insgesamt etwas leichter. Dr. Kaushik sprach davon, wie wichtig die Wärme für die kommenden zwei Tage für mich wäre. Sie sei entscheidend, damit einerseits keine Blutgerinnsel oder Thrombosen entstünden, andererseits sei sie aber auch wichtig für die Heilung und die Schaffung neuer Verbindungen im operierten Bereich. Die Warmhaltung des Körpers fördert die Blut- und Lymphzirkulation, die zusätzlich mittels dieser Beinmanschetten unterstützt wird. Diese Manschetten waren elektrisch gesteuert und haben in regelmäßigen Abständen die Füße und Waden massiert.

Erst später erfuhr ich, dass die ersten 48 Stunden nach der OP wohl etwas dramatischer waren, als ich es mitbekommen hatte. Mein Zustand war wohl nach dieser langen OP doch nicht so sehr stabil. Der Blutdruck war hoch, der Sauerstoffgehalt zu niedrig, und ich hatte phasenweise wohl sehr hohes Fieber. Schwestern und Pfleger waren im 20-Minuten-Takt an meinem Bett. Doch hauptsächlich hatte mein Engel ein wachsames Auge auf mich, tupfte mich ab, befeuchtete meine Lippen und sorgte dafür, dass die Schwestern so oft zu mir kamen, was dringend nötig war. Für sie waren das daher ebenso dramatische und psychisch extrem anstrengende Stunden.

Die folgenden zwei Tage waren die heftigsten der gesamten Prozedur für mich. Das Liegen, die Rückenschmerzen, das fehlende Trinken und der fehlende Schlaf. Das alles zusammen war ein heftiger Cocktail an Unwohlsein – und das ist noch positiv ausgedrückt! Nach zwei Tagen begriff ich auch den Grund für meine Rückenschmerzen. Ich hatte mich zuvor gewundert, dass das Schmerzmittel bei der rechten Schulter zugeführt wurde. Dort befand sich ein Zugang für Spritzen, und wenn gespritzt wurde, spürte ich einen kühlen Fluss den Rücken hinab. Im Bereich der Lendenwirbelsäule war ein Spinalzugang gelegt worden, über den die Schmerzmittel direkt ins Rückenmark gelangten. Der Zugang war gepolstert worden, und darauf lag ich die ganze Zeit flach mit dem Rücken. Die Stelle befand sich dummerweise genau dort, wo meine Lendenwirbelsäulen-OP stattgefunden hatte, und an der die Muskeln in dem Bereich seit Jahren etwas verhärtet sind. Ab der dritten Nacht versuchte ich nun, die Stelle mit Kissen zu entlasten, was die Schmerzen dort endlich milderte.

Ansonsten fühlte ich mich etwas eigenartig nach der OP. Die erwartete Euphorie, es nun endlich geschafft zu haben, nun endlich auch körperlich ganz Frau zu sein, die blieb aus. Ich fühlte mich etwas leer, und der Genitalbereich fühlte sich wie ein Fremdkörper an. Ich war alles andere als glücklich und zufrieden, endlich meine ersehnte Neovagina zu haben. Schlimmer noch, ich sank in ein großes dunkles Loch. Das wurde sicher auch dadurch befördert, dass ich für die OP die Hormonzufuhr aussetzen musste, der Körper also zusätzlich zur ohnehin riesigen OP-Belastung auch durch irritierte Hormone belastet wurde.

An diesem Tag habe ich die 14 Tage später geplante FFS abgesagt. Ich konnte mir zu dem Zeitpunkt nicht ansatzweise vorstellen, eine weitere OP zu überstehen, es erschien mir wie eine Horrorvorstellung. Das würde mir zu viel werden, das wollte ich mir und meinem Körper nicht zumuten. Frau Dr. Sunanda, die Ehefrau von Dr. Kaushik, zeigte Verständnis und versuchte auch gar nicht, mir das auszureden.

Nach drei Tagen wurde der Verband um meine neue Vagina geöffnet. Tatsächlich hat niemand in diesen drei Tagen den Verband geöffnet und nach dem Zustand der Wunden geschaut oder ähnliches. Alles war drei Tage fest verpackt geblieben, und es ist auf genügend Wärme geachtet worden. Das unterscheidet die Herangehensweise fundamental von europäischem Verständnis, wo wohl eher auf Kontrolle und Kühlung Wert gelegt würde. Viel konnte ich nicht sehen, aber was ich sah, das erschreckte mich. Dort, wo eigentlich die neuen äußeren Labien sein sollten, war ein großes Stück Gewebe, ähnlich einem Tennisball. Es stellte sich als große Blutansammlung in der linken Schamlippe heraus. Die Stelle wurde geöffnet, sehr viel Blut herausgedrückt und mit einer Maschine abgesaugt, alles desinfiziert mit Betaisodona Lösung – dort läuft sie unter Betadine Lösung – und dann wieder verbunden. Dr. Kaushik versicherte mir, das wäre kein Problem, könne immer geschehen, und der Körper würde den Rest absorbieren. So richtig wollte mich das jedoch nicht beruhigen. Ich bin kein Mensch, der Ärzten blind vertraut, gehe immer mit einer gewissen Skepsis heran. Misstrauen, basierend auch auf einer gehörigen Portion eigenen Wissens und Erfahrungen. Das hat mir in der Vergangenheit gute Dienste geleistet.

Ab diesem Tag durfte ich auch endlich wieder trinken – ein tolles Gefühl. Mein Darm hatte das erste Mal wieder Luft zum Anus hinausgelassen. Das war ein eindeutiges Zeichen, dass die Darmnaht dicht war, und Grundlage für Flüssigkeitszufuhr. Ab dem Folgetag durfte ich dann auch flüssige Suppen, Shakes und Smoothies zu mir nehmen. So schön es war, sich wieder Nahrung einzuverleiben – auch wenn es nur flüssige war –, so unangenehm war die damit verbundene Notwendigkeit, nun Windeln tragen zu müssen. Das will ich nicht weiter ausmalen – das ist schon sehr speziell. Da fühlt man sich ein wenig wie im Pflegeheim. Auf einmal konnte ich meine Großmutter, die ich zwei Jahre mit gepflegt hatte, sehr gut verstehen.

Meine Freundin war seit unserem Einzug in die Klinik immer in meiner Nähe gewesen und hatte drei schwere Nächte hinter sich. Sie begab sich nach der dritten Nacht das erste Mal wieder ins Hotel, um dort zu duschen, in einem richtigen Bett zu schlafen und sich von den psychischen Strapazen der ersten Tage zu erholen. Sie war dann am folgenden Tag gegen Mittag wieder zu mir in die Klinik gekommen, wo ich sie sehnsüchtig erwartete.

Dr. Kaushik kam jeden Tag mindestens einmal zur Visite. Er war mit seinem Ergebnis und der Heilung, dem Abschwellen des großen Blutergusses und meinem Zustand allgemein sehr zufrieden und strahlte wie immer seine höchst positive Energie aus. Mein Empfinden über das, was ich gesehen hatte, passte jedoch nicht so ganz zu seiner Zufriedenheit. Nach vielleicht fünf Tagen teilte ich ihm meine Diskrepanz zwischen Eigenwahrnehmung und seiner Wahrnehmung mit. Er lächelte verständnisvoll und erklärte mir, was da warum so aussieht, wie es jetzt aussieht, und dass das nicht der finale Stand sei, der würde erst wenige Tage vor meinem Rückflug durch einen Touch Up erreicht werden. Ich solle unbesorgt sein, es würde am Ende hervorragend aussehen. Das beruhigte mich doch weitgehend.

Das Schwierigste der folgenden Tage in der Klinik, von dem Moment an, ab dem ich wieder essen durfte, war, etwas Geeignetes und Schmackhaftes für mich zu finden. Die Klinik hat keine eigene Küche, die einzige Möglichkeit besteht darin, sich bei einem von mehreren Lieferservices das zu bestellen, was man haben möchte. Und da wird es schwierig … Erstens ist die indische

Küche sehr scharf. Zweitens sind indische Shakes und Smoothies sehr süß und haben den Geschmack von Kaugummis – auch nicht mein Ding. Also versuchte ich es einfach – eine pürierte Tomatensuppe könnte das Richtige sein. Tatsächlich war die nicht sehr scharf und schmeckte recht passabel. Risikofreudig bin ich im Ausland sowieso nicht, in der damaligen Situation war ich es noch weniger. Also bestellte ich die folgenden Tage jeweils zum Mittag eine Tomatensuppe, die mir dann als Mittag- und Abendessen reichte. Zusätzlich hatte meine Perle bei der Erkundung der Umgebung und auf der Suche nach Ess- und Einkaufsmöglichkeiten griechischen Fruchtjoghurt gefunden, und alles war für den Moment in Ordnung, mehr brauchte ich aktuell nicht.

Die Ausflüge in die Straßen um die Klinik herum waren kein Spaziergang für meine Gefährtin. Die vollen Straßen, die Menschenmassen, die Luft, der Lärm, die vielen neugierigen Blicke, die Übermacht der Männer auf der Straße und in jedem Geschäft waren eine echte Herausforderung für sie.

Jeden Tag wurde die Wunde gereinigt. Die Schwellung ging zurück, die Zufuhr von Antibiotika und Schmerzmittel via Infusion wurde schrittweise reduziert. Nicole schlief wieder im Appartement, war aber von etwa zwölf bis zwanzig Uhr bei mir in der Klinik. Das war ungeheuer aufbauend für mich, sie war eine ganz wichtige Stütze in einer schweren Zeit. Ich gestehe, ich war sehr glücklich, wenn sie kam, und musste mich schon ein wenig zurücknehmen bzw. mich zusammenreißen, wenn sie am Abend ins Hotel wollte – zu gern hätte ich sie weiter um mich gehabt.

Am Tag der Entlassung – neun Tage nach der OP – kam Dr. Kaushik ins Zimmer und entfernte den Harnröhrenkatheder. Die Wunde wurde nochmals gereinigt, er war zufrieden. Ich durfte aufstehen und mich duschen! Das war eine wundervolle Ansage! Langsam schob ich mich an die Bettkante, streckte erst einen Fuß heraus und senkte ihn zu Boden, dann den zweiten. Ich checkte, wie es meinem Kreislauf ging, ob alles im Lot war. Ich erhob mich, die Hände am Bettgeländer abgestützt, und stand – endlich! Vorsichtig hob ich je einen Fuß hoch, schaute, wie sicher ich stehen konnte, und sah meine Beine – puuh! Nach einer Rücken-OP vor sechs Jahren hatte ich am linken Oberschenkel zeitweise einen Muskelverlust von etwa dreißig Prozent nach einem Hämatom-Vorfall und Nervenaussetzern. Auch jetzt war der Gewichts- und Muskelschwund wieder besonders an diesem Oberschenkel ausgeprägt. Insgesamt hatte ich etwas mehr als elf Kilogramm Gesamtgewicht verloren.

Es war ein ganz besonderer Moment, das erste Mal als Frau auf die Toilette zu gehen, es war ein spannender Augenblick. Würde alles so funktionieren, wie es sollte? Ich hatte von OP-Ergebnissen gelesen, bei denen die Harnröhre offenbar nicht so platziert war, dass der „Zielbereich" beim Urinieren gefunden wurde. Doch es war alles so, wie es sein sollte, und es gab keinerlei Schmerzen. Für den Moment war ich glücklich und dankbar.

Zum Duschen kamen zwei Schwestern, die mir halfen, damit besonders beim Waschen der Haare nicht der ganze Körper, speziell der Genitalbereich, gewässert wurden. Oh, wie gut fühlte es sich an, endlich wieder frisch geduscht zu sein! Als ich fertig war, packten wir unsere Siebensachen und machten uns startklar für die Fahrt ins Appartment-Hotel. Der Klinikfahrer brachte uns wie immer wohlbehütet in unser Zimmer. Die erste und schwierigste Etappe war sozusagen erfolgreich gemeistert!

Die größte Herausforderung bestand für mich jetzt im Essen. Die erste Handlung war der Kauf eine Mixers. So konnten wir am besten flüssige Suppen, Shakes und Smoothies nach Gutdünken zubereiten. „Wir" ist gut – ich war bestenfalls Hilfskraft, Nicole tat das für mich. Allein wäre ich an diesem Punkt hoffnungslos überfordert gewesen!

Ein Smoothie aus Bananen und Äpfeln zum Frühstück war doch etwas ganz anderes und machte mir wieder Appetit auf Essen, der mir die letzten Tage doch so abging. Zum Mittag erfreuten leichte Suppen aus Karotten, Zucchini und Kartoffeln meinen Darm. Schließlich musste dringend wieder etwas dran an diesen ausgemergelten Körper.

Die folgenden Tage waren wenig spektakulär. Von den täglichen Ritualen abgesehen, war kaum mehr als ein Mini-Spaziergang im Viertel möglich. Meine Freundin verbrachte während meiner Ruhephasen ihre Zeit oft auf dem Dach des Hotels in der Sonne, insofern der Smog die Sonne durchließ. Sie las und meditierte, um die psychische Anstrengung zu verarbeiten, die doch viel größer war, als sie erwartet hatte.

Es war, so glaube ich, der zweite Tag im Hotel. Ich wollte mir meine Neovagina genauer anschauen und auch Fotos machen. Allein konnte ich nur wenig sehen. Nicole wollte mich davon abhalten und hielt das aus psychischen Gründen für keine gute Idee. Doch ich wollte es unbedingt. Gesagt – getan. Medizinische Neugier und Interesse sind ja ganz nett, aber diese Neugier war fatal für mich. Die Wunde war, wie schon zuvor berichtet, noch sehr frisch. Es hatte einen riesigen Bluterguss an einer Labie gegeben, und das Genital selbst war sozusagen nicht endgültig hergestellt, sondern provisorisch in der Formung der äußeren Labien. Ich habe mich nicht nur erschrocken über das, was ich da sah, ich war völlig entsetzt. Klar, jede derart heftige OP ist erst einmal eine große Wund- und Narbenlandschaft. Ich hatte zuvor bei meinen Recherchen viele, auch blutrünstige Fotos von Ergebnissen kurz nach der OP gesehen, sogar während der OP, aber dennoch traf mich der Schlag beim Angesicht meiner Neovagina. Durch den Bluterguss war alles völlig asymmetrisch, die äußeren Labien überproportional groß, das fehlende Stück Penishaut am unteren Ende der rechten äußeren Labie gut zu sehen, es wirkte wie eine Kraterlandschaft.

Wir gingen ins Bett. Ich war völlig konsterniert, enttäuscht, entsetzt und fassungslos. Es dauerte auch nicht lange, und alles entlud sich in einem heftigen langen Heulanfall. Ich war in einem psychischen Tief, hatte jeden Glauben an den Chirurgen und seine Kunst verloren, fühlte mich elendig, hilflos und ausgeliefert am Ende der Welt. Ich wollte nur noch weg, wollte schnell nach Hause, egal, wie.

Am nächsten Morgen hatten sich die Gefühle und Emotionen ein wenig gelegt. Mein Engel hatte es in der Nacht mit viel Mühe und Liebe geschafft, dass ich mich halbwegs beruhigte und Schlaf fand. Es war jedoch für sie extrem schwer, mich überhaupt gefühlsmäßig zu erreichen, ich war in einer anderen „Welt" und war kaum zugänglich. Es muss für sie emotional ein ungeheures Drama gewesen sein. Eine sofortige Flucht nach Hause war sowieso kontraproduktiv und unmöglich, aber die Enttäuschung, die Zweifel blieben. Hatte ich mich getäuscht, hatte ich mich täuschen lassen, war ich doch an der falschen Adresse, der Ruf des Chirurgen viel besser als seine Fähigkeiten? Ich wusste nicht mehr, wohin mit meinen Gedanken. Auch Nicole konnte mir dabei nur bedingt helfen. Es war wohl für sie die schwierigste und aufreibendste Phase, manchmal wohl fast unerträglich.

Jeden zweiten Tag musste ich in die Klinik zur Kontrolle und Reinigung. Dr. Kaushik habe ich mit meiner – im Vergleich zu seinen Äußerungen – doch so ganz anderen Wahrnehmung nochmals konfrontiert. Nicht mit all meinen Emotionen, aber doch schon sehr intensiv. Er erklärte mir erneut, dass solche Schwellungen normal seien und sich allein lösen, und dass das ganze Bild dann anders aussehen würde. Er zeigte mir zusätzlich am Spiegel, was jetzt nur provisorisch sei, und was er bei dem folgenden Touch Up ändern würde. Das beruhigte mich fürs Erste einigermaßen. Während der Kontrollen führte Dr. Kaushik auch das erste Mal das Dilatieren durch, was ich später täglich zweimal selbst durchführen sollte, um den neuen Vaginalkanal zu weiten. Dieser Kanal ist beim Cis-Mann ja nicht vorhanden, der muss zwischen Darm und Harnblase während der OP geschaffen werden. Ihn dauerhaft zu etablieren, ist die eigentlich Aufgabe des Dilatierens. Es war völlig schmerzfrei und ging offenbar auch sehr einfach, so, wie es für mich im Spiegel zu sehen war. Dazu später mehr.

Die erste Etappe der GaOp war nun gemeistert, es war ein heftiges Erlebnis, eine riesige Anstrengung für uns beide. Das hatten wir beide doch heftig unterschätzt.

Meine FFS

Mittlerweile waren einige Tage vergangen, und ich hatte auch wieder über die eigentlich geplante, aber nach der ersten OP abgeblasene zweite OP, die FFS, nachgedacht. Klar, eigentlich wollte ich unbedingt die Feminisierung meines Gesichtes erreichen, aber da waren auch die Nachwirkungen und Strapazen der ersten OP. Ich fühlte, dass mein Körper noch heftig zu kämpfen hatte, obwohl ich über eine schnelle Wundheilung verfüge. Der Arzt meinte dazu, ich hätte einen top gesunden Körper, eine gute Heilkraft und sei stark – er würde mich aus seiner Sicht schon jetzt wieder operieren.

So war es ein Wettstreit in mir. Körper, Seele und Verstand rangen um eine Position, etwa so: Ein Teil in mir, die Seele, meldete den Wunsch an, es doch zu tun, und der Körper setzte dagegen, „du bist verrückt, ich habe mit der ersten OP noch zu kämpfen“. Die Seele erwiderte, die Feminisierung im Gesicht, die Beseitigung der so eindeutig männlichen Merkmale, besonders der Stirn, würden ihr sehr guttun. „Guttun?“, fragte der Körper rhetorisch, „und was ist mit mir, was tut mir gut?“. Der Verstand wollte auch etwas beitragen und meinte: „Wenn wir schon mal hier sind, wäre das doch sinnvoll.“ So ging das einige Zeit. Die Seele fragte mal wieder beim Körper nach, was er meinte, und der wurde etwas handsamer und weicher, verstand die Seele und meinte: „Naja, ich bin ja eigentlich stark. Wenn du – Seele – etwas mehr behilflich wärst, wäre ich schon weiter.“ Das irritierte die Seele wiederum. Was nun? Da meldete sich der Verstand als letzte Instanz und meinte: „Ihr zwei seid euch ja prinzipiell einig, Schluss mit dem Zickentheater, es wird gemacht!“

Also teilte ich Dr. Kaushik meinen Entschluss mit, wir trafen uns in seinem Büro und besprachen nochmals, was gemacht werden sollte. Nicht, dass am

Ende noch was Falsches fehlt … Während des Gesprächs änderte ich auch meine Meinung zum Oberlippenlifting. Das wollte ich jetzt doch haben. Der springende Punkt war die sehr auffällige Narbenstelle unter der Nase. Doch das Narbenbild auf der Bauchdecke nach der Darm-OP war so beeindruckend – sie war kaum sichtbar, ich musste sie fast ertasten –, dass die Furcht vor der Narbe verschwunden war.

Ich hatte viele Ergebnisse der zwei besten Kliniken in Europa gesehen, die sich auf Feminisierungs-OPs für Transfrauen spezialisiert haben, das Facialteam in Marbella und die 2pass Clinic in Antwerpen, aber ein erheblicher Teil der Vorher-nachher-Vergleiche überzeugte mich keinesfalls. Oft fand ich die Gesichter vorher sogar besser, charakteristischer als nach der OP, wobei mir besonders die „Einheitsnasen" negativ auffielen. Aber die Nase war ja kein Thema mehr für mich. Meine wohlgeformte, wenn auch ein wenig größere Nase sollte bleiben, wie sie ist. Ganz zur Freude meiner Liebsten – sie liebt meine Nase, die aufgeblähten Nasenflügel ganz besonders. Wir hatten uns geeinigt auf folgende Eingriffe am Kopf:

1. *Stirnrekonstruktion – inklusive heruntergezogener Haarlinie und damit einhergehender Anhebung der Augenbrauen, Haartransplantation auf Narbe und Geheimratsecken.*
2. *Kinnkorrektur – Kinnspitze mit Knochenzement auffüllen.*
3. *Korrektur der Unterkieferknochen – Abschleifen der Knochen der Kieferpartie zum Kinn verlaufend.*
4. *Buccal Fat Removal – Entfernen eines Teiles des Fettgewebes unterhalb der Wangenknochen.*
5. *Oberlippenstraffung – Abstand zwischen Oberlippe und Nase verkürzen.*
6. *Absaugen von Fett im Halsbereich unterhalb der Unterkiefer-Kinn-Linie.*

Nun war es also bestimmt. Nach der ersten großen OP würde etwa 14 Tage später die zweite, zeitlich nicht sehr viel geringer ausfallende OP folgen, am Neujahrstag. Unvorstellbar für uns in Deutschland, aber nicht in Indien. Trotz gleicher Bedeutung ist es dort ein normaler Arbeitstag.

Nach einer geradezu orgastischen Silvesternacht ohne Alkohol, ohne Essen, ohne Freunde und Bekannte und ohne jedes Flair – wir verbrachten sie allein im Zimmer in der Klinik –, nach quasi ausgeschlafenem Nicht-Rausch, war es gegen elf Uhr soweit – die erste OP im neuen Jahr in der Klinik. Die Schwester holte mich erneut zur OP ab. An die Gefühle vor der GaOp kann ich mich noch sehr gut erinnern. Anders verhält es sich im Nachhinein bei dieser OP. Die Erinnerungen sind da eigenartigerweise etwas verschwommen. Einerseits war ich etwas entspannter – es war die zweite OP, sie war aus meiner Sicht medizinisch nicht so herausfordernd und für mich körperlich weniger belastend. Andererseits war ich noch etwas geschwächt, körperlich wie psychisch, und emotional weniger angestrengt.

Als ich aufwachte, war es wieder bereits zwanzig Uhr. Auch diese OP hatte mehr als sieben Stunden gedauert! Was spürte ich zuerst? Klar – Durst! Das war diesmal zumindest kein Problem, klares Wasser durfte ich trinken. Gleich darauf sah ich mein geliebtes Wesen, war erleichtert und froh! Dann aber, Momente später, spürte ich meinen Schädel, meine Stirn im Besonderen. Das Gefühl war schon sehr unangenehm, ein monotoner ziehender Schmerz. Natürlich, die gesamte Stirn war am Haaransatz aufgeschnitten und die Haut von der Stirn und bis zu den Augenbrauen und dem Nasenbogen abgelöst worden. Yep – ich weiß, die bildliche Vorstellung ist schon etwas heftig. Wen das detailliert interessiert, der kann sich das gern auf der Olmec-Webseite anschauen (4). Mein Kinn fühlte sich etwas gefühllos an, die Oberlippe war verbunden, da war aber nichts besonders zu spüren. Interessanterweise fühlte sich die Kopfhaut oberhalb der Schnittlinie völlig gefühllos und hart gespannt an, wie ein Trommelfell. Und am Hinterkopf schmerzte es ein wenig. Dort waren die Haare für die minimale Transplantation zur Tarnung der Stirnnarbe und die Auffüllung der Geheimratsecken entnommen worden.

Die Stirn war für mich der wichtigste Part der OP gewesen, und es war auch das, was mir beim ersten Betrachten im Spiegel, noch mit Verband, sofort sehr positiv auffiel. Die Stirnlinie und die Augenbrauen waren hervorragend gelungen, der Übergang von der Nase zur Stirn ebenso perfekt gestaltet, obwohl ich keine Nasen-OP hatte, und fast alle Ärzte zuvor betont hatten – auch Dr. Kaushik –, dass dieser Übergang ohne Nasen-OP kaum perfekt werden würde. Dr. Kaushik zeigte sich selbst sehr zufrieden über das hervorragende Ergebnis. Die Augen-Stirn-Partie war ein toller Anblick. Der Augenbereich war größer und offener, der Blick geöffnet, die Augen waren aus der männlichen „Höhle" befreit worden.

Mehr war nach der OP aufgrund des Kinnverbandes noch nicht zu sehen. Das, was ich sah, machte mich jedoch glücklich. Diese Partie war für mich bei jedem Blick in den Spiegel die Inkarnation eines männlichen Gesichtes gewesen, welches ich unbedingt loswerden wollte – und es war schöner geworden, als ich es mir vorgestellt hatte! So konnte ich die kommenden zwei bis drei Tage entspannt auf die Entfernung der Verbände warten. Die ersten zwei Tage nach der OP waren noch recht schmerzvoll an der Stirn, aber auch das gab sich ab dem dritten Tag.

Voller Vorfreude erwartete ich die Entfernung der Verbände. Die Wirkung der OPs an Oberlippe, Kinn und Unterkieferlinie war nicht so spektakulär wie bei der Stirn. Das liegt zum Teil in der Natur der Sache. Einen gewachsenen Unterkiefer in seiner typisch männlichen Ausprägung – etwas breiter und eckiger – kann man mit normalen OPs nur bedingt korrigieren. Das Kinn wollte ich, wie zuvor beschrieben, nur in geringem Maße verändert haben, und die Form der Kinnspitze war auch tatsächlich für mein Verständnis hervorragend gelungen. Was nicht sofort sichtbar war – etwas Schwellung behinderte den Blick –, war die optische Korrektur des Bereiches unterhalb der Wangenknochen. Dieser Eingriff erfolgt übrigens, wie auch die Korrekturen am Kinn und den Unterkieferknochen, über den Mundraum und ist von außen somit unsichtbar. Im Ergebnis wirkte der Bereich schmaler und die Wangenknochen traten dadurch optisch etwas mehr in den Vordergrund. Eine für mich sehr effektive Methode ohne großen Aufwand und Nachwehen.

Nicht ganz so glücklich war ich mit der Oberlippe. Einen wirklich deutlichen Unterschied konnte ich nicht erkennen, da hätte etwas mehr Veränderung durchaus Sinn gemacht. Aber ich selbst hatte zuvor Dr. Kaushik gegenüber betont, dass er an der Oberlippe moderat vorgehen solle, denn eine übermäßig hochgezogene Oberlippe wollte ich auch nicht. Total überrascht war ich hingegen erneut von der Narbe dieses Eingriffes. Nur vier Tage nach der OP war die Narbe unterhalb der Nase kaum noch zu sehen. Wusste man es nicht, würde man sie kaum erkennen – einfach genial! Die anderen Narben waren, wie gerade erwähnt, im Mundraum und fühlten sich erstaunlich wenig schmerzhaft und beeinträchtigend an.

Ab dem zweiten Tag nach der OP durfte ich wieder Suppen essen, ich musste nur den Mundraum gut spülen und desinfizieren. Es dauerte noch etwa zwei Tage, also insgesamt fünf Tage, bis auch der Stirnverband entfernt wurde. Der Anblick, die Narbe an der Haarlinie betreffend, unterschied sich jetzt doch erheblich von dem, was zuvor an der Bauchdecke und der Nase so auffallend unauffällig war. Diese Narbe war klar und deutlich ausgeprägt und hatte zudem deutliche Blutreste. Es war das Ergebnis der zusätzlichen Haartransplantation. Auch in den Haaransätzen klebte überall noch geron-

nenes Blut. Aber die Stirn selbst, der Haaransatz und die Geheimratsecken waren hervorragend gelungen – alles wunderbar! Es hat dann noch etwa drei bis vier Monate gebraucht, bis auch diese Narbe so gut verheilt war, dass ich sie nicht mehr mit einem Abdeckstift tarnen musste.

Am sechsten Tag nach der OP durfte ich das erste Mal Haare waschen. Zwei Schwestern halfen mir dabei, und ich fühlte mich danach wunderbar. Mein Gesicht hatte sich wie gewünscht verändert, wirkte im unteren Bereich deutlich schmaler und an der Stirn runder – einfach endlich femininer! Meine Seele fühlte Dankbarkeit, mein Körper spürte Erleichterung, und mein Verstand sagte: „Gut gelungen!"

Touch Up

Wiederum an einem Sonntag sollte nun der letzte Schritt erfolgen – der sogenannte Touch Up, die optische Korrektur der GaOp. Zwei Tage später als vorgesehen war es wieder soweit – der dritte Gang in eine OP. Diesmal ging ich jedoch völlig relaxed, fast freudig in den OP-Raum, war es doch nur eine kurze OP mit lokaler Anästhesie. Ich stehe auf lokale Anästhesie, denn ich würde gern immer zusehen. Ich hatte keine völlig verschlossenen Augen, aber leider auch keinen freien Blick auf das Geschehen. Zuerst spürte ich das Ansetzen des Skalpells, dann spürte ich, wie das Skalpell in einer Linie entlang der großen Labien geführt wurde, und später spürte ich auch das Vernähen der Schnitte, aber ohne Schmerz. Ein schon etwas skurriles Gefühl, aber irgendwie auch spannend. Als Dr. Kaushik fertig war, kam der für mich interessanteste Teil.

Es wurde nochmals alles gereinigt und desinfiziert, und dann erhielt ich den freien Blick auf das Geschehen. Die Liege und die Beinstützen wurden so verstellt, dass ich gut nach unten auf den OP-Bereich sehen konnte. Ein Assistent hielt einen Spiegel so zwischen meine Oberschenkel, dass ich auf meine Neovagina schauen konnte. Wow, der Unterschied war erheblich, die äußeren Labien sahen endlich für mich stimmig aus. Jetzt ergab das ein Bild! Das war eine große Erleichterung für mich nach dem Schockerlebnis einige Tage zuvor im Hotel, als ich noch glaubte, es wäre so beinahe alles schiefgelaufen, was nur schieflaufen konnte.

Jetzt kam Dr. Kaushik mit einem großen gelben Schaumstoffdilatator in der Hand daher und meinte schmunzelnd, jetzt müsse ich das erste Mal ran.

Holla – noch auf dem OP-Tisch, die Betäubungswirkung wahrscheinlich fast vorbei, sollte ich jetzt selbst dieses Teil in meine Vagina einführen? Da kam schon etwas Respekt auf. Doch Dr. Kaushik übernahm das erste Einführen, was völlig leicht und schmerzfrei war. Nur am Ende, als die ganzen 16 bis 18 Zentimeter versenkt waren, spürte ich einen Druck im Bauchraum auf den Darm und die Bauchdecke. Das aber sei völlig normal und würde sich alsbald geben. Jetzt sei ich dran. Gesagt – getan, übernahm ich den Dilatator und führte ihn das erste Mal behutsam ein. Es war total easy – alles ging ganz leicht und locker. War ich erleichtert! Ich wusste zwar theoretisch um den erheblichen Unterschied zum Dilatieren bei anderen OP-Methoden, ich kannte seinen Spruch über das Dilatieren – „vergiss alles, was du bisher über Dilatieren erfahren hast, hier ist Dilatieren ein Kinderspiel und bereits nach einem Monat Fun" –, aber es ist dann doch etwas anderes, wenn man plötzlich selbst Hand anlegen soll, und das direkt nach der OP! Er hatte Recht – es war ein Kinderspiel. Während ich mich mit dem Dilatieren anfreundete, zückte Dr. Kaushik den Fotoapparat und ließ zusätzlich mein Handy aus dem Zimmer holen. Er drehte ein Video meines ersten Aktes des Dilatierens mit meinem Handy – wie schräg war denn das! Das gibt es nur in Asien, kein Chirurg in Deutschland würde auf solch eine Idee kommen. Erstaunlicherweise kam dabei auch kein Gefühl von Scham auf.

Als wir fertig waren, fragte er mich, ob ich wünschte, dass man mir gleich im Anschluss noch die Haare waschen solle und ob ich – Achtung, 1001 Nacht – einen Barbier wünsche? Ja tatsächlich, einen Barbier, der mir die leider noch immer vorhandenen Bartstoppeln, die hier nach der OP unrasiert besonders gut sichtbar sprießten, entfernen sollte. Die Haarwäsche nahm ich dankend an, den Barbier ließ ich dann doch weg, so faszinierend der Gedanke auch war. Man muss nicht alles annehmen, was möglich erscheint. Ich erhob mich vom OP-Tisch, schnappte mein Handy und marschierte aus dem OP-Raum heraus in mein Zimmer, in dem mein Sonnenschein mich schon erwartete.

So war auch dieser höchst interessante, wahrnehmbare Teil meines OP-Marathons beendet. Eigentlich hätten wir wenige Stunden nach dem Eingriff die Klinik Richtung Hotel verlassen können. Dr. Kaushik empfahl jedoch, noch etwas in der Klinik zu bleiben. Das tat ich dann auch und verlängerte das sogar noch um einen weiteren Tag. Das war dann auch schon der Tag, an dem in der folgenden Nacht der Flieger nach Hause starten sollte. Ein letztes Mal nahm ich hier das Frühstück zu mir und packte meine Siebensachen.

Abschied in der Klinik

Nach etwa vier Wochen in der Olmec-Klinik war die Zeit des Abschiedes gekommen. Es waren interessante, aufregende, schmerzvolle, aber auch sehr emotionale Wochen gewesen. Ich war zu einem Abschlussgespräch bei Dr. Kaushik im Büro, wir besprachen noch einige Details der Nachsorge und die nötigen Formalitäten wurden abgewickelt. Als Zuckerl erhielt ich von Dr. Kaushik eine Bestätigung über die durchgeführte OP, verbunden mit der Bitte um Bereitstellung eines Rollstuhlservices am Flughafen. Das sollte sich als wahrer Glücksumstand erweisen.

Im Anschluss hatte Nicole eine kleine Abschiedsrunde mit Kuchen für alle Mitarbeiter der Klinik arrangiert, so wollten wir uns für die herzliche und liebevolle Betreuung bedanken – eine nur kleine Geste der Dankbarkeit. Trotz recht strenger indischer Standesunterschiede lud ich kurzerhand alle verfügbaren Mitarbeiter in Dr. Kaushiks Büro ein, er schien nichts dagegen zu haben. Im Anschluss hatte Dr. Kaushik noch eine kleine Fotosession arrangiert. Der IT-Chef der Klinik, machte eine Serie von Aufnahmen mit Dr. Kaushik, Nicole und mir.

Viele Mitarbeiter waren bereits wieder zur Arbeit entschwunden, doch von einigen konnten wir uns persönlich verabschieden, besonders von einigen Schwestern, dem Fahrer und natürlich von Dr. Kaushik. Es war ein recht bewegender Abschied – einige Tränen standen mir, aber auch der einen oder anderen Schwester, in den Augen. Es waren doch emotionale Bindungen entstanden in den vier Wochen. Ja, auch wenn es doch etliches an den Umständen und Zuständen gab, was man aus europäischem Blickwinkel bemängeln könnte, die Herzlichkeit des Personals war unübertroffen und würde so in keiner deutschen Klinik anzutreffen sein. Das zumindest sind meine Erfahrungen in deutschen Kliniken. Dabei weiß ich natürlich, dass die Schwestern hier bei uns unter völlig anderen Bedingungen arbeiten müssen – Stichpunkt Effizienz und Personalmangel.

Auf in die Heimat

Wir verließen nun endgültig die Klinik. Ein letzter Zwischenstopp im Appartment, um unsere Sachen zu packen und mich reisefertig zu versorgen, dann ging es los. Auf zum Flughafen – auf nach Hause. Noch nie in meinem Leben hatte ich größere Sehnsucht nach meinem Zuhause, Sehnsucht nach all dem so Konträren zu den hiesigen Bedingungen in Delhi. Sehnsucht nach sauberer und frischer Luft, Sehnsucht nach Wald und See, Sehnsucht nach weichen Betten – die Betten in Indien, speziell im Appartment, waren echt knochenhart.

Am Flughafen – wir waren viel zu früh – herrschte emsiges Treiben, waren Massen von Menschen und Autos. Das verursachte mir etwas Magengrummeln. Es würde wohl sehr anstrengend werden. Das Laufen fiel mir noch sehr schwer, ich war doch spürbar stark geschwächt. Schon am Terminaleingang erfolgte die erste Kontrolle, das macht dort das Militär. Das Terminal war riesig, die vielen Menschen wirkten erdrückend auf mich, auch wenn ich sie nur flüchtig wahrnahm, da ich zu sehr mit mir beschäftigt war. Etwa 300 lange Meter hatte ich bis zum Lufthansaschalter zu bewältigen. Am Check-in wurde aufgrund des Klinikattestes sofort nach dem Rollstuhlservice gerufen. Erleichtert ließ ich mich in den Rollstuhl fallen. Der folgende Weg durch das Flughafengewühl war dank Rollstuhlservice wenig anstrengend für mich, überall öffneten sich Extratüren – daran könnte ich mich gewöhnen.

Auf dem Weg zur Lufthansa Business Lounge mussten wir einen Aufzug nutzen. Im darin befindlichen großen Spiegel sah ich nicht nur mich, ich erhaschte auch Blicke meiner Freundin auf mich. Ich sah schon elend aus, abgemagert und ausgemergelt. Das um die Stirnnarbe gebundene Tuch machte es auch nicht besser und tarnte die verbliebenen Blutergüsse zudem auch nur mäßig. Sie litt erkennbar bei meinem Anblick. In der Lounge suchten wir uns einen netten Platz, um die kommenden eineinhalb Stunden zu verbringen. Das Sitzen war für mich die schwierigste Übung, daher suchte ich mir zwischendurch einen Liegeplatz in einem ruhigen Eck der Lounge.

Pünktlich, wie versprochen, erschien unser Mann für den Rollstuhl wieder. Wir hatten es eigentlich nicht eilig, aber er legte ein so hohes Tempo vor, dass meine Gefährtin Mühe hatte, ihm zu Fuß zu folgen. Der Weg erschien ewig lang. Zwischendrin lieferten sie sich gar einen kleinen Wettlauf – Nicole mit ihrem leichten Gepäck auf dem Laufband, er mich geschwind in meinem Rollstuhl schiebend bis an die Tür der Maschine. Der Weg zu unseren Plätzen war kurz, wir hatten zwei Sitze in einer Zweierreihe am Fenster, und dort angekommen richteten wir uns für den Flug ein. Business Class in einem Airbus A350 ist schon etwas ganz Feines. In anderen Maschinen ist das schon fast First-Class-Level. Die Sitze sind in jede horizontale Variante bewegbar, und es gibt genug Platz für die Füße. Selbst mit meiner Körpergröße von 187 Zentimetern konnte ich hier ausgestreckt liegen. So würde der Flug gut aus-

zuhalten sein, und mein Sitzproblem war für die ganze Nacht ausgeräumt – wunderbar.

Das Abenteuer Indien lag nun hinter mir, hinter uns. Es war für uns beide eine aufregende und sehr anstrengende Zeit. Doch auch zu Hause war natürlich nicht schlagartig Normalität angesagt. Ganz im Gegenteil, es wartete auf mich nochmals eine heftige Etappe des gesamten Prozesses der GaOp.

OP-Nachwehen zu Hause

Endlich wieder zu Hause – war ich froh und glücklich! Ich sog die klare Luft förmlich ein, genoss den Anblick von Bäumen und meinem Garten, genoss mein Haus und mein Bett – genoss mein Zuhause.

Doch nur zwei Tage nach der Ankunft meldete sich mein neuer Schmetterling heftig, er war stark angeschwollen, und ich fieberte. Die Schwellung an sich war eher normal, schließlich war der Touch Up nur zwei Tage vor Abflug gewesen. Nur das Fieber beunruhigte mich erheblich, es hatte die Grenze von 39°C überschritten. Was sollte ich tun, wenn es weiter steigen würde? Es zu ignorieren war keine Option, aber welchen Arzt oder welche Klinik sollte ich aufsuchen? Einen Gynäkologen, einen Chirurgen oder einen Urologen? Alle wären mehr oder weniger mit dem, was sie zu sehen bekommen hätten, überfordert gewesen! Keiner hätte wirklich eine Ahnung davon gehabt, was er da im Detail vor sich hatte, was bei den Operationen in Indien genau gemacht worden war. Was hätten sie schon tun können? Wahrscheinlich hätte ich wieder Antibiotika via Infusion erhalten, die ich jetzt ja eher aus meinem Körper raushaben wollte. Zudem war es Wochenende – was sonst! Der Gedanke bereitete mir starkes Unbehagen. Der Kontakt mit meiner Hausärztin verlief ebenso wenig zufriedenstellend, ihre dringende Empfehlung war: Krankenhaus …

Also dachten wir uns Plan B aus. Nach bewährter Methode unserer Ahnen bereiteten wir eine Schwitzkur gegen das Fieber vor. Ich packte mich unter drei bis vier Bettdecken, um richtig ins Schwitzen zu kommen und so den Körper zur Gegenreaktion zu provozieren. Dabei kühlte ich den Genitalbereich mit Ice Packs, denn dort war Hitze fehl am Platze. Wir setzten eine Körpertemperatur von 39,9°C als Grenzwert fest. Sollten diese Temperatur erreicht werden, dann ab ins Krankenhaus, wohin auch immer. Die Hoffnung bestand jedoch, dass mein starker Körper es so allein schaffen und das Fieber wieder sinken würde. Nach drei bis vier Stunden beendeten wir die Schwitzorgie und stellten hocherfreut fest, dass das Fieber auf 38,4°C gesunken war – Entwarnung! Da war uns ein großer Stein vom Herzen geplumpst! Es ist doch gut, sich immer mal wieder an bewährte Methoden unserer Vorfahren zu erinnern und nicht gleich die moderne Notfallmedizin in Anspruch zu nehmen. Am Montag danach ging ich zu meiner Hausärztin, die mich etwas entsetzt anschaute und schimpfte ob meiner Entscheidung, aber ein Schmunzeln war gleichzeitig auch in ihrem Gesicht zu sehen. Sie musste wohl so empfehlen, wissend, dass meine Entscheidung eigentlich richtig war.

Das war genau die Situation, vor der jeder warnt, wenn man sich im Ausland, dazu noch Indien, operieren lässt. Was geschieht, wenn Komplikationen auftreten, zumal bei einer so komplexen OP, und der operierende Arzt ist nicht mehr greifbar? Ich hatte in dem Fall Kontakt mit Dr. Kaushik per WhatsApp und schickte ihm Fotos. Er beruhigte mich und sagte, die Schwellungen seinen normal. Aber auch er empfahl mir, Antibiotika zu nehmen und die Wunden weiter regelmäßig mit Betaisodona zu desinfizieren, was ich – Betaisadona betreffend – selbstverständlich die ganze Zeit getan hatte und weiter tat. Ich wusste vor Indien, dass dieses Risiko bestand, und habe es bewusst in Kauf genommen. Dabei half die Überlegung, dass die gefährlichste Phase, in der große Komplikationen auftreten können, durch den langen Aufenthalt abgedeckt sein sollte. Diese Abwägung muss letztlich jeder für sich selbst entscheiden, da sind fremde Ratschläge wenig hilfreich. Wenn es dann jedoch akut wird, ist das Gefühl unschön – man fühlt sich allein und etwas hilflos. Doch wir hatten es mit viel Gespür und gesundem Menschenverstand gut gemeistert. Die Situation besserte sich von nun an Tag für Tag.

Rein physisch ging es nun in kleinen Schritten aufwärts, aber mein psychischer Zustand war weiterhin eigenartig wankelmütig. Ich fühlte mich nicht wirklich gut. Es hatte sich keine Glückseligkeit eingestellt, nun endlich das richtige Genital zu haben, nun auch körperlich ganz Frau zu sein, jedenfalls soweit es heute die Medizin möglich macht. Ich fühlte mich leer, mein langersehnter und endlich entfalteter Schmetterling fühlte sich fremd an, er fühlte sich nicht zu mir gehörig an – das erschreckte mich. War die OP-Entscheidung doch falsch, waren die ganzen Entbehrungen etwa umsonst, war die OP gar nicht das, was ich wirklich wollte und brauchte, um endlich Frau zu sein? War es gar eine Illusion? Hatte ich mir etwas vorgemacht, mich etwa von anderen beeinflussen lassen? Hatte ich mich von einer Art

Gruppendynamik treiben lassen, weil es ja alle so machen, weil man ja sonst nicht Frau ist?

Viele Fragen und Zweifel schossen mir in diesen Tagen durch den Kopf, die Gedanken ließen mich nicht los. Statt jetzt zu Hause die Ärmel hochzukrempeln und aktiv die Genesung und Erholung zu betreiben, überkam mich eher Lethargie. Während ich mich sechs Jahre zuvor nach meiner Rücken-OP über die Reha wieder ins Leben stürzte und alles tat, um schnellstmöglich wieder fit zu werden, war dieses Mal davon wenig zu spüren. Ich ergab mich ein wenig in meine Situation, nahm die Lethargie hin und lag fast den ganzen Tag und die Nacht. Sicher, ich war körperlich doch recht geschwächt – elf Kilogramm weniger waren deutlich spürbar –, und mein Körper benötigte noch viel Ruhe, aber es regte sich eben auch innen nicht die Kraft, die ungeduldig der Genesung entgegenfieberte. Das war auch für meine Partnerin eine schwierige Zeit. Sie hatte schon etwas Mühe, meine Lethargie zu ertragen und damit entsprechend umzugehen. Mir war in diesen Tagen relativ egal, ob mein Leben jetzt weitergehen würde oder die Tage gezählt gewesen wären und ich von dieser Welt gegangen wäre. Das ist für eine liebende Partnerin natürlich recht schwer zu ertragen, hatte sie so doch das Gefühl, dass auch sie in mir nichts mehr auslösen konnte, was mir lebenswert genug erschien, fest an mir zu arbeiten.

Es brauchte etwa vier Wochen, bis ich diesen Zustand Schritt für Schritt überwinden konnte. Langsam nahm ich mein neues körperliches Ich an, langsam fing ich an, mein neues Genital zu mögen und es mit Freude und Neugier zu sehen, statt Frust angesichts der ersten optischen Eindrücke zu schieben, die sich doch fest in die Psyche eingegraben hatten.

Was mich jetzt noch am stärksten belastete, waren die Nachwirkungen der Darm-OP. Es hatte sich direkt nach der OP ein kleiner Analprolaps gebildet, und das war permanent auch beim Sitzen unangenehm zu spüren. Auch mein Körpergefühl für den Stuhlgang war völlig anders, ein unangenehmes Gefühl von Unsicherheit. Um das Sitzen zu erleichtern, hatte ich mir für den Stuhl am Esstisch ein hufeisenförmiges Gel-Sitzkissen gekauft, das den Druck auf Anus und OP-Bereich verhinderte.

Der Prolaps war auch drei Monate nach der OP leider noch ein Thema – bis zu zwei Monate hatte der Chirurg vorhergesagt, die waren längst vorüber. Daher hatte ich einen Proktologen aufgesucht, doch der hielt meine Probleme für nicht besonders aufregend und verschrieb mir eine Salbe, die etwas gegen *die Schwellung helfen sollte – und das war es auch schon. Da sich an dem unangenehmen Zustand auch nach weiteren vier Wochen nichts geändert hatte, versuchte ich es nochmals mit einem anderen Proktologen, der mir empfohlen wurde. Und tatsächlich, hier war ich wohl viel besser aufgehoben. Er nahm sich viel Zeit und ließ sich erklären, was wie gemacht wurde. Er hatte selbst früher Berührungspunkte mit dem Thema „trans* Personen" und war im Umfeld einer der beiden Münchener Chirurgen im Bereich GaOp beratend tätig (9).*

Er wurde fündig, und stellte gleich mehrere Anomalien fest im Ergebnis meiner GaOp. Eine veritable Beckenbodensenkung – meine Muskeln werden nur noch eingeschränkt von den zuständigen Nerven angesteuert –, war wohl eine unschöne Nebenwirkung der OP. Ich konnte die Muskeln zwar zusammenziehen oder nach außen pressen, aber nur noch bedingt nach innen/oben ziehen. Ich wusste es zwar irgendwie schon, aber die konkrete Ansage war dennoch ernüchternd. Zudem habe ich wohl eine Einbuchtung des Rektums in die Vagina, nichts Dramatisches, aber durchaus fühlbar für mich beim Dilatieren. Mit Elektrostimulation – einem TENS-Gerät (Transkutane Elektrische Nervenstimulation) – wurde jetzt versucht, die Nerven wieder zu reanimieren, und nach etwa zwei Monaten zeigten sich tatsächlich leichte Fortschritte, obwohl ich reichlich skeptisch war. Im Stehen und im Liegen bin ich seitdem wieder teilweise in der Lage, die Muskeln zu aktivieren, es sieht auch rein optisch wieder besser aus – eine große Erleichterung für mich. Auch der Arzt war erfreut und lobte meine Disziplin, die das ermöglichte. Ab und an sind meine westpreußischen Tugenden, dank der Ahnenlinie meiner Mutter, doch sehr hilfreich. Manchmal jedoch frage ich mich schon, woher ich immer und immer wieder die Energie dafür nehme, mich jeden Abend vor dem Schlafengehen und jeden Morgen nach dem Frühstück auf meine „Behandlungsliege" zu legen und das Nötige zu tun. Im wechselnden Takt von Stromimpuls, Entspannen, eigenes Anspannen und wieder Entspannen dauert die Behandlung zwanzig Minuten. Mal sehen, wohin das führen wird. Im Nachgang bin ich relativ entsetzt und sprachlos über den ersten Proktologen, den ich aufsuchte. Wie kann ein Facharzt einen so offensichtlichen Befund nicht erkennen?

Was ist heute mein Fazit? Wie bin ich zufrieden mit meinem neuen Schmetterling, wie sehe ich heute das Ergebnis der OP? An der Stelle muss ich aufpassen, dass mir mein Perfektionismus keinen Streich spielt. Die OP ist ohne

Zweifel gelungen, die Dinge sitzen am richtigen Fleck, das Gesamtbild ist gut, aber es gibt zwei oder drei Punkte, die mich nicht ganz happy machen.

Da wären die großen Labien. Sie sind gut platziert, aber die linke Labie hat zu viel Gewebe und Haut abbekommen. Die rechte hat am oberen Ende so etwas wie einen kleinen Zipfel, auch hier muss wohl nachgebessert werden. Last, but not least, der Klassiker bei fast allen geschlechtsangleichenden OPs weltweit – die hintere Kommissur, der Zusammenlauf von inneren und äußeren Labien hinter dem Vaginaleingang vor dem Damm. Die ist mehr oder weniger nicht vorhanden, die Labien enden irgendwo in der Höhe des Vaginaleinganges, umschließen ihn aber nicht. Im Prinzip steht meine Vagina immer etwas offen. Hier besteht unbedingt noch Korrekturbedarf, auch wenn mir bewusst ist, dass es chirurgisch nicht einfach sein wird. Das bedeutet letztlich, die gedanklich sowieso schon eingeplante erneute Reise nach Delhi wird irgendwann stattfinden. Das wird wohl wieder um den Jahreswechsel sein, einfach weil es für mich die optimale Variante und zudem klimatisch die beste Zeit für Indien ist. Im Sommer bei etwa 50°C ist das keine Option für mich. Prinzipiell ist eine Nachbesserung kostenfrei, aber das ist natürlich sehr relativ. Flugkosten und einige Tage Hotel bleiben natürlich nicht aus. Ob Dr. Kaushik zudem meine Sichtweise teilt und alles als nötige Korrektur betrachtet, steht auf einem ganz anderen Blatt. Doch da bin ich optimistisch.

Es ist also noch nicht ausgestanden, mein Schmetterling wird noch einmal das Skalpell sehen, noch einmal werden Wundheilung und eine Zeit der intensiven Pflege anstehen. Noch einmal wird sich die Zeit bis zu einem ungezwungenen Sein verzögern. Das hat für mich schon eine gewisse Bedeutung, da ich sehr gern in die Sauna gehe und im Sommer gern nackt bade, mein Schmetterling somit vorzeigefähig sein sollte für seine Ausflüge in die „Öffentlichkeit“. Ganz abgesehen davon, dass ich nun die Zeit herbeisehne, in der alles operativ-medizinische beendet sein und diesbezüglich Ruhe einkehren wird, ich mein neues Leben einfach leben und genießen kann.

Meine Brust-OP

Manchmal geht das Leben eben doch andere Wege … Es ist nur etwa sechs Monate her, seit ich im Kapitel „Die Brust“ meine Gedanken zu einer Brust-OP niederschrieb. Da schrieb ich auch, dass ich noch etwa ein Jahr warten wollte.

Wie war das doch gleich mit unseren Plänen? Wir machen Pläne, und das Schicksal lächelt bestenfalls milde dazu. Gekommen ist es natürlich anders.

Ich vereinbarte einen Konsultationstermin im PSC in München bei Frau Dr. Morath (5), um offene Fragen einer eventuellen OP zu besprechen. Der Termin war sehr konstruktiv und entspannt zugleich. Ich war sehr angetan von ihrer lockeren und sogar etwas flapsigen Art. Im Gegensatz zu meiner ersten Konsultation im Dezember 2016 in Antwerpen – dort wollte mir der Chirurg Brüste mit einem Volumen von 560 Millilitern verpassen – empfahl sie mir etwa 350 bis 390 Milliliter als optimale Größe im Kontext meiner Körpermaße. Als ich sie auf die vorherige Empfehlung hinwies, kam die so sehr passende Gegenfrage bzw. Feststellung: „Das war ein Mann, richtig?“

Yep – genau das war wohl der Hauptunterschied in der Betrachtung. Der Mann sah eher den sexuellen Aspekt der Frau, während die Frau eben auch die praktischen Dinge um die Busengröße sehen konnte, und da waren 560 Milliliter eben wenig sinnvoll, wenn man Bewegung, Sport u. a. mit in die Betrachtung einbezog. Wir einigten uns auf wahlweise 350 oder 395 Milliliter. Das wollten wir abschließend direkt vor der OP entscheiden, oder die letztliche Entscheidung auch etwas ihr direkt während der OP überlassen. Ich erhielt das Attest über die Notwendigkeit des Eingriffes, einen Kostenvoranschlag und Fotos. All das reichte ich bei meiner Krankenkasse ein.

Bisher hatte meine Krankenkasse so gut wie alle Anträge abgelehnt, ich hatte alles selbst finanziert. Es war schon fast eine Trotzreaktion gegenüber der Krankenkasse, denn ich war ziemlich überzeugt davon, dass der Antrag wieder abgelehnt werden würde. Sollte er genehmigt werden, bliebe ja noch genug Zeit, sich für oder gegen die OP zu entscheiden, denn ab der Genehmigung verbleiben drei Monate für die Umsetzung der OP.

Doch es geschehen auch Wunder, sogar ohne Einschaltung des MDK kam doch tatsächlich nach drei Wochen die Zusage für die Kostenübernahme! Freudig überrascht reichte ich die Zusage mit einer allgemeinen Frage nach einem möglichen Termin im PSC ein. Es kam, wie es kommen musste – zufällig war zehn Tage später ein Termin freigeworden, ich brauchte nur zuzusagen.

Da stand ich nun mit meiner gewollten Zurückhaltung diese OP betreffend … Ich wollte doch noch etwas warten, wollte den Hormonen und meinem Körper Zeit geben. Andererseits wusste ich auch, dass die Wahrscheinlichkeit, dass das Brustwachstum nach zwei Jahren HRT nochmals größere

Sprünge machen würde, eher gering war. Ich liebte ja meine kleinen Knospen, hatte schon einige Vorbehalte gegen Silikon in meiner Brust, aber ich würde mich auch sehr über ein echtes Dekolleté freuen – die nächste Wiesn kommt ganz gewiss. Lange Rede, kurzer Sinn – ich sagte zu!

Am 12.6.2018 erschien ich morgens um 7.30 Uhr nüchtern in der Praxis zur OP. Die Vorbereitungen waren wie gewohnt, es war alles nichts Besonderes und lief auch ohne besondere Vorkommnisse ab. Die OP sollte über einen Unterbrustschnitt (inframammär) erfolgen, und die Implantate sollten hinter die Brustmuskel (submuskulär), konkret die Dual-Plane-Methode, eingesetzt werden.

Ich hatte für mich eine weitere Entscheidung getroffen – ich wollte 395 Milliliter Volumen je Brustseite. Der Grund war recht simpel: Bei der Voruntersuchung hatte ich Kontakt mit zwei Frauen in meiner Hausarztpraxis, die ebenfalls Brust-OPs hatten, und beide hätten im Nachgang größere Implantate gewählt. Es ist einfach ein Unterscheid, die Implantate in der Hand zu halten, sie an die Brust anzuhalten oder sie im Ergebnis der OP hinter dem Brustmuskel zu sehen. Der schluckt doch einiges an zuvor sichtbarem Volumen.

Zwei Stunden später wachte ich auf und kam ohne nennenswerte Einschränkungen langsam zurück ins Leben. Nach Meinung der Schwestern war ich erstaunlich schnell wieder fit. Ich sagte ja zu einer Brotzeit – Brezen und Milchkaffee. Die genoss ich sehr, mein Hunger war doch beachtlich. Nach einer gewissen Erholungszeit durfte ich die Praxis in Begleitung einer Aufsichtsperson wieder verlassen. Darauf achteten sie übrigens sehr, ich durfte nicht einfach die Praxis verlassen. Die Begleitung musste in der Praxis erscheinen und mich explizit abholen.

Ich fühlte mich sehr gut, doch das sollte sich noch ändern … Am Nachmittag musste ich mich zu Hause doch etwas hinlegen, mittlerweile meldeten sich an den Brustmuskeln langsam, aber sicher die Schmerzen. Beim Aufstehen spürte ich sie sehr deutlich, es fühlte sich etwa so wie ein sehr starker Muskelkater an, doch das sollte sich später noch erheblich verstärken.

Völlig ahnungslos legte ich mich am Abend ins Bett. Doch ich hatte etwas vergessen und wollte nochmals aufstehen. Autsch – das war eine Luftnummer –, keine Chance! Die Schmerzen beim Versuch, mich über den Bauch aufzurichten, ebenso bei dem alternativen Versuch, mich seitlich drehend aufzusetzen, waren so gewaltig, dass ich sie nicht überwinden konnte. Es ging beim besten Willen nicht, ich lag wie ein Käfer hilflos auf dem Rücken – nix ging mehr! Ich musste tatsächlich Hilfe herbeirufen, um mich wieder aus dem Liegen aufzurichten zu können. Jetzt wusste ich, was die Aussagen bedeuteten, die Brust-OP wäre die schmerzvollste aller OPs für eine Transfrau. Nach etwa drei Tagen wurde es langsam besser. Aber das Schlafen auf dem Rücken war für mich wieder einmal eine heftige Herausforderung.

Brav habe ich sechs Wochen lang den Kompressions-BH und den Stuttgarter Gürtel getragen, auch bei über 30°C mitten im Sommer – ja, das Timing war halt jahreszeitlich nicht so optimal, und gerade im Sommer ist der Stuttgarter Gürtel unter leichter Kleidung leider gut sichtbar. Der Stuttgarter Gürtel ist ein etwa acht Zentimeter breiter Stoffgürtel, der um den Oberkörper über die Brust gelegt und per Klettverschluss gut und straff verschlossen wird. Er übt einen gewissen seitlichen Druck sowie einen Druck von oben auf die Implantate aus. Sie werden damit fixiert, um den Heilungsverlauf und die Integration der Implantate in das Gewebe zu unterstützen.

Wenn ich mir heute das Ergebnis anschaue, bin ich etwas gespalten in meiner Beurteilung. Das optische und auch rein medizinische Ergebnis ist hervorragend. Doch hätten eine oder zwei Nummern größer auch gut gepasst. Das weiß man einfach erst hinterher besser, insbesondere unter dem besonderen Aspekt des zuvor männlichen Körpers. Die Zentimeter mehr an Oberkörperweite sind eben auch nach der OP sichtbar, die klassische Brustfalte gut bestückter biologischer Frauen ist schlicht nicht machbar. Mit mehr Volumen würde die Lücke zwar etwas geringer, aber eben auch nach außen würden die Brüste größer, was wiederum nicht gut aussehen würde.

Wenn ich an mir herabschaue, dann sieht das wunderbar aus, beide Brüste haben eine tolle Form, wenn auch noch etwas straff. Aber auch das wird sich legen, dafür sorgt definitiv mit der Zeit die Schwerkraft – oben geblieben ist noch nichts … Es ist jetzt ein tolles Gefühl im Bikini am Strand, der weibliche Körper ist vollkommener geworden.

GaOp-Korrektur und der Feind aller Kliniken

Dezember 2018 – nach Einkehr von Phasen der Normalität, denen sich aber auch wieder zweifelnde Momente ob der Notwendigkeit der Korrektur-OP anschlossen, war es nun soweit. Am 13.12.2018 hob der Flieger, fast auf den Tag genau ein Jahr nach dem ersten Trip nach Indien, wieder gen Delhi ab. Anders als zur großen OP im Jahr zuvor, flog ich dieses Mal ohne Begleitung. Es würde ja nur eine relativ simple OP werden, die Erschwernisse nach der OP würden eher gering sein. Überhaupt fühlte sich diese Mal alles deutlich entspannter an. Doch dieser Flug hatte eine bewegte und wenig amüsante Vorgeschichte, für die die Basis bei der ersten OP in Delhi gelegt wurde.

Es war Frühsommer 2018. Ich hatte mit einem unangenehmen Ausfluss zu kämpfen, ging das erste Mal nach der OP zu einem Gynäkologen und war etwas aufgeregt. Er begutachtete sehr interessiert meine Neovagina, eine Vagina mit Sigma-Darm hatte er noch nicht gesehen. Die Untersuchung war völlig normal, er machte einen Abstrich und verschrieb mir vorab schon eine Creme zur Tiefenbehandlung. Einige Tage später klingelte bei mir das Telefon – das Vorzimmer des Arztes –, ich solle umgehend in die Praxis kommen. Mehr war am Telefon nicht zu erfahren. Das verhieß wohl definitiv nichts Gutes … So war es dann auch. Er eröffnete mir, dass ich in der Vagina ein brisantes Mitbringsel aus Indien hätte – den Alptraum aller Kliniken – zwei verschiedene vierfach multiresistente Keime! Bumm – das war wie ein Faustschlag mitten auf die Zwölf.

Er musste dazu nicht viel sagen, die Bedeutung war mir schlagartig klar. Ich war das erste Mal in meinem Leben für einige Minuten sprachlos und ziemlich am Boden. Das war weder bei der Gleitwirbel- noch bei der Diabetesdiagnose auch nur annährend so heftig. Von der sofortigen Meldung an das Gesundheitsamt war die Rede, davon, dass ich quasi zu isolieren sei, auch im öffentlichen Leben – keine öffentlichen Toiletten benutzen usw. Alles, was er mir noch dazu sagte, war deprimierend, zum Teil rauschte es an mir vorbei, und ich hatte das Gefühl völliger Ohnmacht, gepaart mit einer gehörigen Portion Angst. Das war etwas ganz Neues für mich.

Ich schleppte mich frustriert nach Hause, und begann, nachdem ich mich etwas gefangen hatte, über das Thema zu lesen. Auch das half nicht weiter. Es gab völlig unterschiedliche, teils hysterische Berichte dazu in den Foren.

Eigentlich hätte ich meinem Leben sofort ein Ende bereiten müssen, hätte ich all das, was ich bei meiner Recherche erfahren habe, ungefiltert für bare Münze genommen. Das Hauptproblem wäre jetzt eigentlich die permanente Gefahr, an einer bedrohlichen Infektion zu erkranken, sollten die Keime in die Blutbahn gelangen. Doch meine Sorge war eine ganz andere. Meine Korrektur-OP in Indien war in weite Ferne gerückt. Der Gynäkologe hat sie mir quasi verboten und sie als größtmöglich vorstellbares Risiko für mich und andere Patienten dargestellt. Eine Behandlung des Bakterienbefalls stand nicht zur Debatte, da die einzig verbliebene sensitive Gruppe von Antibiotika nur als Reserve zur Verfügung stand, für den Fall, dass ich eine Infektion bekommen würde, zum Beispiel eine Lungenentzündung. Was hatte ich für Optionen?

- *Ich sage es dem Chirurg in Indien und riskierte dabei, dass er eine Operation ablehnen würde (so glaubte ich).*
- *Ich verschweige es dem Chirurgen und riskierte dabei, dass sich gegebenenfalls andere Patienten anstecken würden – ein ethisches Problem für mich (so glaubte ich).*
- *Ich verzichtete auf die OP – das war eigentlich unvorstellbar, und ein anderer Chirurg kam dafür nicht in Frage.*

Meine Gedanken drehten sich im Kreis! Im Laufe der kommenden Wochen und Monate habe ich weitere Chirurgen und Ärzte hier in Deutschland mit dem Thema konfrontiert und um ihre Meinung gebeten. Ihre Meinungen unterschieden sich in einem Punkt massiv von der des Gynäkologen – dessen teilweise hysterische Betrachtung des Problems teilte keiner! Das war schon einmal ein Schritt zur Normalität.
Abgesehen von der Gefahr, mich während der erneuten OP durch Eindringen der Keime in die Blutbahn selbst zu infizieren – aber ich hatte doch die viel heftigere und „blutrünstigere“ OP gut überstanden –, blieb das Risiko der Übertragung auf andere Patienten, sollte die Klinik hygienisch nicht einwandfrei arbeiten. Konnte ich das zweifelsfrei einschätzen? Eher nicht. Und es blieb eine wichtige Frage für mich: Woher waren die Keime gekommen? Hatte ich sie schon zuvor im Darm, wo sie kein Problem darstellen? Oder habe ich sie tatsächlich in der Klinik eingesammelt?

Also ließ ich einen Rektalabstrich machen, und siehe da – auch mein Darm war mit den Bakterien befallen. Im ersten Moment freute ich mich, denn das deutete darauf hin, dass die Keime während der OP quasi mitgewandert waren. Doch bewiesen war das damit nicht – nicht wirklich erbaulich…

Jetzt begann ich jedoch, mich auf meine Stärke zu besinnen, das Annehmen von Herausforderungen, und begann mich aktiv selbst um das Thema zu kümmern, unterstützt von meiner Liebsten. Die Idee war, Wege jenseits der Schulmedizin, die sich hier ziemlich ratlos gab, zu suchen, um den Keimen keine Freude an ihrer Existenz in Darm und Vagina zu bereiten. Als ersten Schritt besorgte ich mir in der Apotheke Kolloidales Silber – ein seit über hundert Jahren bekanntes Mittel zur Bakterienbekämpfung, aus einer Zeit, in der andere Medikamente noch kaum zur Verfügung standen – und behandelte mich damit jeden Tag zweimal. Für meinen Darm suchte ich eine Heilpraktikerin auf. Sie empfahl mir eine Behandlung des Darms zur Stärkung des Immunsystems, denn dieses spielt die entscheidende Rolle, ob die Bakterien zu einer Infektion führen oder nicht. Ich erhielt eine spezielle homöopathische Flüssigkeit, von der ich täglich fünf Tropfen in den Mund träufelte, und eine spezielle Teemischung, die mir in der Apotheke zusammengestellt wurde. So zog ich in den Kampf gegen diese scheinbar übermächtigen Killerbakterien, die alle Kliniken so fürchten.

Zwei Wochen vor dem geplanten Flug nach Indien – ich wusste noch immer nicht genau, ob ich wirklich fliegen würde – hatte ich nochmals einen Termin bei meinem Proktologen. Ihm hatte ich auf seinen Wunsch hin meine Laborergebnisse mitgebracht. Er riet mir von der OP ab und beschrieb die Risiken für die Klinik, die ich alle kannte. Im Klartext war die Aussage, er würde mich so nicht operieren, ich müsste in eine Isolierstation – neue Klatsche! Das war alles nicht so schlimm, doch er wirbelte jetzt alles nochmals durcheinander, zerstörte die Tendenz zur OP, die sich bei mir gebildet hatte, und das so kurz vor dem Abflug. Um sicher zu sein, machten wir nochmals Abstriche fürs Labor. Ich hatte dabei die stille Hoffnung, dass ich zumindest in der Vagina die Keime besiegt haben könnte, doch es war ungewiss. Die Zeit bis zur OP war knapp, und ich saß wie auf glühenden Kohlen. Zwei Tage vor dem Abflug kamen die Ergebnisse, und …

Ich war völlig konsterniert, für einen Moment sprachlos, konnte es kaum fassen: Alle Keime waren verschwunden – im Darm und in der Vagina. Es war kaum zu glauben! Minute für Minute wandelte sich die Sprachlosigkeit in ein fast überschäumendes Glücksgefühl. Ich hatte es tatsächlich geschafft und, allem Unken der Schulmedizin zum Trotz, die Keime aus meinem Körper verbannt! Ja, für einen kurzen Moment kam eine Spur von Zweifel auf. Konnte auch ein Messfehler vorliegen? Sicher, alles ist möglich, doch das schob ich weit weg, das durfte einfach nicht sein! Alles war jetzt klar, Indien konnte kommen – nein, Ulrika konnte nach Indien fliegen!

Am 13.12.2018 hob der Flieger in München mit Ziel Delhi erneut ab. Ich war befreit von einer riesigen Last, die wie ein Kloß im Hals gesteckt hatte, und flog entspannt gen Delhi. Dort angekommen – der gleiche Fahrer der Klinik holte mich vom Flughafen ab und brachte mich in die Klinik – und von zwei Schwestern indisch-herzlich willkommen geheißen, bezog ich mein Zimmer und legte mich schlafen. Es war wie im letzten Jahr, nur eine Etage tiefer und viel entspannter.

Am nächsten Morgen schlief ich aus, frühstückte dann und machte mich am Nachmittag mit dem Fahrer auf den Weg zum nächsten Markt, denn ich wollte einige Lebensmittel einkaufen. So schlenderten wir zusammen über den bunten Markt. Es war völlig anders als ein Jahr zuvor. Delhi, der Markt und die Menschen waren sicher gleich geblieben, ebenso der Dreck und das teilweise Elend. Doch ich konnte das alles mit völlig anderen Augen sehen, oder besser, mein Hirn und meine Seele konnten damit völlig anders umgehen. Ich konnte locker sein, konnte meine Augen mehr auf das Schöne, das Bunte, das Orientalische richten. Offenbar war im Jahr zuvor meine seelische Last angesichts der bevorstehenden großen OP so viel stärker gewesen, als es mir selbst jemals zuvor bewusst war. Es war jetzt ein gutes Gefühl.

Am Abend war die Besprechung mit Dr. Kaushik. Die Wiedersehensfreude war auf beiden Seiten sehr groß, wir umarmten uns herzlich! Das ist aus indischer Sicht eher ungewöhnlich. Doch er kam mit ausgebreiteten Armen auf mich zu, so konnte ich es annehmen und sehr gern erwidern. Er begutachtete sein Werk vom letzten Jahr, und wir waren uns ganz schnell einig über die Dinge, die zu korrigieren wären, was nicht zwingend selbstverständlich ist. Wir sprachen über manche Details und die Gründe, warum das eine oder andere so wurde, wie es jetzt war. Wir legten fest, was genital zu tun war, und was ich im Gesicht noch haben wollte – das Facelifting, um die mich doch sehr störenden „Merkel"-Ecken zu beseitigen. Die hatten sich durch die Gewichtsabnahme und infolge der massiven Nadelepilation doch erheblich verstärkt. Es war ein sehr angenehmes, klares und freundschaftliches Gespräch. Er ist einfach ein toller Arzt und Mensch.

Am 15.12.2018 war es gegen zehn Uhr dann wieder soweit – Abmarsch in das Operations-Theater, so lautet tatsächlich die Raumbezeichnung in sei-

ner Klinik für die OP-Räume! Am Abend konnte ich mich dann wieder wahrnehmen, sah meinen „Kopfschmuck", und fühlte mich wieder ziemlich elend nach der OP. Narkosenachwirkungen nach einer doch wieder fünfstündigen OP sind einfach alles andere als Wellness. Aber das verging, nach zwei Tagen war ich wieder fit. Die Schwestern und das ganze Personal – es gab einige neue Gesichter – waren wieder sehr herzlich und liebevoll.

In den Tagen nach der OP hatte ich in der Klinik zwei andere Transfrauen kennengelernt. Eine Inderin aus Mumbai und eine Deutsch-Inderin aus Berlin. Beide unterschieden sich erheblich von den Inderinnen, die ich letztes Jahr dort traf, die eher neugierig mein Zimmer aufsuchten, mit denen ein Austausch aber kaum möglich war. Beide waren weltoffen und sprachen gut Englisch, die Deutsch-Inderin auch Deutsch. Beide unterschieden sich auch äußerlich erheblich von den indischen Transfrauen, die mir dort sonst begegneten. Die indischen Transfrauen sind für uns Europäer sehr auffällig. Nicht nur die farbenfrohe indische Bekleidung, auch die Art, sich zu schminken, zu schmücken und aufzutreten, sticht sehr ins Auge. Manchmal hat das etwas Ähnlichkeit mit Transvestiten, wie wir sie in Europa kennen, auf mich wirkte es oft etwas überzogen und aufgesetzt. Ganz anders waren meine beiden neuen Bekanntschaften, sie wirkten eher etwas nüchtern-westlich im Auftreten und der Kommunikation.

Die Inderin bewohnte mein Zimmer vom Jahr zuvor und hatte am gleichen Tag wie ich im Vorjahr ihre GaOp. Ihr ging es schon sehr gut, besser als mir so kurz nach der OP. 30 Jahre Altersunterschied machen eben doch etwas aus. Wir führten ein interessantes Gespräch über ihr Sein als Transfrau in der indischen Großstadtgesellschaft. Ein paar Dinge stellen sich dort schon anders dar, besonders in der Männerwelt, was mich angesichts meiner Eindrücke über die Männer in Delhi auf den Straßen wenig wunderte. Dennoch kommt sie in ihrer Umgebung gut zurecht und wird akzeptiert, auch im Beruf. Bei der Deutsch-Inderin war das sowieso kein Thema, in Berlin und mit ihrer äußeren Erscheinung lief bei ihr alles völlig problemlos. Sie bewohnte mein Nachbarzimmer und hatte gerade einen anspruchsvollen OP-Marathon begonnen.

Natürlich war es auch ein Austausch über meine Erfahrungen nach der GaOp, nunmehr ein Jahr danach, die ja in allen drei Fällen nach der gleichen Methode erfolgte oder erfolgen würde. Besonders interessierte beide meine Orgasmusfähigkeit, was für sie angesichts ihrer Altersgruppe (U30) natürlich eine andere Bedeutung hat als bei mir. Doch da konnte ich ihnen zu ihrem Er-

staunen nicht so viel berichten. Dazu einige Seiten später etwas mehr. Es war auf jeden Fall eine schöne Episode in der Klinik. Mit der Deutsch-Inderin habe ich weiterhin Kontakt, daraus könnte sich ein freundschaftliches Verhältnis entwickeln.

Jetzt machte ich mir Gedanken darüber, wie ich das Thema des Befalls mit den multiresistenten Keimen an den Mann, sprich an Dr. Kaushik bringen wollte. Ich hatte die Keime zwar erfolgreich bekämpft, war jedoch zugleich davon überzeugt, ihm davon berichten zu müssen. Das sollte faktisch, durchaus auch emotional, aber ohne Ansätze von Vorwurf erfolgen. Obwohl die Keime nicht mehr existent waren, hatte ich es nicht vor der OP angesprochen, denn eine Restangst war geblieben, er könne die OP verweigern.

Trotz recht guter englischer Kommunikation schrieb ich ihm alle meine Gedanken und Erlebnisse auf, um nichts von den wichtigen Aspekten zu vergessen, was im Gespräch schnell geschehen kann, und schickte ihm meine Ausführungen per Mail, mit der Bitte, nach dem Lesen mit mir darüber zu diskutieren. Es verging ein Tag, dann nahm er sich etwas Zeit und kam zu mir ins Zimmer. Es war ein höchst erhellendes und positives Gespräch, das mich etwas beschämt zurückließ. Ich hatte ihn, die Klinik und seine Arbeitsweise wohl erheblich unterschätzt und manch fremdes Vorurteil gegen indische Verhältnisse wohl unterbewusst übernommen – auch wenn ich selbst nicht ansatzweise Vorurteile in mir trug, sonst wäre ich nicht nach Indien geflogen. Hier als Auszug und gekürzt nur einige Stichpunkte:

- *Ich hatte ein Einzelzimmer – Patienten-Isolation!*
- *Er hat zwei OP-Säle. Nach jeder OP wird der OP-Raum geschlossen, gereinigt und desinfiziert. Erst frühestens am nächsten Tag wird er wieder verwendet, oft erst am übernächsten Tag. Die OP-Säle werden alternierend benutzt. Somit wird den Bakterien auch die Lebensgrundlage entzogen, sie überleben nur etwa vier bis sechs Stunden außerhalb unseres Körpers.*
- *Jedes Jahr unterzieht er sich Hygieneaudits, die den Vorgaben der amerikanischen FDA unterliegen. Noch nie gab es einen Vorfall.*
- *Er hat mir seine Sicht auf den Umgang mit den Bakterien geschildert und meine Behandlungsweise in höchsten Tönen gelobt.*
- *Er hätte mich auch operiert, wenn ich es ihm zuvor gesagt hätte und die Keime noch vorhanden gewesen wären, weil alle Vorkehrungen aus seiner Sicht getroffen sind.*

Das war schon ein besonderes Gespräch mit einem besonderen Arzt und Mensch. Ich weiß nicht, wie viele Ärzte sich die Zeit nehmen und auf diese Art und Weise mit ihren Patienten über dieses sehr heikle Thema sprechen – ich war beeindruckt! Wenn ich mir meine eigenen Erfahrungen und Berichte über die Abläufe in deutschen Kliniken vergegenwärtige, bin ich nicht darüber verwundert, dass dies zu einem riesigen, kaum noch beherrschbaren Problem geworden ist.

Die restlichen Tage in der Klinik vergingen schnell, und ich erholte mich zügig. Am späteren Nachmittag des letzten Tages empfing mich Dr. Kaushik nochmals in seinem Büro. Er erklärte mir, welche Korrekturen er im Detail gemacht hatte – es war doch einiges mehr als erwartet. Wir hatten ein schönes Gespräch, auch über seine neue Klinik, deren Eröffnung bevorstand. Er hatte mir zuvor angeboten, später zu kommen, um die neue Klinik genießen zu können, doch das passte leider nicht in meine zeitliche Planung.

Seine neue Klinik wollte ich mir eigentlich noch anschauen, aber das ergab sich zeitlich leider nicht mehr. Die Art und Weise seiner Schilderung über die Erfüllung seines Lebens- und Arbeitstraumes reicht für mich aus, um zu wissen, wie viel Herzblut und Geld er in dieses Projekt steckt. Er ist kein Arzt, der nur seinen Job macht. Er lebt dafür, trans Personen – mehrheitlich Transfrauen – ihren Weg zu erleichtern, ihnen das zu ermöglichen, was er hier und heute mit seinem Wissen und seinen Fähigkeiten dazu beitragen kann. Das Leuchten in seinen Augen, wenn er darüber erzählt, ist unglaublich und zeugt von absoluter Authentizität. In Deutschland und Europa gibt es wohl keinen Arzt, der sich diesem Thema derart leidenschaftlich widmet. Ich habe daher heute das Gefühl, das ich ihn und seine neue Klinik noch besuchen werde, auch, wenn ich keinen OP-Bedarf mehr für mich sehe – naja, wer weiß …*

Ich verabschiedete mich herzlich von den Schwestern und anderen Mitarbeitern, die gerade anwesend waren. Es war nicht so emotional wie im letzten Jahr nach vier Wochen Aufenthalt, aber es ist schon bemerkenswert, wie herzlich vor allem die Schwestern sind.

Ich freute mich wieder auf zu Hause, aber es war doch ein gigantischer Unterschied zum letzten Jahr – auch das fühlte sich viel einfacher, viel leichter an.

Alltag in der Transition

Wie sieht heute der Alltag von trans* Personen jenseits dieser Hochglanzgeschichten in den Medien aus? Wie erleben heute trans* Personen unsere Gesellschaft, wie fühlen sie sich, was erwarten sie? Ist die Gesellschaft wirklich so tolerant, wie es die Medien glauben machen wollen, oder ist das mehr eine selektive Scheinwelt? Ganz sicher gibt es auf diese Fragen keine allgemeingültigen Antworten. Wie immer ist die Wahrnehmung der Betroffenen höchst subjektiv, sind das Selbstverständnis und das Verhalten der Betroffenen ebenfalls in höchstem Maße unterschiedlich, werden völlig konträre Reaktionen hervorgerufen.

Verlässlich kann ich natürlich nur meine eigenen Erlebnisse und Wahrnehmungen schildern und mein Verständnis vom Verhalten anderer trans* Personen vermitteln. Wie anfänglich erwähnt, habe ich über die Fetischwelt begonnen, meine feminine Seite auszuleben. Das habe ich zum Teil auch ziemlich extrovertiert getan. Die Reaktionen waren fast durchweg offen und positiv. Interessanterweise waren die Reaktionen älterer Menschen viel offener als die der jüngeren Generation. Da war schon allerhand Verdruckstes und Schamvolles zu sehen, nach dem Motto: bloß nicht offen hingucken – jeder mit seinen Gedanken. Auf diese Weise hatte sich mein Selbstbewusstsein sehr stark verändert. Ich konnte meine Transsexualität frei ausleben, konnte den Passanten offen und freudig ins Gesicht schauen. Das war nicht immer so. Als Jugendliche – und auch noch später – war ich doch eher stark introvertiert und schamvoll.

Als ich die ersten Schritte als Frau in die Öffentlichkeit tat, geschah das mit Perücke und professionell geschminkt, eher zu viel als zu wenig. Wenn ich aus dem Haus trat, aus dem Auto ausstieg oder das Parkhaus verließ, dann stieg mein Blutdruck schlagartig an, ich war hochgradig nervös und unsicher, kleine Schweißausbrüche waren die Folge und verstärkten das Unbehagen bei mir noch. Diese

Unsicherheit hat man sicher auf hundert Meter Entfernung erkannt. Es brauchte eine Weile, bis sich die Anspannung löste, bis ich zu mir fand und das Augenmerk weniger auf das Umfeld, sondern auf mich richtete. Was war der Grund dafür? Ich war doch selbstbewusster geworden.

Es macht einen riesigen Unterschied, ob man in auffälliger Fetischkleidung ein Fotoshooting macht oder als Mann in Frauenkleidern auftritt und dabei versucht, den Mann möglichst nicht erkennbar zu machen. Beim Fetisch ist die Sache klar, jeder kann sehen, dass es sich um etwas nicht Alltägliches handelt, die Besonderheit ist sofort erkennbar und präsent. Also gibt es auch keine Bedenken dabei. Anders beim Auftritt als Frau, hier soll eben möglichst niemand die Besonderheit erkennen, der Auftritt soll möglichst unauffällig sein – was er aber nicht ist!

Um Missverständnissen vorzubeugen, an dieser Stelle ein Einwurf: Fetisch und Transidentität haben an sich nichts miteinander zu tun. Genau an dem Punkt unterscheiden sich eben trans* Personen von Transvestiten. Aber die Fetischwelt war dennoch Teil meines Weges, Teil meiner Suche nach mir selbst. Insofern ist für mich persönlich dieser Vergleich bei den ersten öffentlichen Gehversuchen legitim.

Zurück zum Thema. Es war das Wissen, dass die Leute sofort auf mich aufmerksam wurden – nicht einmal zwingend aufgrund meiner gestylten Erscheinung, sondern allein schon aufgrund meiner Größe – 187 Zentimeter als Frau sind beachtlich. Hohe Absätze dazu taten ihr Übriges – ich war einfach ein Hingucker! Natürlich war die Gesamterscheinung auffällig, und trotz wirklich gutem Styling und hochwertiger, toller Perücken – auf kurze Sicht war der Mann dahinter zu erkennen.

Es brauchte einige Zeit, bis sich diese Nervosität prinzipiell legte, ich selbstsicherer wurde, das Selbstbewusstsein wieder zum Tragen kam, dass ich bei den Fetischausflügen erlangt hatte. Interessant dabei war, zu erkennen, dass die Menschen umso mehr Reaktionen zeigen, je mehr man sich um sie kümmert. Erst, wenn das Augenmerk auf einem selbst ruht, man die Umwelt nicht mehr nervös scannt, erst dann werden auch die Reaktionen unaufgeregter. Die Menschen spüren die Unsicherheit förmlich, so wie ein Hund die Angst eines Menschen spürt. Sobald ich völlig entspannt und selbstbewusst unterwegs war, war auch die Wahrnehmung der Menschen unauffälliger. Je mehr ich also in mir selbst ruhte und mich nicht auf das Außen konzentrierte, umso mehr waren auch die Anspannung und mein Empfinden gegenüber den äußeren Reaktionen abgeflacht.

Nach einiger Zeit war es für mich völlig normal, als Frau in die Öffentlichkeit zu gehen. Das Styling wurde unauffälliger, und professionelles Schminken entfiel – beides fiel nunmehr dezenter aus. Der Kleidungsstil wurde unaufgeregter, etwas edler und sachlicher. Ich fand mit der Zeit meinen eigenen Stil, der zu mir und meiner äußeren Erscheinung passte. Oft ging ich in Geschäfte, um mir genau die Dinge zu kaufen, die Frau so braucht, wie Strümpfe, Unterwäsche und sonstige Garderobe. Die Verkäuferinnen waren durchweg freundlich und erschienen offen, was sehr entspannend wirkte.

Der passende Kleidungsstil ist eines der großen Themen für trans* Personen, für Transfrauen sicher mehr als für Transmänner. Bei einer bestimmten Körpergröße und einem normalen, schlanken männlichen Körperbau wird es extrem schwierig, passende und dazu auch noch modische Kleidung zu finden. Das ist sicher einer der Hauptgründe, warum Transfrauen oft in zwei konträren Richtungen auffallen. Entweder ist der Stil sehr altbacken oder er hat eine etwas nuttige Tendenz, denn hier gibt es einschlägige Adressen im Internet, unter denen Kleidung in großen Größen für Transvestiten, Cross-Dresser etc. erhältlich ist. Hosen und Röcken finde ich zum Beispiel überall passend von der Stange – das ist kein besonderes Problem für eine Frau, die als Mann Konfektionsgröße 98 hatte. Mit den Größen 40/42 bin ich da gut bedient. Ab und an klemmt es etwas bei der Hosenbeinlänge, aber zum Glück ist oft ein Umschlag dabei, der herausgelassen werden kann. Spannend, nein eher nervig, wird es mit Oberteilen aller Art. Mit den Größen 40/42 geht da leider nichts. Die Schulterbreite verlangt da Größe 46, manchmal passt auch Größe 44!

Das wäre noch kein so großes Problem, es muss ja nicht unbedingt ein kompletter Hosenanzug oder ein komplettes Kostüm sein, man kann beides oft getrennt mit abweichenden Größen für Ober- und Unterteil zusammenstellen, wenn da nicht die Schnitte wären. Bei Größe 46 fallen die Blazer, Blusen, Shirts u.a. in aller Regel wie ein Sack Richtung Hüfte. Bei Damengarderobe ist eine Größe 46 auf Frauen zugeschnitten, die insgesamt füllig sind – nur breitere Schultern mit schmaler Taille sind nicht vorgesehen! Die Unterscheidung, wie in der Männerkonfektion, in der es für Fülligere und Schlankere große Größen gibt, gibt es in der Frauenkonfektion leider nicht.

Erschwerend kommen die Ärmellängen hinzu. Fast ausnahmslos wird dabei aus einem „langen" Ärmel ein 7/8-Arm. Es ist quasi aussichtslos, als Frau im Männerkörper mit 187 Zentimeter Körpergröße, relativ breiten Schultern und ansonsten schlanker sportlicher Statur, passende und modische Oberteile aller Art von der Stange zu erwerben. Es geht nicht ohne eine gute Änderungsschneiderin, die ich zum Glück gefunden habe – ein wahres Goldstück! Fast jedes Kleidungsstück geht bei ihr über den Tisch. Glücklicherweise habe ich in München zudem eine Firma gefunden, die Maßgarderobe anbietet. Der Unterscheid zu Maßschneiderei ist der, dass diese Garderobe auf fertigen Schnittmustern beruht, wobei ganz viele Details dann eben maßgerecht verändert werden können. Parameter wie Taille, Hüfte, Rücken, Brust, Ärmellänge, Revers, Taschen u.a. sind variabel. Die Preise variieren extrem und hängen hauptsächlich von der gewählten Stoffqualität ab. Für mich aktuell die erste Adresse für Blazer, Gehröcke, Kleider und Blusen, aber auch Röcke und Hosen, wenn es auf die Qualität des Stoffes ankommt. Um einmal eine Hausnummer zu nennen: Wenn ich als Mann einen Anzug gekauft habe, dann lag das etwa im Bereich von 500 bis 600 Euro, etwas mehr, wenn gleich zwei Hosen dabei waren. Ein Blazer in vergleichbarer Stoffqualität kostet dort etwa 500 Euro. Da die Hosen oft von der Stange möglich sind, liegt der Gesamtpreis am Ende ziemlich nahe an dem eines Herrenanzuges, und ich habe eine Qualität, die es von der Stange für Damen nur selten gibt.

Die ziemlich schlagartige Umstellung der Garderobe von Mann auf Frau ist sowieso ein recht ordentlicher Kraftakt, auch in finanzieller Hinsicht. Das ist natürlich auch von der Art und Weise abhängig, wie der berufliche Alltag aussieht. Bei mir als IT-Beraterin, in den großen Konzernen im deutschsprachigen Raum unterwegs, ist da erstens Qualität, zweitens auch Vielfalt der Garderobe gefragt. Was ich früher mit meiner Frau zusammen an Kleiderschränken gefüllt habe – sie war Hausfrau –, das beanspruche ich heute für mich allein. Da kommen schon einige Meter Schrank zusammen, die von Grund auf neu befüllt werden wollten. Ein kleiner Mittelklassewagen hat sich da in den letzten beiden Jahren bei mir schon in Garderobe transformiert.

Als kleinen Tipp kann ich da am Rande insofern nur erwähnen, dass es viel Sinn macht, erst nach seinem Stil zu schauen, bevor man mit dem Shopping loslegt, wobei natürlich gerade die Stilsuche auch auf Fehlern und Erkenntnissen beruht und somit auf Fehleinkäufen. Ich habe schon viele meiner Ersteinkäufe ungetragen, oder nur einmal getragen, zur Tenne gebracht. Die Tenne ist bei uns am Ammersee ein kostenfreier Ankauf von gebrauchten Sachen aller Art zur Unterstützung wenig finanzkräftiger Menschen. Insofern hatte meine Stilsuche auch wieder eine positive Seite.

Dann kommt das nächste, für mich sehr traurige Thema – Schuhe! Ich gebe es zu, ich habe einen gewissen Fetisch für schicke Schuhe. Es können kaum genug in Form, Stil und Farbe sein. Ich sehe so viele Schuhe, die mein Herz erfreuen, doch beim Blick auf die verfügbaren Größen verfinstert sich die Laune jedes Mal schlagartig. In der Regel gibt es die Schuhe bis Größe 41, oft noch bis einschließlich Größe 42, dann ist Schicht im Schacht. Es gibt einige Firmen, die gelegentlich Größen darüber hinaus anbieten, es gibt auch spezielle Läden und Shops für Übergrößen, aber … Genau, das ist alles ganz nett, aber chic sieht in der Regel anders aus. Nur in Ausnahmen gibt es Schuhe, die als chic eingestuft werden können, die Auswahl ist leider extrem gering. Was bleibt, ist die Suche nach den Ausnahmen und gelegentlich eine Anfertigung besonderer Schuhe für bestimmte Anlässe. Das wird also mein ganzes Leben als Frau ein Thema für mich bleiben, wie natürlich für viele andere Transfrauen auch.

Ich komme zurück zum Auftreten in der Öffentlichkeit. Auch wenn ich es geschafft hatte, mein Selbstbewusstsein bei meinen Ausflügen als Frau hilfreich einzusetzen, änderte das natürlich nichts an der Tatsache, dass viele Menschen den Mann in mir erkannten. Als ich begonnen hatte, den Weg zur Frau in mir konsequent einzuschlagen, als ich den Schritt hin zur HRT gestartet, zudem mit der Barthaarepilation begonnen hatte, wurde das nicht etwa besser. Nein, es begann eine Zeit, in der es oftmals viel schwieriger für mich wurde, selbstbewusst als Frau in die Öffentlichkeit zu gehen.

Die HRT führte nach etwa drei Monaten zu den ersten erkennbaren Zeichen der Verweiblichung der Gesichtszüge, meine natürlichen Haare wurden langsam länger, und ich ließ die Zeit der Perücken endlich hinter mir. Sie mochten toll ausgeschaut haben an mir, aber wohlgefühlt habe ich mich damit keinesfalls. In dieser Zeit hatte ich wohl eher androgyne Züge, die ich mir auch zunutze machte. Denn was nützen die ersten Zeichen der Verweiblichung, erstes Brustwachstum und wachsende Haare mit passender weiblicher Frisur, dazu weibliche Kleidung, wenn der Bart lustig sprießt? Richtig – nichts, nada, zero – alles für die Katz!

Leider ist es eben in der Zeit nicht möglich, den Bart jederzeit so oft wie nötig zu rasieren und gegebenenfalls kosmetisch zu kaschieren. Ein Bart, der epiliert werden soll – das betrifft vor allem die Nadelepilation –, der muss sichtbar sein und durchschnittlich etwa zwei Tage gewachsen sein. Das ergibt also mindestens einen Tag sichtbaren Bart. Und nach dem Epilieren zeigen sich zwei bis drei Tage heftig sichtbare Nachwehen der Nadelepilation. Aus der glatten Gesichtshaut wird sowas wie ein Streuselkuchen – nicht so lecker, aber ähnlich aufgeworfen ist die Haut, dazu mit rötlichen Punkten. Und wenn die Sensibilität groß genug ist, dann kommen noch blühende Pickel hinzu. Alles in allem ein Bild, das mit dem Gesicht einer Frau leider sehr wenig zu tun hat.

In diesen Momenten habe ich mir rein weibliche Kleidung verkniffen, habe einen Mix an Garderobe getragen, der nicht mehr Mann, aber auch nicht vordergründig weiblich war – also androgyn! Damit war ich irgendwie als ein Typ erkennbar, der halt zu etwas weiblichem Auftreten neigt, aber eben nicht richtig Frau und nicht richtig Mann ist. Damit konnte ich gut leben, und meine Umwelt offenbar auch. Es war sogar die Zeit, in der ich von wildfremden Menschen viele Komplimente erhalten habe.

Egal, ob im Flieger, im Wartezimmer beim Arzt, in Geschäften oder wo auch immer – sehr oft wurde ich auf meine toll gepflegten Finger angesprochen, deren Nägel selbstverständlich immer dunkelrot oder schwarz lackiert waren, und gab es Komplimente zu meinem Kleidungsstil. Diese Komplimente kamen jedoch ausschließlich von Frauen, Männer hat das wohl eher etwas irritiert. Frauen jedoch fanden es offensichtlich schön und erwähnenswert, wenn ein Mann etwas mutiger in seinem äußerlichen Auftreten war. Ich habe mich in dieser androgynen Zeit sehr wohl gefühlt, es war ein prima Mittelweg in dieser Zeit, der auch ein guter Schutz davor war, sich durch zu viel gewollte Weiblichkeit bei gleichzeitig erkennbaren Hürden eher lächerlich zu machen.

An dieser Stelle werden womöglich einige Transfrauen, die es vorziehen, ihre gefühlte Weiblichkeit unabhängig von solchen Widrigkeiten offen nach außen zu tragen, Einspruch erheben. Das gestehe ich ihnen auch gern zu. Es ist immer eine sehr persönliche Entscheidung, wie man mit solchen Situationen umgeht. Für mich war das der Königinnenweg!

Noch ein anderer Aspekt war für mich sehr interessant. Als Mann wusste ich zwar, dass ich etwas jünger aussehe, mein Kleidungsstil war dem offenbar auch angemessen. Heute jedoch, wo meine Transition weit fortgeschritten ist, beobachte ich etwas sehr Eigenartiges an mir. Ich fühle und denke immer mehr als Frau, aber nicht meinem Alter entsprechend. Wo genau ich mich in meinem gefühlten Frauenalter sehe, kann ich kaum exakt erfassen. Ich weiß nur, es ist weit entfernt von den realen 59 Jahren, die in meinem Personalausweis stehen. Ich fühle und sehe mich eher als Mädchen, eventuell noch als junge Frau, auch wenn das absurd klingen mag. Nur der Blick in den Spiegel holt mich abrupt und hart in die Realität zurück. Es ist nicht die Frage mangelnder Akzeptanz meines realen Alters, wenngleich ich mir ab und an schon wünsche, ich wäre zehn Jahre jünger, wäre den Schritt zehn Jahre früher gegangen. Nein, es ist irgendwie eine irreale Wahrnehmung meiner Situation. Wahrscheinlich ist es ein Ergebnis dieser späten und erneuten Pubertät, dem Durchlaufen einer zweiten Pubertät im Kontext der HRT. So, wie ich mich mädchenhaft über meine kleinen Brüste freute, scheint sich mein ganzes Wesen eher in diesem Pubertätsprozess zu befinden, als in der Realität einer eigentlich 59-jährigen Frau.

Wie auch immer, es fühlte sich gut an, es unterstützte die Phase des Überganges zur Frau bzw. dem gelungenen weiblichen Auftritt eher, als es geschadet hätte. Und darauf kommt es doch eigentlich nur an.

Wie man auch immer mit solchen oder ähnlichen Situationen umgeht, egal, in welchem Stadium des eigenen Weges es geschieht, egal, wo und wie man die ersten Versuche, die ersten Schritte als Frau in die Öffentlichkeit gehen will – die wichtigsten Parameter für ein gutes Gelingen sind eine gesunde Portion Selbstbewusstsein, ein erhobenes Haupt, ein offener Blick und ein aufrechter Gang. Damit ist schon die halbe Ernte eingefahren. Wenn dann noch Person, Kleidung, Schuhe und Schminke in passendem Verhältnis zueinander stehen und nichts übertrieben wird, dann kann eigentlich nichts mehr schiefgehen.

Natürlich wird es dennoch Blicke geben und ganz sicher wird man, abhängig vom Erscheinungsbild, erkennen, dass da keine Cis-Frau unterwegs ist. Doch das ist nicht der Punkt, um den es mir geht. Wichtig finde ich, ob man authentisch erscheint und eine offene selbstbewusste Ausstrahlung an den Tag legt, oder ob man einen verdrucksten, schamigen und eher verkleideten Eindruck hinterlässt. Die Blicke, die man erntet, auch eventuelle Kommentare, werden sich genau darin widerspiegeln. Im letzteren Fall werden sie eher mitleidig sein, im ersteren Fall wird es eher ein freudiges Zucken in Mund- oder Augenwinkeln geben, wird es ein Schmunzeln geben oder gar einen kleinen aufmunternden Kommentar. Das alte Sprichwort „Wie man in den Wald hineinruft, so schallt es zurück" beschreibt es wohl recht gut.

Natürlich wird man auch auf Menschen treffen, die damit weniger gut umgehen können, natürlich wird man auch mal im Vorbeigehen den Kommentar hören: „Das war doch ein Mann, oder?" Das ist alles halb so schlimm, wenn man weiß, dass mehrheitlich angenehme Reaktionen erfolgen. Auch die Umwelt, die Menschen, die uns begegnen, nehmen einfach etwas wahr, das anders ist, und versuchen es für sich einzuordnen. Hier ist auch Toleranz gefragt, Toleranz gegenüber den Wahrnehmungen anderer. Der schlimmste Fehler, den trans* Personen aus meiner Sicht machen können, ist, die eigenen Erwartungen zu hoch zu schrauben, zu glauben, man könne die Ergebnisse einer in die „falsche" Richtung verlaufenen Pubertät mal so eben im Vorbeigehen überdecken, und das fatalerweise auch noch überzieht. Wenn der Anspruch besteht, nicht mehr im alten Geschlecht erkannt zu werden, die Erwartung an die Umgebung besteht, dass die neue Geschlechtsidentität immer und überall so erkannt wird, wie man sie selbst wünscht und will, dann wird es wahrscheinlich bittere Enttäuschungen geben.

Gab es bei mir zu Beginn etwas Aufregung und ein Überhöhen der Umwelt und meiner Person selbst, so ist das heute für mich totale Normalität. Ich nehme mich selbst nicht mehr als etwas Besonderes wahr, ich schaue nicht nervös auf meine Umwelt und deren Reaktionen, ich gebe mich selbstbewusst und in mir ruhend, bin einfach als Ulrika unterwegs. Ich trete nicht mehr als Frau auf, ich fühle mich als Frau, ich bin Frau, eine Frau mit sicher manch auffallendem Detail, und all das zeige ich unaufgeregt und selbstbewusst. Es gibt sicher weiterhin ab und an – oder auch etwas häufiger – aufmerksame, zweifelnde oder neugierige Blicke, aber die huschen an mir ebenso vorbei, wie die Menschen, die sie senden. Sie berühren mich nur, wenn die Menschen, wenn auch nur kurz, in Kontakt zu mir gehen, sich die Blicke nicht nur zufällig treffen.

Ich bin fest davon überzeugt, dass es der allerbeste Weg ist, die Zeit der Transition genauso zu nehmen und zu genießen, wie sie ist. Es ist eine Zeit der Wandlung, eine Zeit intensiver Umbrüche. Warum sollte die Umgebung das in Teilen nicht ebenso wahrnehmen und erleben? Ist es nicht viel schöner, seine Umgebung auf diesen Weg mitzunehmen, als ihnen plötzlich einen „neuen" Menschen zu präsentieren? Ich gehe sogar noch weiter. Mir war klar geworden, dass Schnelligkeit und Ungeduld hier völlig fehl am Platz sind. Diese Transition braucht eines ganz besonders – das ist Zeit.

Heute genieße ich die Änderungen, die im Laufe der Transition geschehen sind, habe sogar gelernt mit Rückschlägen umzugehen, sie als Teil des Weges zu erkennen und anzunehmen. Ich genoss den langsamen Aufbau, genoss das Wachstum meiner Mädchenbrüste, freute mich über kleine Fortschritte, wenn mal wieder für eine gewisse Zeit Ruhe eingekehrt war. Das würde mir in meinem heutigen Bewusstsein ganz arg fehlen, wenn ich eine Brust-OP schon vor einem Jahr hätte ausführen lassen und dann voreilig mit fertigen großen Silikonbrüsten dagestanden wäre.

Die Zeit der Transition ist eine einmalige Zeit im Leben aller trans* Personen! Ich glaube sogar, dass die Möglichkeit besteht, dass manche trans* Personen – mich schließe ich da vorab gleich mal mit ein – nach dieser Zeit, wenn sie endlich mehr oder weniger vollständig in ihrer gewünschten Geschlechtsidentität angekommen sein werden, mit etwas Wehmut auf diese spannende Zeit zurückblicken werden. Es kann sein, dass die dann gewonnene Normalität durchaus auch einen Anflug von Langeweile mit sich bringen kann, denn es passiert nichts Aufregendes mehr. Für mich ist es bis dahin noch ein steiniger, aber spannender Weg.

Der Weg in den Alltag als Frau

Zum Ende des Jahres 2018 hatte ich nun einen großen Teil meines Weges beschritten, ich war weit gegangen, hatte viel getan, was mir nur wenige Jahre zuvor völlig unvorstellbar erschienen wäre.

Ich war nicht nur weit gegangen, ich hatte diesen Weg auch in einer relativ kurzen Zeit absolviert, es waren nur zweieinhalb Jahre. Manche in meinem Umfeld, die Bezug zu diesem Thema haben, waren recht sprachlos ob meines Galopps auf diesem Weg. Aber das ist eine Eigenschaft, die sich wie ein roter Faden durch mein Leben zieht. Wenn ich einmal eine Entscheidung gefällt habe, einmal das Für und Wider abgewogen habe, wenn einmal der Startschuss für etwas gefallen ist, dann gehe ich diesen Weg mit ganzer Kraft, voller Konzentration und konsequent.

Aber diese Art den Weg zu beschreiten, hatte nicht nur Vorteile. Wie schon beschrieben, brachte mir die Schnelligkeit, teilweise Voreiligkeit im Handeln auch Ärger mit den Institutionen ein, wie z. B. der Krankenkasse.

Viel einschneidender aber war das Verhältnis der Entwicklungen, die in meinem Körper und meiner Seele geschahen. Verstand und Körper waren sich auf dem Weg relativ einig, sie bestimmten Richtung und Tempo der Entwicklung. Doch da war noch meine Seele … Die hatte es ganz sicher nicht so eilig wie die Allianz von Verstand und Körper.

Ich hatte schon erwähnt, dass zu Beginn der HRT die innerlichen Veränderungen deutlicher zu spüren waren, als die körperlichen. Was in dem Kontext gut und richtig war, konnte im Verhältnis von Körper und Seele bei den folgenden massiven Eingriffen in Form von GaOp und FFS wohl kaum anders sein. Doch nach meiner GaOp musste ich feststellen, dass ich an einem Punkt angelangt war, an dem meine Seele offenbar mit den körperlichen Eigriffen nicht Schritt halten konnte. Ich war nach der OP in ein Loch gefallen, meine Seele rief nach Hilfe. Die Veränderungen waren ihr zu schnell gegangen, sie forderte eine Pause, ein Innehalten, um all das, was geschehen war, die massiven Eingriffe in das Gesamtsystem Mensch, zu verarbeiten.

Zum Glück konnte ich das erkennen und hatte auch eine tolle Partnerin, die mir dabei eine große Unterstützung war. Wenn ich es nicht selbst sehen konnte und die Ungeduld mal wieder die Oberhand zu erlangen drohte, da war sie es, die mir half, die Dinge wieder richtig einzuordnen, die mich an meine Seele und deren große Herausforderung bei der Bewältigung all der gewaltigen Prozesse erinnerte.

Es hat etliche Wochen benötigt, um aus diesem Loch der Verwirrung herauszufinden. Es war eben nach den OPs nicht auf Knopfdruck alles gut und nicht alles erreicht, was Frau zum Frausein benötigte. Ganz im Gegenteil. Es war eine Zeit, in der Frau an sich zweifelte, in der die Frau im Spiegel wieder eher den Mann als die „neue" Frau sah. Es war eine Zeit voller Selbstzweifel, Zweifel an den Ärzten und dem ganzen Weg.

War es doch alles ein großer Irrtum? Waren Illusionen und Fantasien mit mir durchgegangen? Hatte ich mir das alles doch nur eingebildet, ja eingeredet? War es am Ende doch ein Fetisch, dem nun die Ernüchterung, die harte Landung in der Realität folgte? Hatte ich den weiblichen Anteil in mir völlig falsch eingeschätzt und ihn überhöht, um nun festzustellen, dass der Mann in mir doch stärker war?

Es waren keine schönen Tage. Tage, die nicht vergehen wollten, weil die Gedanken sich im Kreise drehten und keinen Ausweg aus dem Labyrinth fanden. Unterstützung von außen war auch nicht wirklich hilfreich, ich musste das schon selbst schaffen. Das hatte sicher zweierlei Ursachen: erstens die geschilderte Schnelligkeit der Änderungen, die schon dem Körper zu schaffen machten, noch mehr aber der Seele, die all das nicht so schnell verarbeiten konnte. Zweitens kam hinzu, dass ich mehrere Wochen keine Hormone zu mir nehmen durfte, und so der Hormonhaushalt völlig außer Takt geriet. Dass äußerte sich innerlich und auch äußerlich. Meine Gesichtszüge waren trotz FFS wieder härter geworden, und das im Spiegel zu sehen, war alles andere als hilfreich für die sowieso schon überforderte Seele. So lebte ich die aufgekommene Lethargie schon recht aus und suhlte mich etwas im Selbstmitleid. Es kam mir gerade recht, mich trotz körperlicher Fortschritte etwas länger als vielleicht nötig arbeitsunfähig schreiben zu lassen und mich von Nicole umsorgen zu lassen.

Doch irgendwann kam der Tag, an dem ich diese Komfortzone verlassen, mich wieder dem beruflichen Alltag und dem Leben stellen musste. Und das war letztlich auch gut so und sehr hilfreich. So war ich gezwungen die Lethargie abzulegen und mich wieder mir selbst und der Realität zu stellen. Schließlich befand ich mich beruflich ja in einer sehr guten Situation, genoss durchaus Privilegien gegenüber vielen anderen Betroffenen, hatte einen anspruchsvollen, gut bezahlten Job, der mir darüber hinaus viel Spielraum in der Arbeitszeit ließ und Abwechslung verschaffte. Ich genoss die Zeit in Hamburg, in der mein letztes und aktuelles Projekt stattfand. Ich hatte ein Umfeld von Kollegen und Kundenmitarbeitern, die meinen Weg zumindest akzeptierten. Jegliche Form von Widerlichkeiten in diesem Prozess waren mir zum Glück fremd gewesen, und daran änderte sich auch nichts. Ganz im Gegenteil. Nun erhielt ich noch mehr Komplimente ob meines Aussehens nach der OP und meines Weges. So konnte ich die Widerlichkeiten meiner kleinen Depression – sie war vielleicht doch etwas größer – gut beiseitelegen, fand mein Selbstvertrauen und damit auch meine Ausstrahlung wieder.

Allerdings war der rein fachliche Wiedereinstieg nicht ganz so locker. Ich litt etwas unter Konzentrationsschwäche und schaffte es kaum, mich völlig in Gedanken zu vertiefen, wenn andere Kollegen im Raum miteinander sprachen. Doch auch in ruhiger Umgebung verlor ich öfters den Faden. Was war der Grund dafür? Meine Theorie besagt, dass die Auswirkungen der Narkosen der OPs, die reines Gift für unseren Körper sind, viel gewaltiger sind, als wir allgemein glauben. Es braucht Monate, bis all die Auswirkungen der Antibiotika, Schmerzmittel und Narkotika auf unseren Körper abgeklungen sind, der Körper diese Giftstoffe restlos abgebaut und ausgeschieden hat. Dazu gibt es leider sehr wenige fundierte medizinische Erkenntnisse, zumindest keine öffentlich einsehbaren. So sind gerade diese Phase und die Versuche, die Ausleitung mit bestimmten Maßnahmen zu fördern, eher Experimentierfelder. Ich hatte es mit der Hilfe einer guten Homöopathin versucht, und es war offenbar erfolgreich.

Doch so langsam kehrt der unaufgeregte Alltag in mein Leben zurück, in mein Leben als Frau. Die Frau wird selbstverständlicher und alltäglicher. Doch es sind noch ganz viele Kleinigkeiten, die zur völligen Normalität fehlen. Kleinigkeiten, die zuvor schon einmal zur Normalität zählten, und wieder dahin zurückfinden wollen, aber auch Kleinigkeiten, die Frau eben noch von einer biologischen Frau unterscheiden. Diese vielen Kleinigkeiten sind jedoch andererseits auch das Salz in der täglichen Suppe des Lebens.

So habe ich endlich angefangen – nicht ganz freiwillig, meine Freundin hat schon etwas gedrängt –, mich wieder ans Kochen heranzuwagen. Das hatte ich im Kontext des Todes meiner Mutter und den Erlebnissen danach mit meinem Vater völlig abgelegt. Ich koche keine großen Menüs, aber doch wieder mehr als die üblichen Schnellgerichte. Es scheint, als käme Freude daran auf.

Ich gehe heute völlig anders einkaufen als früher. Ich beginne, nicht mehr mit Zettel zielgerichtet loszumarschieren, ich schlendere mit meinem Korb durch den Supermarkt und gehe mit Freude auf den Markt. Ich habe meine Ernährung erfolgreich an den veränderten, nun aufgrund der HRT weiblichen Stoffwechsel angepasst – andernfalls droht permanente Gewichtszunahme. Ich laufe nicht mehr halbblind durch den Ort, sondern suche auch Kontakte, und die zeigen sich auch. Kannte mich früher kaum jemand im Ort, vom Bekanntenkreis abgesehen, so hat sich das heute grundlegend gewandelt. Ich werde hier und da freudig begrüßt und gebe das gern zurück. Ich bin viel ausgeglichener als früher. Das ist ein sehr schönes Gefühl. Ein Gefühl von „endlich angekommen zu sein".

Ich bin glücklich und zufrieden, wenn ich mein Haus und meinen Garten in Ordnung halte, beschäftige mich noch lieber im Haushalt als früher, liebe es meine Wäsche zu machen, im Sommer Marmelade zu kochen und andere Früchte meines Gartens zu verarbeiten, genieße es einfach, viel Zeit für mich und mein Zuhause zu nutzen. Wie sagte meine Freundin kürzlich: „Du brauchst eigentlich keine Arbeit. Haushalt, Garten und noch ein paar Kinder dazu – und du bist glücklich." Genauso fühle mich aktuell! Nur mit den Kindern, das wird nichts mehr. Wäre ich etwa 25 Jahre jünger, würde ich alles tun, was heute medizinisch möglich ist (Gebärmuttertransplantation), um auch das erleben zu können. Mehrmals haben mir meine

Träume gezeigt, was sich meine Seele wünschen würde. Doch leider bleibt es hier bei Träumen, es ist nicht mehr realisierbar.

Doch auch so hat meine weibliche Seele Dinge angenommen, die ihr früher fremd waren, z.B. hat sich das innere Schutzbedürfnis einer Frau entwickelt. Kleines Beispiel: Wenn ich heute nackt am See liege, dann mache ich das nicht mehr wie früher, auf meiner Decke liegend die ganze „Manneskraft“ präsentierend. Dann bin ich zurückhaltender, nicht schamvoll, aber doch etwas darauf bedacht, mich nicht zu offen zu zeigen. Früher konnte ich Frauen kaum verstehen, die sich nicht so offen gaben wie Männer das tun. Selbst in meinem Garten hat sich dieses Verhalten verändert, ich verhalte mich bedeckter, und es fühlt sich stimmig an. Ich fühle heute meine Schwankungen im Gemüt, ich lasse sie zu und versuche nicht mehr, sie cool zu überspielen. Emotional reagiere ich heute auch schneller, ich bin sozusagen näher am Wasser gebaut.

Juli 2018 – mittlerweile hatte ich meinen Job gewechselt, was nichts mit der gerade angesprochenen Situation zu tun hatte. Meine Fähigkeiten und Ziele passten nicht mehr zum veränderten Weg und Ziel der alten Firma, was sehr schade war.

Auch beim Jobwechsel hatte ich nicht die geringsten Probleme, der offene und ungezwungene Umgang mit dem Thema hatte sich erneut bewährt. Erstmals bin ich ja von Beginn an als Frau eingestiegen, während ich im vorherigen Job den Übergang vollzog. Auch hier kann ich die vielen bekannten Vorurteile, Transfrauen würden Nachteile im Job haben, müssten finanziell zurückstecken, würden gemobbt etc., nicht bestätigen. Mir ist dabei bewusst, dass mein Job und die Branche da eine etwas herausragende Stellung einnehmen, überall werden händeringend fähige Leute gesucht. Dennoch – auch wenn ich mich wiederhole – ist es nach meiner Erfahrung offensichtlich immer das Ergebnis des eigenen Handelns und Auftretens. Wenn zwei das Gleiche tun, kommt noch lange nicht das Gleiche raus. Es ist eine Frage des Wie. Ich kann nur jede(n) dazu inspirieren, sich selbst zu öffnen und gleichzeitig bei sich zu bleiben.

Allerdings hat es nur drei Wochen gedauert, dann hatte ich mich in der neuen Firma versehentlich selbst erneut geoutet. Wir waren in einer Gruppe von vier bis fünf Kollegen im Gespräch über das

Lernen in unserer Kindheit, als ich im Redeschwall meine ehemalige Lehrerin zitierte: „Mein Junge, wenn du nicht so faul wärst, dann könnte was Großes aus dir werden." Ich hatte den Satz noch nicht vollendet, da hatte es schon Klick in meinem Hirn gemacht! Sofort war mir klar, was gerade geschah. Innerhalb von Sekundenbruchteilen entschied ich über meine Reaktion. Der kurze Blick in die Runde – wer hat reagiert –, die beiden Gegenübersitzenden hatten eine Reaktion in den Augen gezeigt. Wie reagieren? Überspielen, eine mehr oder wenig intelligente Ausrede für den „Junge" oder Klartext? Wie immer blieb ich mir treu und warf kurz und trocken den Satz ein: „Okay – was soll‘s –, das wollte ich zwar nicht kundtun, aber ich war mal ein Junge."

Da war es also passiert. Ich habe und hatte nie die Idee „stealth" leben zu wollen, meine Vergangenheit zu verschweigen und zu verheimlichen, aber ich wollte sie auch nicht an die große Glocke hängen. Nun war es aber raus, und zumindest der Teil der Kollegen wusste es nun. Die Reaktionen waren völlig gelassen und cool. Sie reichten von „wow – interessant" über „wow – das habe ich nicht gesehen" bis hin zu „wow – ich habe schon gesehen, dass du groß bist, dachte an Sportlerin, aber früher Mann ...?" Wieder hatte sich für mich bestätigt, dass allein die Art und Weise meines Auftretens, der Umgang mit mir selbst und dem Thema, darüber entscheiden, wie die Umwelt damit zurechtkommt. Mit jeder anderen Reaktion, dem Übergehen und einer Ausrede hätte ich überhaupt erst Zweifel gestreut, eventuell vorhandene Zweifel bestätigt und letztlich den Boden für Gerüchte und Getuschel bereitet.

Ich lebe in einer kleinen Gemeinde am wunderschönen Ammersee in Bayern. Für „eingefleischte" Nichtbayern ist das wahrscheinlich ein konservatives Nest hinter den sieben Bergen. Von vielen trans* Personen kenne ich aus Erzählungen Ängste und Zweifel ob ihres Lebens in solch einer Gemeinde. Zugegeben – anfangs hatte ich da auch etwas Bedenken. Wie gehe ich damit um, wie zeige ich mich? Gehe ich das eher passiv oder offensiv an?

Die meiste Zeit meiner Transition war das eigentlich nicht wirklich ein Thema, denn ich war beruflich die meiste Zeit in Hamburg, an den Wochenenden bis Herbst 2017 mehr bei Nicole im Nachbarort. Zu Hause war ich fast nur, um Haus und Garten zu versorgen. So gesehen, haben mich viele gar nicht zu Gesicht bekommen.

Doch mittlerweile ist das anders, mein Ort ist auch wieder meine wirkliche Homebase. Ich habe auch hier versucht, so natürlich wie möglich aufzutreten, nichts zu verstecken, niemandem etwas aufzudrücken und selbstbewusst aufzutreten. Im Frühjahr 2018 wurde das dann noch intensiver. Ich war beruflich nicht mehr viel unterwegs, man konnte mich wieder oft im Ort sehen. Nach meiner Brust-OP Anfang Juni 2018 habe ich mich nach der Abheilung endlich auch frei und ungezwungen im Bikini in unser Strandbad „getraut". Getraut klingt eventuell etwas übertrieben, aber das war doch schon eine kleine Herausforderung. Viele haben mich nach zwei bis drei Jahren zum ersten Mal wieder richtig gesehen und bewusst zur Kenntnis genommen. Es passiert mir z. B. jetzt auch häufiger, dass mich Menschen, die mir weniger nah stehen und mich selten sehen, nicht mehr erkennen. Eigentlich ist das toll, spricht es doch für die gelungene Verweiblichung des Äußeren.

In unserem Strandbad gab es dann doch schon intensivere, auch etwas musternde Blicke, und mir wurde bewusst, wie sehr ich den „Dorffunk" unterschätzt hatte. Es wussten eigentlich alle längst, wer die große schlanke Frau war, die da jetzt selbstbewusst ins Strandbad „stolzierte". Man kannte meinen neuen Namen – alles hatte sich längst rumgesprochen, auch zu Menschen, die ich kaum kenne. So kehrte also auch hier alsbald Normalität ein – fast. Es gibt noch einige wenige, die nicht so recht wissen, wie sie jetzt mit mir umgehen sollen, die etwas fremdeln, wie man in Bayern sagt. Das sind vor allem Leute, zu denen vor Jahren mal ein engeres Verhältnis bestand, das aufgrund der Trennung von meiner Frau und den damit verbundenen Umständen abgekühlt war oder sich ganz verflüchtigt hatte. Da herrscht noch etwas Unsicherheit, und an diesem Punkt fällt es dann auch mir ein wenig schwer, den richtigen Weg zu finden. Warte ich darauf, dass sich ein Moment ergibt, ins Gespräch zu kommen, gehe ich auf sie zu? Ich möchte offen sein, aber auch nicht aufdringlich. Ich habe auch Verständnis für etwas Fremdeln mit der Situation. Es wird sich ein Weg öffnen …

Auf der anderen Seite sprechen mich gerade flüchtige Bekannte bei geeigneter Gelegenheit im Strandbad einfach an, nur um mir zu sagen, wie super und natürlich ich aussähe und wie toll ich das alles gemacht hätte. Das erfreut mich einerseits sehr, bestätigt es mir doch, dass ich wohl in der Außenwirkung meiner Transition vieles richtig gemacht habe, andererseits bringt mich das sogar in meinem Alter etwas in Verlegenheit. Aber – es ist eine Genugtuung für den Ego-Rucksack! Dabei bin sicher nicht so naiv, zu glauben, alle Welt würde mich toll finden – wieso auch? Ganz sicher gab und gibt es Menschen in meinem Umfeld, die hinter meinem Rücken weniger freundlich reden, wie und worüber auch immer. Doch das machen Menschen so oder so, dazu musste ich nicht erst Transfrau sein. Insofern hat dieser Aspekt auch keinerlei Bedeutung für mich.

Im Alltag hat die Frau in mir – ja, ein Teil Mann wird immer auch in mir bleiben, und das darf auch so sein – endgültig die Oberhand gewonnen, es gibt die zweifelnden Momente, die Blicke auf die Blicke anderer nicht mehr. Ich nehme es heute auch kaum mehr wahr, wenn mich Menschen im indirekten Blickfeld mustern, etwas über mich reden, ihnen meine Erscheinung offenkundig auffällt. In erster Linie ist es wohl eher die Größe und der selbstbewusste aufrechte Gang, der ihre Aufmerksamkeit erregt, als meine Besonderheit als Transfrau. Ich erfahre es überhaupt nur, wenn meine Begleitung es wahrnimmt, und mir erzählt. Früher hätte mein Rundum-Radar es selbst sensibel registriert.

Viele kleine Aspekte des Frauseins scheinen fließend in mir angekommen zu sein, ohne dass ich diese bewusst geübt hätte. Gesten, Mimik, Handbewegungen und andere Kleinigkeiten mehr werden von Mitmenschen als natürlich und authentisch wahrgenommen, wirken nicht antrainiert oder aufgesetzt, was mich sehr freut.

Einzig am weiblichen Gang musste ich doch etwas feilen, hatte ich als Mann doch aufgrund meiner Schwimmer- und Seglerhistorie einen etwas breitbeinigen Gang mit leicht nach außen gestellten Füßen. Aber es hat nicht lange gedauert, bis ich meine Füße, Beine und Hüfte in Einklang mit meiner Weiblichkeit gebracht habe. Heute kann ich es kaum mehr glauben, dass ich mal wie ein Macho und Seebär breitbeinig durch die Welt gelaufen bin.

Jetzt freue ich mich auf einen weiteren kleinen Schritt. Bisher hatte ich aus Rücksicht auf meinen Status der Transition und die fehlende Brust-OP auf Kleider verzichtet. Das ändert sich gerade. Mein erstes angefertigtes Dirndl war zur Wiesn 2018 fertig – wundervoll! Jetzt freue ich mich auf kommende Gelegenheiten für tolle Kleider und Abendrobe – Weib und Lady sein! Ulrika ist angekommen und geht heute selbstbewusst und mehrheitlich froh gelaunt durch das Leben.

Drei wichtige Themen bzw. Fragen sind jedoch geblieben. Erstens das Thema, wie ich zukünftig mit meiner Sexualität umgehen und klarkommen würde. Zweitens die Frage: „Wie wird sich die Beziehung zu meiner Partnerin entwickeln?" Aktuell bin ich so etwas wie ein sexuelles Neutrum. Männer sind für mich kein Thema, da gibt es keine Anzeichen einer eventuellen Neuorientierung. Ganz im Gegenteil, Männer haben für mich aktuell einen erschreckenden Stellenwert. Nicht böse sein, liebe Männerwelt, ihr könnt ja nix dafür – aber Männer sind für mich zurzeit eher bedauernswerte Geschöpfe. Ich mag manchmal gar nicht glauben, dass ich da einmal irgendwie dazugehört habe, wenngleich ich immer anders war. Frauen sind als Geschöpf auf Erden in meinem Ansehen noch mehr gestiegen. Frauen gilt meine Zuneigung, weibliche Körper und Wesen ziehen mich weiterhin an, auch sexuell. Man kann also getrost Lesbe zu mir sagen – na hallo!

Aber, und dieses „Aber" ist ein schwerwiegendes. Wir haben noch immer Schwierigkeiten, unsere Beziehung neu auszurichten. Der Glaube meiner Partnerin, unsere Liebe sei, unabhängig von meiner Geschlechtsidentität, unerschütterlich an das Wesen geknüpft, hat doch einige Erschütterungen erhalten. Es fehlt etwas! Es ist so banal, dass wir es gar nicht glauben können oder wollen. Der Hauptaspekt der Anziehungskraft von Männern auf Frauen ist definitiv das Vorhandensein des auf dem Testosteron basierenden Körpergeruchs. Der animalische Trieb ist viel stärker, als wir glauben. Genau das fehlt aber jetzt, die sexuelle Anziehung ist trotz der Liebe verschwunden. Mein Schatz war und ist keine Lesbe, daher tun wir uns bis heute sehr schwer, unsere Sexualität auf eine neue Ebene zu verlagern. Das belastet unsere Beziehung leider doch erheblich. Ob und wie wir da die Kurve kriegen, steht noch in den Sternen. Wir haben gerade eine schwierige Phase hinter uns, wir entfernten uns voneinander, und diese Entfernung verursachte Unsicherheit und Schmerzen. Die Liebe litt unter schrittweiser Entfremdung, sie konnte die Probleme immer schwerer überbrücken. So stand ich vor dem am Anfang meines Weges befürchteten Punkt – der Preis für das Leben meines eigenen Ichs könnte der Verlust des Menschen bedeuten, der mir heute am wichtigsten ist, dem meine ganze und tiefe Zuneigung gehört. Es wäre ein hoher Preis für meine eigene seelische Befreiung ... Was würde danach sein? Ich kann mir derzeit ein Danach gar nicht vorstellen.

Doch zum Glück geht es aktuell wieder aufwärts, wir haben einen Weg für uns gefunden, aber ausgestanden ist das Thema noch nicht, die Unsicherheit bleibt. Würde ich eine andere Frau finden, die damit zurechtkommt, sich darauf einlassen kann und will? Ist meine aktuelle Abneigung gegenüber Männern wirklich beständig? Ändert sich da eventuell noch etwas? Wenn ich mit mancher Bekannten darüber spreche, kommt prompt die Antwort oder Gegenfrage: „Warum hast du dich dann operieren lassen?“ Das sei ihnen verziehen, das können Menschen ohne Bezug zu dem Thema nur schwer nachvollziehen. Das habe ich eben nicht für Sex mit anderen gemacht, das ist Teil des Weges zu mir, es ist Teil der Sehnsucht auf den weiblichen Körper, der mir so lange verwehrt war. Es ist ein wichtiger Aspekt auf dem Weg und dem Gefühl, mich völlig als Frau fühlen und erleben zu können.

Es ist aktuell auch völlig unbedeutend und fühlt sich daher richtig an, sollte mein Schmetterling nie ein männliches Genital spüren. Doch bei aller aktuellen sexuellen Abneigung gegenüber Männern – irgendwann wird sich vielleicht eine Möglichkeit ergeben, auch diese Erfahrung zu machen, auch dieses Gefühl als Frau erleben zu können. Sex muss ja nicht zwangsweise etwas mit Liebe oder tiefer Zuneigung zu tun haben ... Ich befürchte sowieso, dass mein sexuelles Verhältnis zu Männern ein eher spezielles sein könnte. Wenn überhaupt, dann weckt die Vorstellung einer gewissen Dominanz gegenüber Männern meine Fantasie. In diesem Kontext kann ich mir Erlebnisse mit Männern recht gut vorstellen. Bis dahin ist es aber noch ein Weg. Zuerst muss auch die Korrektur-OP der Neovagina erneut perfekt und endgültig verheilt sein, bevor ich jemals einen Mann da ranlasse.

Es hat nach der GaOp recht lange gedauert, bis ich selbst Interesse an meiner Neovagina verspürte. Da waren einerseits die geschilderte OP-Situation und der anschließende lange Heilungsprozess – auch wenn die vordergründige Heilung schnell verlaufen ist, dauerte es Monate, wahrscheinlich etwa ein dreiviertel Jahr, bis der Heilungsprozess tatsächlich abgeschlossen war. Noch immer sah ich Monat für Monat weitere Veränderungen an der Vagina. Der Umbau ist nicht mit der eigentlichen Wundheilung abgeschlossen, die Gewebeänderungen, das Erreichen der endgültigen Form dauert lange Zeit an. Das zu beobachten ist höchst interessant. Es scheint so, als würde der Körper nach einem gewissen Bauplan noch lange Zeit an der Vollendung arbeiten.

Und da war andererseits ein gewisser Respekt vor dem neuen Genital. Nur langsam tastete ich mich an meine Neovagina heran, erfühlte und erlebte sie. Ja, es fühlte sich innen vertraut und wohlig an – der OP-Methode Sigma-Lead sei Dank. Aber noch immer war unterschwellig etwas Angst vorhanden, etwas „kaputt" machen zu können, obwohl das Dilatieren ja ohne irgendwelche Probleme erfolgte. Besonders im Bereich der Klitoris war ich wohl übertrieben vorsichtig und tastete mich nur langsam ran. Aber eines ist gewiss – Sensibilität und Erregbarkeit sind vorhanden! Da hat der Chirurg Wort gehalten.

Wie manche Transfrauen jedoch berichten können, schon wenige Monate nach der OP einen klitoralen oder gar vaginalen Orgasmus erreicht zu haben, ist mir relativ schleierhaft. Besonders die Schilderungen über vaginalen Orgasmus verwundern mich, und ich habe manchmal das Gefühl, da ist der Wunsch der Vater des Gedanken. So gut diese OP auch ausgeführt wird, es gibt Dinge, die existieren im Unterschied zur biologischen Frau auch danach definitiv nicht! Manche berichten gar von G-Punkt-Stimulierung, wobei ich mir dann ein Grinsen doch nicht verkneifen kann. Den G-Punkt hat eine Neovagina definitiv nicht, dieses Stück besonderes Gewebe kann bis heute kein Chirurg nachbilden. Die Empfindsamkeit der äußeren Labien, die bei einer biologischen Frau auch mit Schwellkörperanteilen versehen sind, kann eine GaOp bisher nicht erzeugen. Nur die Suporn-Klinik in Thailand schafft das mit ihrer Chonburi – Flap-Methode ansatzweise. Im Gegensatz zu vielen anderen Transfrauen wusste ich also elf Monate nach meiner GaOp noch nicht, ob ich zu Orgasmen fähig bin oder es sein werde. Der Umstand belastete mich zum Glück jedoch in keiner Weise. Was die Zeit da noch bringen wird, weiß ich aktuell noch nicht, es wird sich zeigen.

Die dritte Frage, deren Antwort noch offen ist, lautet: „Wohin führt mich mein weiterer beruflicher Weg?“ Ich hatte es zuvor schon einmal angedeutet. In den Phasen, in denen es mir psychisch nicht so gut ging, wirkte sich das auch auf meinen Job aus. Doch das ist nur eine Seite der Medaille. Die andere Seite stellt meinen Job komplett infrage. Nicht nur den aktuellen Job, sondern die Art und Weise, mit der ich prinzipiell mein Geld verdiene. Schon längere Zeit spüre ich, dass IT nicht mehr der Bereich ist, der mir Freude bereitet, mich erfüllt und zu meinem Wesen passt. Bereits 2015 hatte ich, auch im Kontext der Pflege meiner Großmutter, eine längere Auszeit genommen mit dem Ziel, etwas Neues für mich zu finden. IT ist mir heute zu abstrakt, die Welt braucht das nicht wirklich. IT dreht sich hauptsächlich um sich selbst, behebt sozusagen Probleme, die wir ohne sie erst gar nicht erst hätten – um es etwas zugespitzt zu formulieren.

Mich zieht es zu etwas Bodenständigerem, zu Menschen, zur Natur. Dort könnte ich so viel mehr Sinnvolles tun, was anderen und mir Befriedigung verschaffen könnte. Doch scheitere immer wieder an einem Punkt. Ich hätte schon Ideen und Gedanken, wenn auch nicht allzu viele – Kreativität war leider nie meine Stärke –, aber ich finde nichts, mit dem ich nur ansatzweise kurzfristig so viel Geld verdienen würde wie aktuell und wie ich es für einige Jahre auch noch benötigen werde. Gemäß meinem eigentlichen Plan – ich weiß, unsere Pläne und das Schicksal – wäre ich jetzt mit der Finanzierung meines Hauses fertig gewesen und hätte alle Freiheit gehabt, etwas zu tun, was mir Spaß macht, auch bei viel geringerem Einkommen. Doch die finanzielle Trennung von meiner Frau hat das etwas verschoben. Da stellt sich die Frage, wo die Prioritäten liegen. Soll ich weiter etwas widerwillig und spaßbefreit meinen sehr gut bezahlten Job durchziehen – fünf Jahre vergehen ja andererseits rasend schnell – oder meinem geänderten Wesen entsprechend eine Alternative suchen und Verzicht üben, dafür aber etwas tun, was mir Spaß macht? Das Haus aufgeben ist aktuell keine wirkliche Option, auch nicht, meine Pensionsabsicherung jetzt schon anzugreifen.

Damit stehen die Zeichen wohl weiter auf „durchhalten“. Vielleicht muss ich aber nur warten und schauen, wo sich etwas auftut, was zu mir passt, und ich kann dann entscheiden und zupacken. Eigentlich habe ich das in meinem Leben beruflich immer so gehandhabt. Ich weiß, das ist für manche Menschen, die bei ihrer Arbeit weder viel verdienen noch Spaß daran haben, ein Luxusproblem. Doch jeder muss in seinem Leben seine Entscheidungen fällen und seinen Weg gehen, egal, wo er steht. Zu diesem Thema habe ich mir gerade professionelle Hilfe geholt, eine auf solche Lebenssituationen spezialisierte und für ihre Methoden ausgezeichnete Beraterin. Ich bin gespannt darauf. Doch auch so schlägt das Pendel tendenziell bereits in eine Richtung aus. Ich glaube, ich werde einen Weg finden, die Freude in meinem bisherigen beruflichen Weg wieder einkehren zu lassen.

Darüber hinaus habe ich Lust auf ganz neue Herausforderungen und Themen, habe gerade den Spaß an Foto-Shootings als nebenberufliches Best-Age-Model entdeckt. Auf meiner Webseite (16) ist auch dieses Thema zu finden. Wo das hinführt? Keine Ahnung, das ist auch weniger entscheidend. Wichtig ist nur die Freude, die ich daran und am Leben allgemein habe!

Kürzlich war ich nach reichlich einem Jahr Pause zu einem abschließenden Besuch bei meinem Psychologen, der den Prozess der Transition von Beginn an begleitet hatte. Sein Fazit nach unserem einstündigen Gespräch war etwa so:
„Ich sehe eine starke Frau, die in sich ruht, die angekommen ist. Sie haben einen besonderen, anspruchsvollen und schwierigen Weg hinter sich, der aber zu ihrer Person passt. Für jede Transfrau wäre dieser Weg allerdings nichts.“ Das fand ich doch recht treffend und lasse es als Abschluss einfach so stehen.

Schlusswort

Der Weg geht weiter, auch wenn ich den Hauptteil des Weges zu mir selbst, zur Frau in mir, die so lange auf ihre Erlösung warten musste, bereits gegangen bin. Es war und ist kein leichter Weg, er war gespickt mit Herausforderungen und kleinen und großen Ärgernissen, diese hauptsächlich im Bereich der Krankenkasse. Aber letztlich ist das alles nebensächlich und hat mich nicht wirklich beeindruckt oder aufgehalten.

Der Weg endet nicht, auch wenn die großen Meilensteine absolviert sind. Es ist ein Weg voller neuer Erkenntnisse über mich selbst, über meine Umwelt und das Leben an sich. Es ist die Erkenntnis, dass wir viel zu oft und zu lange Gefangene unserer Umwelt und Erziehung sind, die damit nicht infrage gestellt ist. Es ist die Erkenntnis, erst wirklich frei zu sein, wenn wir diese gesellschaftlichen Ketten sprengen und uns selbst erkennen und erleben, ohne dabei zu Egoisten zu werden, die sich nur noch um sich selbst drehen. Es ist die Erkenntnis, dass wir viel mehr in uns tragen, als wir oft glauben oder glauben sollen, und all das seine Bestimmung sucht und findet, wenn wir offen und frei mit Selbstbewusstsein uns selbst und unserer Umwelt begegnen.

So ist mein Weg der Transition vom weiblichen Wesen im männlichen Körper zur Frau sicher auch ein äußerlicher Prozess, in erster Linie jedoch ein gewaltiger innerer Prozess, nein, es sind viele Prozesse, die mich an völlig neue Ufer geführt haben Dafür bin ich unendlich dankbar.

Ich habe auf diesem Weg menschlich fast ausnahmslos Positives erlebt, mit zwei Ausnahmen. Ein ehemaliger Schulfreund samt Ehefrau und eine Freundin aus Tagen, in denen unsere Kinder zusammen spielten und wir viel gemeinsam unternahmen, sind mit meiner Entwicklung absolut nicht klargekommen, die Kontakte sind abgerissen. Die Tochter der Freundin hat dagegen keinerlei Probleme damit. Davon abgesehen habe ich keinerlei Ablehnung oder Diskriminierung erfahren. Ich habe tolle Gespräche mit Menschen geführt, die sich interessiert zeigten, habe letztlich wundervolle Erfahrungen gesammelt, die mein Leben und meine Sicht auf die Menschen und das Leben positiv beeinflusst haben. Ich habe auch erfahren, dass ich viele Menschen berührt habe mit meinem Weg, sie zu neuen Gedanken geführt habe. Das ist auch ein wundervoller Aspekt.

Sicher sind wir trans* Personen eine Minderheit in der Gesellschaft. Wir werden heute kaum mehr missbilligend zur Kenntnis genommen, dafür aber umso häufiger missverstanden, weil im Kontext der Genderideologie viele Dinge in einen Topf geworfen werden, was viele Menschen verunsichert oder gar abschreckt. Manchmal sieht es gar nach einer politischen Vereinnahmung des Themas aus – eine neue Herausforderung.

Ich fühle mich heute nicht mehr als etwas Besonderes in der Form, wie es die Mehrheit der Gesellschaft wohl sieht. Ich sehe und fühle mich als Frau, die einfach besonders ist. Ganz besonders fühle ich aber, dass ich etwas erleben darf, was der Mehrheit der Gesellschaft verborgen und verwehrt bleibt. Ich hatte durch diese Transition zur Frau das unendliche Glück, eine Grenze zwischen den Geschlechtern zu überschreiten und beide Seiten erleben zu dürfen. Es ist trotz aller Mühsal rückblickend keine Last mehr, diese Andersartigkeit zu überbrücken, es ist ein immens großes Glück, diese beiden Seiten, die in allen Menschen mehr oder weniger vorhanden sind, erleben und leben zu dürfen, und bin sehr dankbar für diese Erweiterung meines Seins in diesem Leben und auf dieser Welt. Noch niemals zuvor war ich so dankbar für mein Sein! Ich bin heute ein sehr glücklicher Mensch!

Durch diese Niederschrift meiner Erfahrungen, Erlebnisse, Gedanken und Gefühle auf meinem Weg konnte ich hoffentlich einigen betroffenen trans* Personen sinnvolle und erhellende Einblicke geben, konnte zeigen, dass der Weg nicht leicht ist, aber es Wege und Methoden gibt, ihn für sich so positiv wie nur möglich zu gestalten.

Wenn einige trans* Personen hier erfahren und gelernt haben, dass die Offenheit anderen gegenüber, ein gesundes Selbstbewusstsein und ein Besinnen auf sich selbst – dafür weniger auf das Außen – ein hervorragender Ansatz und die Basis für einen erfolgreichen Weg sind, und wenn einige Menschen, die nicht vom Thema betroffen, sondern nur daran interessiert sind, hier zu neuen oder erweiterten Sichtweisen und Gedanken zu diesem Thema gefunden haben, dann hat sich die Zeit für dieses kleine Buch für mich gelohnt.

Ich wünsche allen trans* Personen auf ihrem Weg Erfolg und Freude. Gestaltet die Transition nicht zum Kampf mit der Außenwelt und eurer Vergangenheit, sondern zu einem Weg der eigenen Freude und Selbsterkenntnis. Schaut nach vorn, genießt den Wandel und all das, was damit für euch verbunden ist oder sein wird. Es lohnt sich!

Danksagung

Viele Schritte habe ich schon auf diesem Planeten getan und meine Spuren hinterlassen, mal besser, mal schlechter. Unzähligen Menschen bin ich begegnet, vielen weniger bewusst. Einflüsse und Eindrücke haben sicher ganz viele davon in mir hinterlassen.

An dieser Stelle sage ich Dank an alle Menschen, die mir besonders in den letzten drei Jahren begegnet sind, die mich mehr oder weniger, direkt oder indirekt, begleitet und inspiriert haben. Ich bedanke mich für alles Positive, das ich erfahren durfte, aber auch für so manche konstruktive Kritik, die ebenso zu einem erfolgreichen Weg gehört.

In ganz besonderem Maße bedanke ich mich bei Nicole, meinem Schatz und meiner Wegbegleiterin. Sie war und ist eine herausragende Freundin und Gefährtin auf diesem Weg. Ich bin mir noch immer nicht ganz sicher, ob ich das Ausmaß ihrer Zuneigung, Empathie und Hilfe im vollen Umfang erfasst und verinnerlicht habe. Sie hat mir auch dabei geholfen, in diesem Buch so manche Erinnerung aufzufrischen und manche Wahrnehmung zu relativieren, die in den schwierigen Phasen eventuell etwas Kontur verloren hatte.

Bei allen beteiligten Mitarbeiterinnen und Mitarbeitern des Ernst Reinhardt Verlages in München bedanke ich mich für die vertrauensvolle und angenehme Zusammenarbeit, die Wertschätzung für meinen Weg und meine Arbeit, die zu diesem Buch führte.

Liebe Leser dieses Buches. Bei Ihnen bedanke mich dafür, dass Sie sich die Zeit genommen haben für meine Gedanken, Erlebnisse und Erfahrungen, die ich hier niedergeschrieben habe, egal, ob Sie von diesem Thema betroffen, berührt oder einfach nur daran interessiert sind.

Meine Erfahrungen und Erkenntnisse auf diesem Weg, die Ergebnisse meiner umfangreichen Recherchen gebe ich gern an alle trans* Personen weiter, die sich ebenso auf diesem Weg befinden, oder ihn vor sich sehen, oder gar noch nicht wissen, wo sie hingehören. Wer mich dafür persönlich kontaktieren möchte, kann dies über meine Webseite (16) tun.

In herzlicher Verbundenheit
Ulrika

Anhang: Internetseiten

Links zu Foren und Richtlinien

(1) Die Richtlinien des GKV-Spitzenverbandes zu Transsexualität: https://www.mds-ev.de/fileadmin/dokumente/Publikationen/GKV/Begutachtungsgrundlagen_GKV/07_RL_Transsex_2009.pdf

(2) Internetforum für alle medizinischen Belange der Transition für trans* Personen inklusive weltweiter Chirurgenvergleiche. Hier muss man sich registrieren, und erst nach einigen eventuellen Rückfragen bekommt man Zugriff auf die relevanten Themen.
http://www.transsexuelle-und-angehoerige.de/forum/index.php

(3) Gruppe „Gesundheit" auf Facebook – geschlossene Gruppe besonders zum Thema Hormone
https://www.facebook.com/groups/Hatschi/?ref=bookmarks

Medizinische Kontakte

Geschlechtsangleichende Operation (GaOp)
(4) Dr. Kaushik, Olmec Transgender Surgery Institute, Delhi
http://www.transgendersurgeryworld.com

(5) Plastische & Ästhetische Chirurgie (PSC), München
https://www.psc-munich.com/

(6) Zentrum für Rekonstruktive Urogenitalchirurgie, München-Planegg
https://www.ukmp.de/zentrum-rekonstruktive-urogenitalchirurgie/uebersicht.html

(7) Preecha Aesthetic Institute (PAI), Bangkok
http://pai.co.th/

(8) The Suporn Clinic, Chonburi
http://www.supornclinic.com/

(9) Viszera Chirurgie-Zentrum München, München (Proktologe mit GaOp-Hintergrund)
https://www.viszera.de/

FFS
(10) 2passclinic Antwerpen
https://www.2passclinic.com

(4) Dr. Kaushik, Olmec Transgender Surgery Institute, Delhi
http://www.transgendersurgeryworld.com

Brust-OP
(5) Dr. Susanne Morath, Plastische & Ästhetische Chirurgie (PSC), München
https://www.psc-munich.com/

Stimmbehandlung
(11) Deutsche Stimmklinik, Hamburg
https://stimmklinik.de/

(12) Logopädiepraxis
http://www.stimme-sprechen-muenchen.de/

(13) Klinik für Hals-Nasen-Ohren-Heilkunde, Kopf- und Halschirurgie, Plastische Operationen, Weimar
http://klinikum-weimar.net/web/de/content/content.php?areaID=5&menuID=4&active_menu=8&vhm=&area=Abteilungen&menu=HNO%20Heilkunde&content=

Endokrinologe (HRT)
(14) Medicover München, München
https://www.medicover.de/de/facilities/medicover-muenchen-mvz

Elektro- bzw. Nadelepilation
(15) hairXepil
http://www.hairxepil.de/

Kontakt zu Ulrika Schöllner
(16) http://ulrika-s.de
Mail: buch@ulrika-s.de

Leseprobe

Leseprobe aus

Wilhelm F. Preuss: Geschlechtsdysphorie, Transidentität und Transsexualität im Kindes- und Jugendalter

Einleitung

Nicht immer lässt sich im Folgenden eine einheitliche Handhabe der Begriffe „Kinder“ und „Jugendliche“ durchhalten, weil die Trennlinien zwischen Kindheit und Jugend im Hinblick auf Entwicklungsalter und gesetzliches Alter individuell variieren.

Betrachtet man das **numerische Alter**, an das sich die Gesetzgebung hält, ist mit einem „Kind“ eine Person gemeint, die das 14. Lebensjahr noch nicht vollendet hat. Als „Jugendlicher“ gilt, wer älter als 14 und noch keine 18 Jahre alt ist. Mit 18 Jahren ist gesetzlich der Status eines Erwachsenen erreicht.

Nach **entwicklungspsychologischer Einteilung** endet die Kindheit mit dem Beginn der Pubertät. Der Beginn der körperlichen Pubertät, der schon mehrere Jahre vor dem 14. Lebensjahr (also schon im gesetzlichen Kindesalter) einsetzen kann, markiert gleichzeitig den Anfang der Adoleszenz bzw. der Jugendzeit.

reinhardt
www.reinhardt-verlag.de

Transsexuell heißt in diesem Kontext, dass bei dieser Gruppe die Geschlechtsdysphorie nicht alleine psychotherapeutisch erfolgreich behandelt werden kann. Bei transsexuellen Jugendlichen muss unter Beachtung besonderer Voraussetzungen nach Beginn der Pubertät zunächst eine pubertätsunterdrückende Behandlung und bei eindeutigem Verlauf auch eine gegengeschlechtliche Hormonbehandlung durchgeführt werden.

Den so genannten Gender-Spezialisten fällt die Aufgabe zu, beide Gruppen, also die (nur) geschlechtsdysphorischen Kinder und Jugendlichen und die transsexuellen Jugendlichen richtig zu diagnostizieren und adäquat zu behandeln.

Aus methodischer Vorsicht werden die Begriffe „Trans-Kind“ oder „transsexuelle Kinder“ im Folgenden vermieden. Dafür sprechen zwei Gründe: 1. Wenn im klinischen Kontext von „Transsexualität“ oder einem „transsexuellen Patienten“ gesprochen wird, so ist das gleichbedeutend damit, dass somatische geschlechtsangleichende Maßnahmen in Frage kommen. Die Bezeichnung „transsexuelles Kind“ könnte suggerieren, dass schon „Kinder“ hormonell behandelt werden, ohne dass klar ist, ob es sich um eine Person unter 14 Jahren handelt oder um eine Person, die entwicklungsmäßig noch präpubertär ist. 2. Wie die empirische Forschung zeigt (Steensma et al. 2013b), entwickelt der größte Teil der (präpubertären) Kinder, die unter Geschlechtsdysphorie leiden und die Kriterien für die Diagnose „Geschlechtsidentitätsstörung im Kindes-

Leseprobe

reinhardt
www.reinhardt-verlag.de

Leseprobe

alter" nach ICD-10 erfüllen, im weiteren Verlauf ihrer Adoleszenz keine Transsexualität. Klar ist auch, dass vor der Pubertät eine „pubertätsunterdrückende Behandlung" zur Behandlung einer Geschlechtsdysphorie keinen Sinn macht.

Würde man transsexuellen Jugendlichen eine hormonelle Behandlung vorenthalten, so würde sich ihr Leiden unter ihren nicht stimmig empfundenen Geschlechtsmerkmalen (Geschlechtsdysphorie) nachhaltig schädigend auf ihre psychische Entwicklung auswirken. Dabei muss die geschlechtsangleichende Hormonbehandlung möglichst sorgfältig in eine entwicklungsbegleitende psychotherapeutische Behandlung mit ausreichender Betreuungsintensität und Betreuungsfrequenz eingebettet sein. Meistens ist dafür das Setting einer „verteilten Behandlung" erforderlich, d. h. parallel zur Behandlung durch den Gender-Spezialisten ist noch eine kinder- und jugendpsychotherapeutische Mitbehandlung z. B. durch einen wohnortnahen Therapeuten notwendig.

So sehr ich mich für eine hormonelle Behandlung sicher diagnostizierter transsexueller Jugendlicher einsetze, so wichtig erscheint es mir, die Kontroversen um ihre hormonelle Behandlung damit keinesfalls außer Acht zu lassen. Vielmehr möchte ich diese Kontroversen aufgreifen, damit betroffene Kinder und Jugendliche und ihre Eltern über verschiedene Behandlungsoptionen umfassend aufgeklärt werden können, insbesondere auch über Behandlungsoptionen, die ohne somatische Interventionen auskommen. In Einzelfällen kann das bedeuten, dass ein transsexueller Jugendlicher seine Geschlechts-

reinhardt
www.reinhardt-verlag.de

dysphorie auch ohne gegengeschlechtliche Hormonbehandlung einigermaßen ertragen lernt. Voraussetzung ist aber, dass er im Setting einer höherfrequenten Psychotherapie als Trans-Mädchen bzw. als Trans-Junge voll anerkannt wird. Fühlen sich solche Patienten mit ihrem So-Sein in der therapeutischen Beziehung gesehen, ernstgenommen und gehalten, können sie ihre Transidentität innerlich festigen und sich so in Ruhe auf ein späteres Coming-Out vorbereiten.

Mit dem Erscheinen von Trans-Jugendlichen und ihren Eltern in der Öffentlichkeit in den letzten zehn Jahren melden sich mehr und mehr geschlechtsvariante bzw. gendervariante oder gender-non-konforme Jugendliche zu Wort. Damit sind Jugendliche gemeint, die nicht-polare bzw. nicht-binäre Geschlechtsidentitäten zum Ausdruck bringen und leben wollen. Ausgehend von studentischen Subkulturen bezeichnen sich junge Leute als „gender-queer" oder „trans*" (gesprochen: „Trans mit Sternchen"), die sich nicht binär-polar geschlechtlich verorten lassen wollen. Viele von ihnen suchen sich von somatischen Behandlungsmethoden unabhängig zu machen.

Auch wenn für diese Jugendlichen und Jung-Erwachsenen körperliche Veränderungen nicht im Vordergrund stehen, können sie durch ihr unkonventionelles Äußeres Diskriminierungen anheim fallen oder zeitweise auch unter stärkerem geschlechtlichem Unbehagen leiden. Gerade für die Probleme dieser Jugendlichen braucht es spezialisierte Psychotherapeutinnen und Psychotherapeuten, die sich mit dem gesamten

reinhardt
www.reinhardt-verlag.de

Spektrum der Geschlechtsidentitäten (gender-variety) auskennen und mit den Sorgen und Nöten betroffener junger Menschen umgehen können, ohne sie gleich zu pathologisieren.

Ich habe mich bemüht, die jeweiligen Themen mit kürzeren Fallgeschichten zu illustrieren. Die aufgenommenen Fallvignetten sind mit Absicht in denjenigen Elementen, die für den Zusammenhang nicht wichtig sind, verfremdet. Alle genannten Namen sind verändert bzw. anonymisiert. Bei ausführlichen Darstellungen von Behandlungsfällen habe ich das Einverständnis der Patienten eingeholt.

Am Schluss der Einführung möchte ich noch zwei Anmerkungen zur Sprachwahl bei der Verfassung meines Buches machen. Diagnosen, Klassifikationen, Begriffe, Konstrukte, Auffassungen von der Geschlechtlichkeit des Menschen usw. verändern sich im Lauf der Zeit. Im vorliegenden Text verwende ich „Transsexualität", (selten) „Transsexualismus", „Transidentität" und die zugehörigen Adjektive „transsexuell" und „transidentisch" synonym bzw. als kontextabhängig austauschbar. In nicht-klinischen Zusammenhängen ziehe ich es vor, anstatt von „transsexuellen Menschen" von „transidentischen Menschen" zu sprechen.

Die Verwendung des Begriffes „Transgender" ist eher uneinheitlich. Zum einen wird „Transgender" synonym zu den vorgenannten Begriffen verwendet, z.B. im Internet, wo von „Transgender-Jugendlichen" die Rede ist. Zum anderen aber dient der Begriff „Transgender" zur Bezeichnung von Menschen, die sich dem anderen Geschlecht zugehörig fühlen und in der entspre-

reinhardt
www.reinhardt-verlag.de

chenden Geschlechtsrolle leben, jedoch auf geschlechtsangleichende Operationen verzichten oder ohne sie auskommen.

Der Begriff „Trans*“ kann für eine Vielfalt von geschlechtsvarianten Identitäten angewendet werden, die zwischen den beiden herkömmlichen Geschlechtern anzusiedeln sind. Beispiele sind: „gender-queer“, „in between“, „weder noch“, „gender punk“, etc.

Gender-Spezialisten brauchen ein hohes Maß an Sprachgefühl, sprachlicher Flexibilität, sprachkritischem Verständnis und Reflexionsvermögen. Das gilt hinsichtlich des Sprechens mit Patienten, die während ihrer Transition oft sehr vulnerabel und sprachempfindlich sind; das gilt aber auch hinsichtlich des fachlichen Austausches mit Kolleginnen und Kollegen, besonders bei Diskussionen, in denen es zu Kontroversen kommt. Ein und derselbe Begriff kann von verschiedenen Perspektiven her völlig konträre affektive Reaktionen hervorrufen.

(...)

Leseprobe (S. 16–19) aus:

Wilhelm F. Preuss
Geschlechtsdysphorie, Transidentität und Transsexualität im Kindes- und Jugendalter
(Bausteine der Kinder- und Jugendlichenpsychotherapie; 5)
2016. 288 Seiten. 4 Tab.
(978-3-497-02554-1) kt

reinhardt
www.reinhardt-verlag.de

Trans* im Fokus

Mari Günther / Kirsten Teren / Gisela Wolf
Psychotherapeutische Arbeit mit trans* Personen
Handbuch für die Gesundheitsversorgung
2019. 355 Seiten.
(978-3-497-02881-8) kt

Wie können trans* Personen vor, während und nach ihrer Transition respektvoll und kompetent im Gesundheitssystem beraten und therapeutisch begleitet werden?
Durch die Vielfalt von Genderidentitäten, -ausdrucksweisen und Erfahrungen der Behandlungssuchenden treffen TherapeutInnen auf ein großes Spektrum von Bedürfnissen, denen sie nur unvoreingenommen gerecht werden können. Dieses Buch hilft bei diesen Anforderungen, indem es die psychosozialen und medizinischen Grundlagen darstellt. LeserInnen bekommen nicht nur einen Überblick über die aktuellen Versorgungsstandards und -möglichkeiten.
Das Buch rückt auch die Perspektiven unterschiedlichster Trans*Lebensweisen in den Vordergrund, sodass ein Dialog auf Augenhöhe möglich wird.

reinhardt
www.reinhardt-verlag.de

Co-Therapeut Körper

Maren Langlotz-Weis
Körperorientierte Verhaltenstherapie
Mit einem Geleitwort von Frank Röhricht.
2019. 116 Seiten. 11 Abb.
(978-3-497-02850-4) kt

Dieses Buch schließt eine Lücke in der klinischen Verhaltenstherapie: Der Körper gehörte von Anfang an dazu, nun werden systematisch wichtige Anwendungsbereiche und Interventionen zusammengestellt. Körpererleben kann Gefühle moderieren und so in der Gegenwart den Selbst-Zugang fördern. Das Körpergedächtnis hilft dabei, effektiv in die Biografiearbeit einzusteigen.

Die theoretisch fundierten und praxiserprobten Interventionen werden im Therapieprozess nachvollziehbar vorgestellt und mit vielen Fallbeispielen veranschaulicht. Informationen zu Materialien, Setting sowie Vorschläge für Gruppen ergänzen das Buch zum unverzichtbaren Praxisleitfaden (nicht nur) für VerhaltenstherapeutInnen, die das Potenzial des Körpers künftig therapeutisch stärker nutzen wollen.

reinhardt
www.reinhardt-verlag.de

Hilfe für Eltern transidenter Kinder

Stephanie Brill/Rachel Pepper
Wenn Kinder anders fühlen – Identität im anderen Geschlecht
Ein Ratgeber für Eltern
Mit einem Vorwort von Norman P. Spack.
Aus dem Englischen übersetzt von Friedrich W. Kron und Raimund J. Fender.
2., aktualisierte Auflage 2016.
248 Seiten.
(978-3-497-02604-3) kt

Ihr sechsjähriger Sohn will im Kleid zur Schule gehen? Ihre kleine Tochter behauptet: „Ich bin nicht ‚sie', ich bin ‚er'!" Handelt es sich um eine Entwicklungsphase oder könnte Ihr Kind „transident" sein, d.h. sich nicht seinem biologischen Geschlecht zugehörig fühlen, sondern dem anderen?
Dieses Buch ist ein Ratgeber für Eltern und alle, die sich mit dem Phänomen der Transidentität von Kindern und Heranwachsenden befassen.

reinhardt
www.reinhardt-verlag.de

Das „Ich“ hat viele Gesichter

Gordon Emmerson
Ego-State-Therapie
Aus dem Englischen übersetzt
von Rita Kloosterziel
(Wege der Psychotherapie)
2015. 184 Seiten.
(978-3-497-02471-1) kt

Warum habe ich Angst, ein Referat zu halten? Warum kann ich keine Nähe zulassen? Wieso kann ich nicht mit dem Druck meines Vorgesetzten umgehen?
Unsere Persönlichkeit besteht aus verschiedenen Anteilen, den Ego States. Sie sind normaler Bestandteil der menschlichen Psyche, haben ihre eigene Rolle, Stimmung und Funktion. Werden die Bedürfnisse von Ego States missachtet, damit verknüpfte unangenehme Erlebnisse wiederholt oder nicht verarbeitet, kann das zu Problemen oder auch zu psychischen Erkrankungen führen. Durch gezielte therapeutische „Kommunikation“ mit und zwischen Ego States, auch mithilfe von Hypnose, können Blockaden gelöst und Leiden beendet werden.

reinhardt
www.reinhardt-verlag.de

Mehr Körper in der Psychotherapie

Ernst Kern
Personzentrierte Körperpsychotherapie
(Personzentrierte Beratung & Therapie; 12)
2. Auflage 2015. 186 Seiten.
(978-3-497-02577-0) kt

Psychotherapie und Beratung lassen sich durch körperorientierte Vorgehensweisen enorm bereichern. Personzentrierte Körperpsychotherapie basiert insbesondere auf den Werten der Empathie, bedingungsfreier Anerkennung und Präsenz des Gegenübers. Wichtig in der therapeutischen Arbeit sind dabei Achtsamkeit und Körperwahrnehmung.
Verständlich erläutert der Autor die theoretischen Grundlagen körperpsychotherapeutischer Ansätze. Er stellt viele Praxisideen vor, wie man vom Sprechen zur Körperarbeit kommt. Fallbeispiele, Arbeitsblätter und Anleitungen erweitern das Interventionsspektrum und helfen bei der Umsetzung der Körperarbeit im Therapie- und Beratungsalltag.

reinhardt
www.reinhardt-verlag.de